Das Buch:

Erziehen war gestern, Kinder begleiten ist heute.

Kinder begleiten ist das: Weil der Koch in der Kita krank geworden ist, kochen die Kinder heute das Mittagessen mit den Pädagog*innen selbständig. Ein 4-jähriges Kind bemerkt die vergessenen Gurken: „Ach den Gurkensalat müssen wir ja auch noch machen!", macht sich ans Werk, bereitet den Gurkensalat absolut selbständig zu. Er schmeckt sehr gut! Kinder begleiten ist auch das: Das 3-jährige Kind zieht sich selbständig für draußen an, übersieht aber, dass es heute trotz Sonne sehr kalt ist. Nach wenigen Minuten geht es, Dank des Finger-Nasen-Testes, freiwillig ins Haus und zieht sich eine Jacke über. Kinder begleiten ist auch das: Kinder streiten sich! Es geht verbal hoch her. Eines der Kinder holt das 5-jährige „Friedensbegleiter-Kind" zur Hilfe. Dieses bringt die Kinder erst mal in eine Verhandlungs-Basis, hört zu, macht wenige verständnisvolle Worte, sodass die beteiligten Kinder ihren Streit nun alleine lösen können. - Das ist Telos-Entfaltung. Beherzt Halt geben an der richtigen Stelle und Entfaltung leben.

Ich beschreibe die Atmosphäre der Ermutigung anhand praktischer Beispiele aus dem Alltag des Telos-Kinderhauses, wie ich sie tagtäglich in meiner Arbeit erlebe – gleichzeitig erzähle ich die Geschichte meiner von mir gegründeten Kita, wie sie als kleine Kindereinrichtung zur Kita mit 60 Kindern im offenen Konzept wurde. Situationen aus meinem eigenen Familienleben als Mutter von vier Kindern, dem Alltag von Familien aus meiner Kita und meinen Coachings zeigen, dass diese Art Kinder zu begleiten, ebenso das Familienleben bereichern: Weniger Stress, mehr Mithilfe, mehr Einzigartigkeit, viel Entfaltung.

Das Buch ist für Mutige: Praktische Anregungen, Tipps und Übungen laden zum Überdenken des eigenen Verhaltens ein.

Ich wende mich in diesem Buch bewusst gleichzeitig sowohl an Pädagog*innen wie an Eltern. Es ist doch wundervoll, dass wir durch die Kinder jeden Tag die Möglichkeit erhalten, uns selbst besser kennenzulernen und unser Verhalten zu entfalten! Jemand sagte, das Buch sei spannend, wie ein Roman...

Mit einem Vorwort von Anna Berndl, Fachberatung Kindertageseinrichtungen im Paritätischen Bezirksverband Oberbayern. Von Herzen Danke dafür!

Kinder groß sehen

und stark machen

Wie wir Kindern beherzt

Halt geben und Entfaltung leben

Veronika Seiler

Bibliografische Information der Deutschen Nationalbibliothek: Die Deutsche Nationalbibliothek verzeichnet diese Publikation in der Deutschen Nationalbibliografie; detaillierte bibliografische Daten sind im Internet über http://dnb.dnb.de abrufbar.

Lektorat: Svenja Schröder

Cover: Veronika Seiler mit Canva

Verlag: BoD · Books on Demand GmbH, In de Tarpen 42, 22848 Norderstedt
Druck: Libri Plureos GmbH, Friedensallee 273, 22763 Hamburg

ISBN: 978-3-7693-1691-9

Kinder sollen sich großartig fühlen dürfen!

Denn sie sind es.

Inhalt

Vorwort (Anna Berndl)

In meiner Tätigkeit als Fachberaterin begleite ich viele Träger und Leitungen von Kindertageseinrichtungen. Dabei erlebe ich häufig, wie sehr die tägliche Arbeit in den Kitas von Herausforderungen geprägt ist: der Alltagsstress, personelle Engpässe, Sorgen um die Finanzierung und organisatorische Zwänge – all das lässt die eigentliche Essenz dieser wundervollen Tätigkeit manchmal in den Hintergrund rücken. Umso bewundernswerter ist es, wie es diesem Buch gelingt, den Fokus konsequent auf das Wesentliche zurückzuholen: die Begleitung von Kindern ins Leben. Daher ist es mir eine große Freude und Ehre, ein Vorwort für dieses Buch meiner geschätzten Kollegin Veronika Seiler, die Gründerin, Trägerin und Leiterin des Telos-Kinderhauses und des Kindergartens im Naturhaus zu schreiben.

In einer Welt, die sich ständig verändert, sind auch die Anforderungen an Eltern und Pädagog*innen einem stetigen Wandel unterworfen. Früher mag die Erziehung als ein eher autoritärer Prozess verstanden worden sein – eine Aufgabe, bei der Erwachsene Wissen und Werte an die Jüngeren weitergaben, während diese sich passiv anpassten. Doch die heutigen Zeiten fordern eine andere Herangehensweise. Die heutige Zeit, geprägt von beständiger Transformation, zunehmender Komplexität, von technologischen Fortschritten, aber auch immer knapper werdenden Ressourcen, beeinflusst nicht nur die Erwachsenenwelt, sondern hat auch tiefgreifende Auswirkungen auf die Lebensrealität von Kindern. Die Welt bietet ihnen einerseits unzählige Möglichkeiten, andererseits aber auch hohe Anforderungen an ihre Anpassungsfähigkeit, Resilienz und Entwicklung.

Dieses Buch erzählt die beeindruckende Geschichte des Telos-Kinderhauses und des Kindergartens im Naturhaus, geprägt von einer stetigen Weiterentwicklung über Jahrzehnte hinweg. Es ist ein Buch über eine neue Art der Begleitung von Kindern, die Telos-Entfaltung. Und es ist eine Einladung, über die traditionelle Vorstellung von Bildung, Erziehung und Betreuung nachzudenken und eine neue Perspektive zu entdecken – eine Perspektive der Ermutigung, des Vertrauens, des Zutrauens und Einzigartigkeit der Gemeinschaft. Ein besonderer Schwerpunkt dieses Buches liegt auf der Stärkung der Kinder in ihrem „Sein" als eine zentrale Aufgabe von Pädagog*innen – oder Kinder-Begleiter*innen, wie sie in der Telos-Entfaltung genannt werden. Es geht nicht darum, Kinder zu formen oder in vorgefertigte Modelle zu pressen, sondern sie in ihrer einzigartigen Identität zu unterstützen. Dieses Buch zeigt uns, wie wir Räume schaffen können, in denen Kinder Halt finden und zugleich die Freiheit spüren, sie selbst zu sein. Denn stark werden Kinder dann, wenn sie sowohl Geborgenheit als auch die Möglichkeit zur Entfaltung erleben dürfen. Die Lebensbegleitung von Kindern ist eine verantwortungsvolle und zugleich wunderschöne Aufgabe. Sie fordert von uns, aufmerksam hinzusehen, zuzuhören und an der Seite des Kindes zu stehen – manchmal als Anker, manchmal als Wind in seinen Segeln – und immer mit der Überzeugung, dass jedes Kind bereits alles mitbringt, was es braucht, um seinen Weg zu gehen.

Die Kapitel, die vor Ihnen liegen, sind ein Plädoyer für eine Pädagogik, die Kinder nicht formt, sondern ihre individuellen Stärken erkennt und wachsen lässt. Es zeigt, wie es gelingen kann, auch inmitten zahlreicher Herausforderungen die Balance zwischen strukturellen Anforderungen und der individuellen Begleitung von Kindern und Familien zu wahren. Die Pädagogik, die Telos-Entfaltung, wird anhand von tiefgreifenden Überlegungen und alltagsnahen Fallbeispielen erläutert. Aufgezeigt werden neue Wege, die uns dazu anregen, unser pädagogisches Handeln und die Kraft der Entscheidungen immer wieder zu hinterfragen. Durch die Fülle an praktischen Beispielen, wird der Transfer des Konzepts der Telos-Entfaltung in die Praxis greifbar und nachvollziehbar – für Pädagog*innen genauso wie für Eltern. Seien Sie gespannt auf die „Blume der freien Entfaltung", den „Finger-Nasen-Test", die „Meisterbrief-Kinder" und vieles mehr! Zusätzlich laden zahlreiche Reflexionsfragen dazu ein, die eigenen Gedanken, Glaubenssätze sowie Verhaltens- und Handlungsmuster weiterzuentwickeln. Diese persönliche Auseinandersetzung schafft die Basis für eine nachhaltige Veränderung im Umgang mit Kindern und in der eigenen pädagogischen Haltung.

Ich bin überzeugt, dass dieses Buch eine wertvolle Bereicherung für Pädagog*innen und Eltern ist, die einen Beitrag dazu leisten möchten, starke, selbstbewusste und empathische Persönlichkeiten heranwachsen zu sehen. Lassen Sie sich von diesem Buch inspirieren, Ihre Haltung zu überdenken, zu hinterfragen und zu erweitern. Die Reise von der Erziehung zur Begleitung ist nicht nur ein Wandel im Umgang mit Kindern, sondern auch ein Wachstum für uns selbst als Erwachsene. Ich wünsche Ihnen viel Freude beim Lesen und Entdecken. Und am Ende stellen vielleicht auch Sie sich die entscheidende Frage – formuliert in den Worten von Veronika Seiler: *Erziehst du noch oder begleitest du schon?*

Mit herzlichem Dank und großer Wertschätzung,

Anna Berndl

(Fachberatung Kindertageseinrichtungen und Ganztag im Paritätischen Bezirksverband Oberbayern)

Das Leben gestalten

Es war so ein heißer, stiller Sommertag, wie er in Gedichten beschrieben wird: Die Libellen summen über dem Gartenteich, die Grillen zirpen, die Luft steht still. Ich stand an der großen Brombeerhecke im Eingangsbereich der Gärtnerei. Man hatte mir, die ich körperlich untrainiert war wegen des vielen Abitur-Lernens der Monate zuvor, die leichte Tätigkeit des Brombeer-Erntens zugedacht. Von hier aus beobachtete ich durch die Hecke ein vielleicht 7-jähriges Kind. Es spielte an der altmodischen Gemüse-Wasch-Anlage. Behutsam drehte es das runde Gitter und kühlte nebenher seine Hände im zart plätschernden Wasser. Vielleicht sang es sogar vor sich hin… ja, das könnte sein. In diesem Moment fiel mir wieder ein, was ich ungefähr 11 Jahre vorher im Brustton der Überzeugung allen, die es wissen wollten, erzählt hatte: Ich gründe mal einen Kindergarten!

Das Kind stellt sich vor

„Ich bin ein Schöpfer-Kind.

*Ich bin aufgewachsen in einer Atmosphäre der Groß-
artigkeit.*

Ich bin großartig.

*Nun bin ich fünfundzwanzig oder ein bisschen mehr
Jahre alt. Das, was man „Kindheit" nennt, habe ich
hinter mir. Ich bin der Kindheit nicht entwachsen – ich
habe sie mitgenommen in jeden Tag meines Lebens.*

*Denn die Kindheit, die mir Raum und Zeit gab, ist
nicht anders als jeder jetzige Tag meines Lebens.*

*Das, was man „Kindheit" nennt, habe ich hinter mir –
und vor mir – und in mir.*

*Ich bin Schöpfer meines Lebens. Jeden Tag und jeden
Augenblick aufs Neue."*

Der Mensch hat die Möglichkeit, sich zu entscheiden - Vorwort

Es gibt einige Sätze, die mich schon eine lange Zeit meines Lebens begleiten. „Der Mensch ist ein Entscheidungen treffendes Wesen" (Theo Schoenaker) ist einer dieser Sätze. Ebenso der Satz „Wer die Menschen für gut hält, macht sie besser" (Alfred Adler). Oder dieser: „Wenn du wissen willst, was du willst, musst du schauen, was du tust" (Rudolf Dreikurs). Und auch der von Theo Schoenaker „Mut zur Unvollkommenheit". Diese Sätze sind aus dem Gedankengut der Individualpsychologie von Alfred Adler, der vor über 100 Jahren ein sehr wertschätzendes Menschenbild entwickelt hat.

Ich begleite seit vielen Jahren Kinder — mein Mann und ich haben vier erwachsene Kinder und als Gründerin, Leiterin und Trägerin von zwei Kitas habe ich bisher geschätzt 450 Kinder betreut. Alle diese Menschen, die jungen ebenso, wie die älteren, betrachte ich durch diese wertschätzenden Augen, denn ein Menschenbild ist nicht nur gemacht für „Kinder" oder nur für „Erwachsene" oder nur für „Senioren", sondern eben für alle Menschen.

Immer wieder sprechen uns Besucher*innen in unseren Kitas an, weil ihnen auffällt, dass die Atmosphäre besonders friedlich ist. Laut sind die Kinder schon ab und zu, das gehört zum Wesen von fröhlichen Kindern dazu — jedoch sind sie oft konzentriert und fokussiert auf ihr Spielen und Arbeiten. Ohne sich wichtigmachen zu müssen. Sie müssen sich nicht wichtigmachen und besonders auffallen, weil wir sie wichtig nehmen — jedes Einzelne von ihnen. Das gelingt uns mal mehr und mal weniger. Grundlage ist die Individualpsychologie, die wir, mein Team und ich, über die Jahre noch mehr ins Potential gebracht haben. Diese Art, Kinder zu begleiten, heißt „Telos-Entfaltung".

Mit diesem Buch möchte ich sowohl Menschen, die beruflich ein Stück Weg des Kindes mitgehen, als auch Menschen mit eigenen Kindern, einen Einblick geben in unsere Art, Kinder wertschätzend zu begleiten, sodass sie „groß und stark" werden. Damit meine ich Kinder, die eigenständig ihre Einzigartigkeit lebendig werden lassen, die sozusagen aus dem Vollen schöpfen, die kreativ sind, die sich trauen, ihre Meinung sachlich zu vertreten, die die menschlichen Regeln einhalten, die für ein friedliches Zusammenleben stehen, die selber nachdenken und nach eigenen Lösungen suchen, die experimentieren und nicht gleich aufgeben, wenn es schwierig wird – kurz: die die Welt zu einer wunderschönen Welt machen!

Am Anfang jedes Kapitels lasse ich einen jungen Erwachsenen sprechen, der im Sinne der wertschätzenden Entfaltung begleitet wurde. Der junge Mensch blickt auf seine Kindheit zurück und bedankt sich bei den Menschen, die ihm dies ermöglicht haben. Wenn wir uns vorstellen, wir seien dieser Mensch gewesen, der dieses Kind begleitet hat, gestalten wir dadurch bereits die Art und Weise, wie wir in *Zukunft* Kinder begleiten. Wir erlauben uns, uns selbst zu entfalten. Das ist prinzipiell ein Wesenszug der Telos-Entfaltung: Wir fangen bei uns selbst an, dann erst kommt das Kind dran – egal, ob wir Kinder beruflich begleiten oder die Eltern des Kindes sind.

Die Worte des erwachsenen Kindes könnten auch die Worte meiner eigenen, der von mir gegründeten Kita, dem Telos-Kinderhaus in Utting, sein. Dieses ist mittlerweile fast 28 Jahre alt. Ein Kindergarten und eine Krippe bleiben gefühlt ewig jung. Die Kinder, die ein und aus gehen, werden nie älter: Sie kommen mit zwei oder drei Jahren und gehen mit spätestens 7 Jahren. Eine Kita hat das, was man Kindheit nennt, hinter sich, vor sich und in sich, jeden Tag. Das ist offensichtlich an den Kindern, die die

Kita besuchen. Auch wenn es nun andere sind, als in den Vorjahren, sind es eben Kinder.

Uns Menschen geht es nicht anders, nur dass wir die Kindheit in uns nicht so offensichtlich sehen. Wir tragen das, was wir sind, was wir denken, was wir glauben, was wir als Kind gefühlt haben, in uns und handeln oft noch entsprechend diesen alten Gedanken, Glaubenssätzen und Gefühlen.

Wie schön ist es, wenn diese Gedanken, Gefühle und Glaubenssätze derart sind, dass sie einen Menschen durchs Leben tragen, über Schwierigkeiten hinwegfliegen lassen in dem Bewusstsein, dass der Mensch alles hat, um diese Notlagen bewältigen zu können: Eigene Stärken und Fähigkeiten, die Möglichkeit, sich bei anderen Hilfe zu holen, nachdenken und entscheiden, welche der Möglichkeiten wann sinnvoll und angebracht ist. Ja dass der Mensch auch alles hat, um eigene Ideen ins Leben bringen zu können, kreativ zu sein, andere Menschen mit seinen Ideen zu bereichern, geniale Erfindungen zu gestalten. Das ist das Ziel der Telos-Entfaltung: Sie möchte Kinder ins Leben begleiten, die selbst nachdenken und entscheiden können; die sich einfühlen können in alles, was lebendig ist und lebendig erscheint, die sich eine eigene Meinung bilden können und entsprechend ihrem Einfühlungsvermögen so handeln, dass es für alle und alles gut und hilfreich ist. Die Telos-Entfaltung möchte keine Kinder „erziehen", die folgsam nicken und unüberlegt mitmachen, weil jemand ihnen sagt, dass dies nun so zu tun ist. Kinder sollen nicht automatisch Regeln befolgen.

Kinder sollen sich großartig fühlen dürfen! Denn sie sind es. Wir alle sind großartig! Wir alle haben unsere Geschichten, schöne und traurige, mutige und verletzende, geniale und normale. Und wir haben die Wahl der Entscheidungsfreiheit: Welchem Teil meiner Geschichte mag ich wie viel Gewicht geben? Welches Kapitel meines Lebensweges mag ich heilsam betrachten und Lösungen finden, wo dies möglich ist? Welche meiner, vielleicht aus der Kindheit stammenden, „immer, wenn... dann ich so..."- Sätze mag ich liebevoll als zu mir gehörig anerkennen und aktiv das Beste draus machen? Dies gilt für alle Erwachsene und besonders für jene, die Kinder ins Leben begleiten: Eltern ebenso wie Menschen, die dies beruflich tun, Pädagog*innen, Lehrer*innen und so weiter.

Ich erzähle die Geschichte des Telos-Kinderhauses; von Kindern und Familien, von Pädagogen und Pädagoginnen, ich erzähle auch von Beispielen, die mir Eltern in Elterngesprächen oder in meinen Coachings erzählt haben – und immer geht es darum, aus Fehlern zu lernen, das Wundervolle zu erkennen und sich selbst zu entfalten. Die meisten Werkzeuge der Telos-Entfaltung sind im Kita-Alltag entstanden. Alle diese Tools geben wir als Anregungen in unseren Elterngesprächen in der Kita an die Eltern weiter – und immer wieder bekommen wir Rückmeldung, dass sie zuhause ebenso „Erfolg" haben. Was bedeutet Erfolg in diesem Fall? Die Begleitung der Kinder wird entspannt; mit Kindern diskutieren bereitet Freude (weil es um die Sache geht und nicht um die Verletzungen); Kinder helfen von sich aus gerne mit; die Erwachsenen haben auch Zeit für sich und ihre eigenen Interessen; die Familienmitglieder wenden sich von der „Kultur der Fehler" ab; die Eltern erkennen ihre eigenen Themen und klären diese – kurz: Kinderbegleiten wird als die wundervolle und absolut bereichernde Aufgabe erkannt und gelebt, die sie ist.

In diesem Sinne wünsche ich allen Leserinnen und Lesern den Mut, die eigene Entscheidung zu treffen und den Unterschied zwischen „Kinder erziehen" und „Kinder begleiten" ganz wahrzunehmen – und zu leben, wenn es für sie passt.

Veronika Seiler, November 2024

 **Freie Entscheidung**

Ich habe die Wahl!

Habe ich die Wahl? Wo habe ich die Wahl, wo nicht?

Will ich mich als Opfer der Kinder/der Umstände in der Kita/ der Umstände in der Familie fühlen?

Welchen kleinen Umstand kann ich jetzt und heute anders machen?

Die Geschichte des Telos-Kinderhauses beginnt

… im Jahr 1997. Mein Mann und ich planten den Umzug in die kleine Gemeinde Utting. Seit dem Erlebnis in der Gärtnerei fünf Jahre zuvor hatte ich ein Jahr Praktikum in „meinem alten Kindergarten", den ich als Kind besucht hatte, gemacht und anschließend Sozialpädagogik studiert, da es damals noch kein Studienfach „Kindheitspädagogik" oder ähnliches gab. Es gab in meinem Jahrgang auch kein entsprechendes Hauptfach, insofern hatte ich als Schwerpunkt „Inklusion" gewählt. „Kein Bedarf an neuen Kitas. Utting hat einen Kindergarten, das ist ausreichend.", so war die Auskunft des damals zuständigen Bezirks von Oberbayern. Ich war nahe dran, meinen Kinderwunsch wieder einmal zu vergessen.

Eines Tages, wir wohnten nun ungefähr schon ein halbes Jahr in Utting, läutete unsere Nachbarin an der Tür. „Magst du nicht eine Kindergruppe eröffnen? Ich habe vor ein paar Jahren eine gehabt und werde nun immer wieder danach gefragt. Aber meine Kinder sind aus dem Alter raus." Eine Kindergruppe?! Ich? In Utting? Wo doch kein Bedarf ist?? Es begannen Wochen des Grübelns, Überlegens und schließlich des Planens. Doch, eine Kindergruppe wollte ich gründen!

Im Januar 1997, gleich nach den Weihnachtsferien, begann ich mit ungefähr acht Kindern an fünf Vormittagen in der unteren Wohnung unseres Hauses.

Die vielen guten Fügungen und die Zugeständnisse des netten Herrn der Regierung von Oberbayern und der aktiven zuständigen Sozialpädagogin unseres Dachverbandes, dem Paritätischen, taten neben meiner wohl guten Arbeit ihr übriges: Schon im September hatte ich Anmeldungen für 15 Kinder und stellte eine Kollegin ein.

Es gibt Dinge, von denen wir ganz tief in uns drin wissen, dass wir sie unbedingt leben wollen. Bei mir war das die Gründung eines Kindergartens. Andere Menschen haben andere „Lebensziele". Manchmal träumen sie im Stillen davon… „Ach, wenn die Kinder endlich groß sind, dann…". Natürlich gibt es Zeiten im Leben als Eltern, wo für die Umsetzung solcher „Träume" wirklich keine Zeit ist. Nur: Diese Zeit ist echt kurz! Wenn wir es geschickt anfangen, dann bleibt für die ersten Schritte der Verwirklichung unserer Vision auch Zeit, wenn die Kinder sehr jung sind. Wichtig dafür ist es, sich unter anderem klar zu machen, wer mich dabei unterstützen kann, wenigstens für eine Stunde. Wer zum Beispiel den Haushalt machen kann, wenn das Baby schläft, während ich anfange, meinen Traum in die Tat umzusetzen. Manchmal reichen ein paar erste Notizen, um „echt" zu beginnen. Wir dürfen Vertrauen haben, dass viele Kinder uns in ihrem Verhalten entgegenkommen, wenn wir beginnen, unseren Lebenstraum zu verwirklichen: Sie spüren intuitiv die Wichtigkeit des Projektes und tragen auf ihre Weise hilfreich bei – zum Beispiel, indem sie eine Stunde tief und fest schlafen. Wenn es uns dann gelingt, den Haushalt nicht überzubewerten, sondern einmal am Tag für das eigene Lebensziel zu verwenden, dann kann auch in der Zeit, in der die Kinder sehr jung sind, viel an Vorbereitung geschehen!

Ermutigung ist die Grundlage

Ermutigung ist mittlerweile in aller Munde, sogar die Politik sprach eine Zeitlang von ihrer Wichtigkeit. „Ermutigung" ist auch der Fachbegriff der Individualpsychologie, die Alfred Adler (ein Zeitgenosse Siegmund Freuds) begründet hat. Sie war, mit all ihren praktischen und theoretischen Finessen auf der Basis der Individualpsychologie, unser Handwerkszeug von Anfang an.

„Ermutigung" im Sinne der Individualpsychologie ist nicht Lob. Sie sieht das Kind, wie es ist, mit und ohne Fehler, mit und ohne körperliche oder seelische oder verhaltensmäßige Andersartigkeiten, mit geputzten Zähnen oder mit vor Wut und Trotz geröteten Augen, weil es die Zähne nicht putzen mag. „Ermutigung" spricht *nicht* davon, dass das Kind „so toll die Zähne geputzt hat". Das macht das Lob. Lob benennt eine Leistung, die das Kind „richtig" gemacht hat. Etwas Falsches oder Nicht-Getanes wird nämlich nicht gelobt. Ein Kind, dass die Zähne nicht ordentlich oder gar nicht geputzt hat bekommt kein Lob.

„Ermutigung" bekommt das Kind immer. Sie ist eher eine Lebenseinstellung, eine „bewegliche Haltung" als ein Satz oder ein Belohnungsgummibärle. Es gibt sie immer, mit oder ohne geputzte Zähne. „Ermutigung" geht davon aus, dass das Kind „es richtig machen will und zu gegebener Zeit richtig machen wird". Das hat dann was mit dem eigenen Vertrauen in das Kind zu tun...

Er-Mut-igung bedeutet, selbst den Mut zu haben, eine Handlung ehrlich zu betrachten und dies klar zu kommunizieren; sich in jedem Moment zu erinnern, dass der, der etwas getan hat (das Kind zum Beispiel) immer und immer und in jedem Fall absolut liebenswert ist; niemals das Projekt, die „fertige Tat", mit einer anderen zu vergleichen. Ermutigung bedeutet deshalb auch, mehr auf das „Wie" zu schauen: Wie, auf welche Weise, in welcher Einstellung und inneren Haltung, wurde gehandelt? An einem Beispiel: Viele Kinder malen gerne und viel. Immer wieder bekomme ich Bilder geschenkt. Am „fertigen" Bild sehe ich, auf welche Weise das Kind das Bild gemalt hat. Es gibt Bilder – egal, wie alt das Kind ist und auch egal, wie viel darauf gemalt ist – bei dem strahlt mir die Kraft und Intensität aus jedem Strich entgegen. Und es gibt andere Bilder, die sozusagen „gelangweilt" bis hin zu „lieblos" gemalt wurden. Und genau das spreche ich an: „Du warst ganz bei der Sache, als du maltest, ja?", oder: „Wow, da leuchten mir die Farben ja nur so entgegen. Du magst bunte Farben, gell?" – dann nickt das Kind innerlich bewegt. Oder: „Ich glaube, du hast dich beim Malen gerne mit deinen Freunden unterhalten, nicht wahr? Für das Bild war dann nicht mehr so viel Kraft da." Und auch in diesem Fall schaut mich das Kind mit großen Augen an. Manchmal sage ich auch: „Mal doch das Bild morgen noch weiter, wenn du magst" und gebe es ihm ruhig zurück. In jedem Fall ist es also egal, ob das Kind ein „Kunstwerk" gemacht hat oder nicht – ich gehe weniger auf das Bild selbst ein als auf die Art und Weise, wie es entstanden ist. Erst einen Moment später kann ich mir erklären lassen, was das Kind gemalt hat und so fort. Und es ist ja wundervoll, wenn sich Kinder beim Malen miteinander unterhalten... oder träumend aus dem Fenster schauen... oder statt des Malens die Stifte spitzen ...oder einen Konflikt anzetteln und die Erfahrung machen, wie es sich anfühlt, diesen Konflikt heute zu lösen...und so weiter.

Ermutigung ist nicht Lob

Mag ich loben (die Leistung hervorheben) oder **ermutigen** (die Schönheit des Wesens des Kindes benennen)?

Habe ich die Wahl?

Vertrauen

Vertrauen ist ein Wort, das sich so leicht dahinsagt. „Vertrauen" begleitet mich schon fast mein ganzes Leben lang. Ich war vielleicht 17 Jahre alt, als ich nachts aufwachte, mein Tagebuch aufschlug, das Wort „Vertrauen" hineinschrieb und sofort wieder weiterschlief. Vertrauen sollte wohl mein Motto werden. Unser Trägermotto wurde später eine Zeit lang „Vertrauen in die Entwicklungsmöglichkeiten des Lebens". Noch später ließen wir die einschränkenden „… möglichkeiten" weg. Vertrauen ins Leben.

Ich habe schon ziemlich verrückte Dinge angestellt, weil ich vertraute. Im Rückblick könnte ich auch sagen: „Mann, war ich leichtsinnig!" Das herausragendste Ereignis war drei Jahre nach der Gründung des Telos-Kinderhauses, das übrigens in den Anfangsjahren „Telos-Kindergarten-Gruppen" hieß, da es kein offizieller Kindergarten war: Es lief alles super, wir waren mittlerweile vier Pädagoginnen in Teilzeit. Es nahte der Sommer und damit wieder ein nächstes Kita-Jahr. Die Anmeldungen schwappten in diesem Jahr nur so herein… 15 Plätze hatten wir, über 30 Eltern meldeten ihr Kind an – und ich sagte allen zu!! Obwohl ich wusste, dass die kleine Wohnung bei uns im Haus viel zu klein war. Und obwohl ich wusste, dass wir diese untere Wohnung nun für die eigene Familie brauchen, weil Kind Nummer 3 in meinem Bauch heranwuchs. Es waren Wochen des Suchens in Uttings Immobilienmarkt. Ein sehr aktiver und geduldiger Papa aus dem Elternbeirat begleitete mich bei den Besichtigungs-Terminen. „Zu klein", „kein geeigneter Garten", „einen Kindergarten wollt ihr da reintun?? Auf keinen Fall!!" Die Zeit drängte… ich hatte ja bereits die Unterschrift unter die Verträge gesetzt. Letztendlich bat ich die Gemeinde um Unterstützung. Und es klappte: Wir konnten übergangsweise ein paar Zimmer eines damals leerstehenden großen Gebäudes sehr günstig mieten. Irgendwie hatte ich immer gewusst, dass es schon klappen wird…

Vertrauen ist aber kein Wunschkonzert. Im Umgang mit Kindern will und muss schon immer abgewogen werden, ob Gefahr an Leib und Leben drohen könnte oder sonst ein Schaden für jemanden oder etwas entstehen könnte. Ich kann mir noch so sehr wünschen, dass das Kind nicht in den See fällt…, wenn ich hinschaue und beobachte, dass das Kind ganz hippelig herumhüpft, wird dies vermutlich nichts nützen.

Ich kann aber (wenn ich das Kind kenne und einschätzen kann) voller Vertrauen davon ausgehen, dass das Kind eigentlich nicht in den See fallen *will*!

Dann kann ich zum Kind hingehen, es sanft und bestimmt an der Hand nehmen: „Hör mir mal gut zu.", sage ich in wichtigem, leisem Ton. „Es sieht so aus, als ob du in den See fallen willst. Der ist ganz schön kalt. Kannst du schwimmen? Hier kannst du nicht mehr stehen. Du würdest untergehen – und könntest ertrinken." Ich werde merken, ob das Kind meine liebevollen und sachlichen Ausführungen hören und verstehen will. Nur dann lohnt es sich, weiterzusprechen: „Magst du sehen, wie du am See spielen kannst?" Und wenn das Kind nickt, werde ich sagen: „Schau, hier ist das Geländer. Hier unten am Boden kannst du deine Füße hinstellen. Jetzt kannst du dich ans Geländer anlehnen und den Fischen zuschauen." Und wenn es Steinchen werfen mag, kann ich ihm zeigen, bis wohin es mit den Füßen gehen kann, um dann schwungvoll den Steinen beim Flug ins Wasser zuzusehen, ohne selbst im Schwung mit ins Wasser zu stürzen. Wenn es aber heute nicht bereit ist, mir und meinen Ausführungen zu folgen, dann werde ich es liebevoll und bestimmt an die Hand nehmen und mit ihm zu einem anderen, für heute geeigneteren Ort gehen.

Von Vertrauen und Zutrauen wird hier noch viel zu lesen sein. Grundsätzlich geht es auch beim Vertrauen darum, die eigene Entscheidung bewusst zu treffen: Will ich allen meinen bisherigen Widrigkeiten zum Trotz grundsätzlich Vertrauen ins Leben haben? Diese Frage kann, darf und muss jeder für sich selbst beantworten.

Vertrauen erforschen

Was bedeutet Vertrauen für mich? Habe ich schon einmal vertraut, hat schon mal jemand Vertrauen in mich gesetzt? Wie fühlt sich Vertrauen an? – Habe ich die Wahl, Vertrauen ganz neu und unbefangen zu betrachten? Was muss ich ändern an meinem Leben, damit ich diese Wahl habe?

Entscheide dich.

Einzigartigkeit in der Gemeinschaft

Einmal am Tag treffen sich die Kindergartenkinder nach gelebtem freien Spiel. Wie eine Perlenkette, bei der lose Fäden von einer Perle zusammengefasst werden, fasst die „Versammlung" die Menschen unserer Kita an einem Ort und zu einer bestimmten Tageszeit zusammen und gibt Zeit und Raum für Gemeinschaft. Belebende Stille breitet sich nahezu von selbst aus, gesungene Lieder erheitern die Seele, Informationen und Planungen bereichern den Geist und das Miteinander. Anschließend wählen die Kinder aus Angeboten aus. Eines davon ist sehr oft „die Telos-Blume": Sie ist als Angebot freiwillig (die anderen Kinder beschäftigen sich in dieser Zeit mit anderen Angeboten), sodass nur die Kinder dabei sind, die das heute wollen. Die Kinder leiten abwechselnd selbst diese „Telos-Blume", übergeben die Erzählkugel und machen kleine Kommentare zu dem, was das Erzählkind zu sagen hat. Alle Kinder sind im Laufe der Tage immer mal wieder dabei. Denn Kinder lieben diese Art, Gemeinschaft zu feiern: Versammlung und Telos-Blume. Und sie lieben es, in ihrer Einzigartigkeit, in ihrem Bedürfnis, nicht in der Masse zu verschwinden wie in einem Einheitsbrei, gesehen zu werden.

Kinder spüren recht gut, was ihnen guttut, was sie jetzt hier und heute brauchen. Es war ein langer Weg für uns Pädagog*innen, bis wir dahinterkamen, dass die Unruhe in den „Telos-Blumen", die eine Zeit lang entstanden war, die zeitweilige Unlust der Kinder zeigte. Und dass es uns erlaubt ist, Kindern ihre freie Wahl zu erlauben und zuzugestehen. Anfangs dachten wir, dass wir ihnen etwas vorenthalten, wenn wir sie nicht „zu ihrem Glück zwingen". Wir glaubten, dass sie nicht richtig lernen, ruhig zu sitzen und anderen zuzuhören, wenn wir (letztendlich) nicht bestimmen, dass sie mitmachen müssen. Anfangs mussten alle Kinder bei der „Telos-Blume" mitmachen, wir saßen ordentlich auf Bänken, die im Kreis aufgestellt waren. Eine Zeitlang verteilten wir dann Bürsten und Kämme, damit sich die Kinder selbst damit streicheln und beruhigen können, um ruhig sitzen zu können … im Nachhinein finden wir das seltsam. Seit die Telos-Blume freiwillig ist und nicht mehr täglich stattfindet, ist sie wieder schön. Auch die Erwachsenen wechseln sich ab, sodass immer mal wieder ein „anderer Ton" angeschlagen wird. Jede Telos-Blume ist einzigartig und individuell, weil sie durch andere Menschen, Kinder wie Erwachsene, gestaltet wird – in jeder Telos-Blume wird die gelebte Gemeinschaft sichtbar.

Zur Versammlung einmal am Tag kommen alle Kindergartenkinder in einem Zimmer, die Krippenkinder im anderen Zimmer zusammen. Einmal in der Woche gibt es eine große Versammlung, bei der alle Menschen, die gerade im Haus sind, mitmachen… die, die wollen, und das sind fast immer alle. Das ist das Schöne an den Versammlungen: Obwohl niemand mitmachen muss, machen alle mit. Wir planen dafür wenig vor, nur kurz das Thema, über das wir die Kinder informieren wollen oder sie miteinbeziehen möchten. Die Versammlungen entstehen im Augenblick. Sie greifen das auf, was in der Gruppe der versammelten Menschen „drin" ist und sich zum Ausdruck bringen möchte. Gleichzeitig bringen diejenigen Menschen, die gerade „Ruhe" und „Gelassenheit" und andere schöne Dinge übrighaben, diese bewusst in die Versammlungen mit ein… So ist jede Versammlung ein einzigartiger Moment der Gemeinschaft. Manchmal erinnern wir uns dann an den Lindenbaum vor unserem Kita-Haus, und daran, dass die Menschen früher um die Dorflinde getanzt und unter der sie gefeiert haben…

Die Möglichkeiten für lebendige Gemeinschaften finden sich auch zuhause – ohne, dass die Eltern dies mit Zwang ausrufen müssen (weil durch Zwang oft die Lebendigkeit verloren geht): Das Sonntags-Mittagessen (wenn dann die Langschäfer auch aus dem Bett gestiegen sind). Oder das gemeinsame Abendessen am Samstag, gemeinsam mit den Freunden der jugendlichen Kinder. Oder das gemeinsame Kuscheln am Sofa während der Dämmerung.

Wenn wir uns bewusst dafür entscheiden, lebendige Gemeinschaft ohne Zwang in unserem Familienalltag leben zu wollen, dann wird dies stattfinden können.

In einem Bild: Die Gemeinschaft freut sich dann wie ein junges Kind, in diese Familie eingeladen worden zu sein und schaut immer mal wieder neugierig durch den Türschlitz, ob jetzt der Moment gekommen ist, an dem sie willkommen ist, eintreten und sich breitmachen kann. Und schon ist sie selbst Mitgestalterin des Festes des Lebens.

 **Die Einfachheit des Einzigartigen**

Einzigartigkeit in meinem Leben, Einzigartigkeit um mich herum: Wo finde ich Einzigartiges? Wie außerordentlich muss Einzigartiges sein?

Mag ich mich entscheiden, das „normale" Einzigartige in seiner individuellen Einzigartigkeit zu bemerken und anzuerkennen? Zum Beispiel, um Gemeinschaft zu feiern?

Du bist – und das ist schön so

Ich liebe Buchenwälder!

Seit Anbeginn nehme ich das Bild der Buche, um Eltern und Pädagog*innen in Elternabenden, Elterngesprächen, Coachings und Seminaren die Vision von der Vollkommenheit nahezubringen: In der winzigen Buchegger ist alles enthalten, damit später daraus ein riesiger Buchenbaum wird. Beim Menschenkind ist es genauso…

Jedes Jahr beginnen bei uns ein paar junge Kinder ihre Kita-Zeit. Die meisten sind so um die 2 Jahre alt, manche ein bisschen jünger, manche ein bisschen älter. Es sind doch wundervolle Persönlichkeiten, die da bei uns zur Türe hereinkommen! So jung sie auch sind – sie wissen genau (!), was sie wollen, wer sie sind und wohin es gehen soll!

Das vergessen wir niemals! Diese Tatsache ist uns immer bewusst – das Kind ist eine wundervolle Persönlichkeit: Auch, wenn das Kind vor Kummer und Wut nach der Mama schreit, sodass uns die Ohren abfallen; auch, wenn das Kind vor lauter Ohrenschmerzen klagt und weint; auch, wenn das Kind, etwas älter geworden, sich voller Eigensinn weigert, die nass-gepieselte Hose zu wechseln; auch, wenn das Kind nicht den vorher von ihm selbst gewählten Mittag-Essens-Platz einnehmen will, sondern jetzt bei der geliebten Freundin essen mag; auch, wenn das Kind im Streit einem anderen einen Holzklotz auf den Kopf gedonnert hat; auch, wenn das Kind immer noch nicht ordentlich spricht; auch, wenn das Kind sich einfach nicht gescheit konzentrieren kann; auch, wenn das Kind wie eine wildgewordene Herde Stiere über andere Kinder herfällt...

Jedes Kind ist zu jeder Zeit es selbst – ein Wunder.

Es ist gut, dass wir ein Team sind: Wir können abgeben. Wenn eines dieser Wunder einer Pädagogin gar zu mächtig, gefährlich oder traurig erscheint, wenn das Wunder sich gar nicht mehr bändigen lässt, ist Abgeben gut. Abgeben, zur Ruhe kommen, das eigene Wundervolle in sich selbst (!) wieder zu erkennen.

Eltern haben es da nicht ganz so leicht. Wenn der Eltern-Partner nicht da ist, könnten sie die Freundin anrufen, die Nachbarin um Hilfe bitten, auf die Toilette gehen, Musik anmachen... um sich selbst wieder als Wunder zu erfassen! Und genau darum geht es: Diese Entscheidung will einmal und dann noch weitere viele Male bewusst getroffen sein!

Nehme ich das Kind als Wunder an, als wundervolles Wesen, egal wie anstrengend oder emotional aufwühlend die

Situation sich mir gerade darstellt? Nehme ich mich ebenso als wundervollen Menschen an, egal wie genervt, ärgerlich, erschöpft, entsetzt, gelähmt, traurig und verletzt ich mich gerade fühle – meist getriggert durch irgendetwas, was das Kind getan hat?

Es wirkt wie ein kleiner Trick: Sich von der anstrengenden Situation mit dem Kind abwenden und sich stattdessen dem eigenen, inne liegenden Schönen zu öffnen. Energiearbeiter sprechen hier davon, die Energie bewusst zu leiten. Eigentlich ist es egal, wie es heißt oder ob es ein Trick ist – es funktioniert! Und zwar deshalb, weil jedes Kind fühlt, was mit den Kinderbegleitern los ist. Ohne es mit Worten benennen zu können, spüren sie: „Mama oder Papa ist jetzt gar nicht mehr ärgerlich... sie fühlt sich so heiter an!" Kein Wunder, wenn sie gerade dabei ist, sich auf das Positive in sich zu konzentrieren. Ja, ich kenne die Argumente, die dagegensprechen: „Wie soll man das denn mitten in dem Ärger mit dem Kind schaffen?!!" In diesem Fall zitiere ich gerne das Zitat von Rudolf Dreikurs: „Wenn du wissen willst, was du willst, musst du schauen, was du tust". Du hast die Wahl.

Dafür sind wir hier auf der Erde: Um uns bewusst zu entscheiden; um zu lernen; um diese Hürde als Challenge anzunehmen; um uns zu entfalten – und dadurch dem Kind den Weg zu bahnen für dessen eigene Entscheidung und Entfaltung; um zu erkennen, was für wundervolle Wesen wir alle sind, das Kind und ich!

Ich bin ein Wunder

Habe ich die Wahl – nehme ich mir die Wahl-
freiheit – diesen Satz für mich gelten zu lassen? Entscheide dich!

„Ich bin ein Wunder!"

Lust auf Entfaltung

Gestartet hat das Telos-Kinderhaus als kleine private Einrichtung mit acht Kindern – mittlerweile sind es 60 Kinder (davon
etliche Einzel-Integrations-Plätze) im Haus und es gibt den Kindergarten im Naturhaus mit 18 Kindern, zwei Kilometer entfernt
vom Haus. Es war sozusagen wie eine kleine Familie, die sich
nach und nach zur Groß- und Riesenfamilie vergrößerte. Das
erste halbe Jahr arbeitete ich allein, mittlerweile sind wir im
Haus ein Team von ungefähr 13 Pädagog*innen, dazu kommt
das Team aus dem Kindergarten im Naturhaus mit drei Pädagog*innen. Es lief nicht immer alles rund, wie auch in einer Familie meist nicht alles rund läuft – doch immer dienten uns die
„Fehler", die wir machten, als „Helfer". Immer entschieden wir
uns bewusst dafür, uns weiterzuentwickeln. Wir! Uns! Ich. Mich.

Ich bin wer geworden

Es ist erstaunlich, wie viel pädagogische Ideen man in über 25 Jahren leben kann! Und alle diese Ideen fanden wir eine Zeitlang richtig gut. Was wir auch gelernt haben: Den Mut, eine altgewordene Idee, die nicht mehr funktioniert, wieder zu verwerfen; um Platz zu machen für etwas Neues. Wie viel Neues entstehen kann, wenn man mal ordentlich ausgemistet hat – sowohl in unseren „Schatzkammern" (die Zimmer, in denen wir unsere momentan nicht gebrauchten Mal-, Bastel- und Spiel-Utensilien aufbewahren) als auch in unseren Vorstellungen, Glaubenssätzen und Meinungen... Richtig ins Sprudeln kann es plötzlich kommen, wenn wir nicht starr fest halten an etwas, „dass wir schon immer so gemacht haben!" Klar: Sicherheit kann uns das Altvertraute, die Routine, schon geben – aber wie trügerisch ist diese manchmal. Und – ehrlich – wie fad kann sie sein!

Dies gilt auch für Eltern von mehreren Kindern: Nur, weil wir ein oder zwei Kinder ins Leben begleitet haben, müssen wir nicht glauben, dass wir diese Art nun auch bei den weiteren Kindern so leben müssen. Zum einen ist jedes Kind einzigartig und fordert seine „Spezial-Art" von den Eltern ein, die Art, wie genau es selbst begleitet sein möchte. Zum anderen sind ja auch die Eltern in keinem Fall mehr die gleichen, wie noch beim ersten oder zweiten Kind. Routine: gut und schön! Lust auf Neues: Her damit!

Mein Ort, mein Jetzt, ich bin

„Ich bin erfüllt.

Ich bin Fülle.

Ich bin.

Ihr habt eurer Quelle gelauscht und euch daraus gespeist – ich habe es euch gleichgetan: Ich habe meiner Quelle gelauscht und mich daraus gespeist.

Das ist es, was ihr mir als mein Vorbild gelernt habt.

So bin ich in meinem Sein.

Ich höre sein Rauschen und Plätschern, ich sehe sein Glitzern und seine Farbenpracht. Ich greife hinein und schöpfe mit meinem Kristallgefäß heraus. Ich werfe das Glitzern und die Farbenpracht über mich und lache. Ich sehe, wie ein paar Tropfen über ein anderes Kristallgefäß fallen – werden sich die Farben mischen?

Ich glucke voller Freude über das Wunder, das sich jetzt eröffnet."

Wie geht eigentlich sich-entfalten?

In unserem Kindergarten im Naturhaus (eine Art Waldkindergarten, der 2021 als Ergänzung zum Entfaltungs-Haus dazu kam) gibt es sehr viele Farnkräuter – und natürlich Buchen. Die Farnkräuter entfalten im Frühling ihre Blätter, sie rollen sich auf. Es scheint so, als ob die Blätter schon immer da gewesen wären, sich eben nur noch ausrollen müssen. Im Ausrollen werden sie größer und stabiler. Vermutlich denkt das Farnkraut nicht darüber nach, wie genau es diese Entfaltung anstellen muss. Es macht einfach.

Das ist für mich Sinnbild für gelebte Entfaltung: Es ist alles da. Es sprudelt heraus, wie aus einer Quelle. Und gleichzeitig, im Sprudeln, kommt immer mehr Neues nach, als ob es schon immer dagewesen wäre, und doch war es nicht sichtbar. Jetzt, wo es da und deutlich bemerkbar ist, ist es wie selbstverständlich. Und entfaltet sich immer weiter!

Ich liebe es, Kinder auf diese Art und Weise zu betrachten.

Es ist auf diese Weise ganz einfach, Kinder ins Leben zu begleiten. Das Einzige, was wirklich wichtig dabei ist, dass man davon ausgeht, dass das Farnkraut wachsen und sich entfalten wird... dass das Kind wachsen und sich entfalten wird... Ist es nicht das, wofür Kinder hierher auf die Erde gekommen sind? Um sich zu entfalten. Um sich an der Sonne und dem Leben zu erfreuen. Um zu spielen. Um zu lernen – das geht ganz automatisch!

Kinder entfalten sich immer! Es gilt uneingeschränkt, dies zu erkennen.

Das Kleinkind, das den Löffel herunterwirft, nachdem sein erster Hunger gestillt ist, lernt, dass ihm der Löffel wieder gereicht wird, einmal, zweimal, dreimal... Es lernt, dass irgendwann der

Moment kommt, wo der Löffel nicht mehr hochkommt (weil der Erwachsene nicht mehr mag). Es reagiert darauf, ärgert sich vielleicht, schreit – und lernt möglicherweise, dass, wenn es sich genug ärgert, der Löffel doch wieder hochkommt. Oder es lernt, dass es aus dem Hochstuhl gehoben wird und zum Löffel nach unten gesetzt wird. Oder es lernt, dass es jetzt abgelenkt wird. Oder eine andere der hunderten von Möglichkeiten, die Eltern in diesem Moment einfallen. Dies speichert es als Erfahrung ab. Nur – ist es denn morgen auch so? Ist es auch so, wenn Mama müde aus der Arbeit heimkommt? Ist es so, wenn es regnet, bei Dunkelheit, wenn die Musik im Lautsprecher spielt, wenn die Schwester daneben steht...? Dies alles will erlebt werden. Dies alles will vom Kind „bewertet" werden, „wie fühlt sich diese jeweilige Reaktion auf den geworfenen Löffel an?" So lernt zum Beispiel das eine Kind (weil die Gegebenheiten so sind *und* es sich unbewusst entscheidet), dass Löffel werfen eigentlich gar nicht so spannend ist, weil danach immer eine emotional unschöne Phase beginnt (in diesem Fall Ärger der begleitenden Erwachsenen). Und ein anderes Kind macht zum Beispiel die Erfahrung, dass Löffel werfen ein wundervolles Spiel ist, das so lange weitergeht, bis das Kind keine Lust mehr darauf hat (weil ein engelsgeduldiger Erwachsener den Löffeln so lange immer wieder hochhebt, bis das Kind nicht mehr mag). Dass es für dieses Löffel-Werf-Spiel keinen Königsweg für die begleitenden Erwachsenen gibt, ist logisch. Ebenso ist logisch, dass jedes der Kinder dabei eine Erfahrung macht, die es in seinem immer größer werdenden Erfahrungsschatz (in der Individualpsychologie „Lebensstil" genannt) abspeichert. Wie schön, wenn es eine Erfahrung ist, die ihm weiterhin Lust auf Ausprobieren und Entfalten macht!

Das Eigene lebendig werden lassen

Was möchtest du, dass dein Kind/ das Kita-Kind jetzt gerade lernt?

Und was ist es, was das Kind gerade jetzt erschaffen – lernen - will?

Ist es wirklich sehr wichtig, dass das Kind in diesem Moment gerade das macht, was du willst?

Hat dein Kind genügend Zeit-Räume und Orte, wo es sich ausleben kann?

Hast du selbst genügend Zeit-Räume und Orte, wo das Kind dir nicht ständig „auf die Pelle rückt", wo du dich ganz verwirklichen kannst? Was ist es, was dich schon lange „ruft"? Dann ist doch wohl heute der Moment, an dem du damit (wieder) beginnst!

Auf den Ort kommt es nicht an, auf das Sein kommt es an

Das Telos-Kinderhaus war im Laufe seiner ersten Jahre in verschiedenen Orten untergebracht. Einmal auch in einem Container. Ich erinnere mich gut an eine der Teamsitzungen. Wir unterhielten uns, dass die Menschen, die draußen vorbeigehen, „nur den ollen Container" sehen, nicht aber das, was drinnen an wundervollem Leben mit den Kindern stattfindet. Ich sagte damals ganz enthusiastisch: „Alle, die draußen vorbeigehen, müssen durch die Wände spüren, wie schön und harmonisch es in diesem Kindergarten ist! Sie müssen die Ermutigung bis nach draußen spüren und im Vorbeigehen selbst ermutigt werden!"

Mittlerweile habe ich gelernt, dass dies tatsächlich so funktioniert.

Die sprichwörtliche Chemie eines Menschen, eines Hauses und so fort überträgt sich unausgesprochen auf alle anderen Menschen, Gegenstände und so weiter. Warum dies also nicht bewusst einsetzen?

Und genau das tun wir im Zusammensein mit den Kindern. Die Herzmagnet-Frequenz ist acht Meter messbar – wie weit geht sie erst, ohne dass man es mit technischen Instrumenten messen kann?! Was möchte ich, dass beim Kind ankommt? Kann ich meinen Streit, meinen Stress, meine Unsicherheit, meine Sorgen dem Kind verheimlichen? Nein. Unmöglich. Wir alle spüren, wenn sich jemand verstellt, wenn jemand eine dicke Mauer um seine Gefühlslage gebaut hat. Wir Erwachsenen tun so, als ob dies normal und gesund wäre. Wir akzeptieren dies meist wortlos oder fordern es sogar heraus, damit der Mensch „funktioniert". Kinder haben das zum Glück noch nicht gelernt: Sie reagieren ganz unverblümt auf das, was sie spüren – sie verhalten sich nämlich ganz genauso wie das, was sie spüren, dem Resonanz-Prinzip folgend.

Nicht ganz so wichtig ist also, wie der Ort ist – natürlich: ein schöner Ort, im Sinne von Montessoris gestalteter Umgebung, ist schon was tolles – noch wichtiger ist meines Erachtens die Ausstrahlung der Menschen, die Kinder begleiten. Nichts Verlogenes und Verstelltes, sondern Ehrlichkeit, Verletzlichkeit (wenn sie da ist), benannter Stress (wenn er da ist), benannte Traurigkeit (wenn sie da ist) – dazu der Zusatz, dass es „meine Verletzlichkeit, mein Stress und meine Trauer ist, die du, Kind, mir nun nicht mehr spiegeln musst." Und natürlich die Freude, das Glucksen, die Sicherheit, Tanz, Farben, Lebendigkeit, Liebe, Vertrauen... Auch diese, gerade diese, verbreiten sich so gerne in Kinder-Gemütern. Was also ist zu tun, damit das Heitere und Frohe sich verbreiten kann? Sinnvoll und wichtig ist es, zu checken, was wir einfach so, ohne es zu merken, verteilen. Auch wenn dies für manche Menschen sehr ungewohnt erscheinen mag, ist es doch wohl nichts anderes, als wenn eine Maschine bis ins Innerste auseinandergenommen und untersucht wird, um festzustellen, warum sie nicht rund läuft. Nur, dass das Innere unseres menschlichen „Motors" eben nicht durch Aufschrauben, sondern durch Fühlen erforscht wird, weil es die inneren unbewussten Gefühle sind, die sich in unserem sichtbaren Handeln zum Ausdruck bringen.

Dies ist somit die vorrangige Aufgabe von uns Menschen, die wir Kinder ins Leben begleiten (in der Kita genauso, wie Zuhause):

- ∞ Fühlen, was in unserem Unbewussten versteckt ist
- ∞ Benennen, was in unserem Unbewussten versteckt ist
- ∞ Akzeptieren, was in unserem Unbewussten versteckt ist
- ∞ Wenn möglich das Alte, Unschöne aus unserem Unbewussten bewusst machen und heilen
- ∞ Das Schöne, Harmonische bewusst in uns finden - oder einladen...
- ∞ ... und mit diesem Schönen – nun auch automatisch – die Umgebung und das Herz des Kindes fluten

Und da dies ja, ohne dass wir es letztendlich merken, ganz selbstverständlich, nämlich unbewusst, vonstattengeht, ist es zuletzt einfach, über unsere eigenen Gefühle Harmonie und Schönheit ins Leben mit Kindern einzuladen – wenn wir uns eben getraut haben, uns selbst innerlich großreine zu machen. Manchmal ist es nicht ganz leicht, den eigenen unschönen Gefühlen und deren Ursachen auf den Grund zu kommen, weil wir uns vielleicht davor ängstigen – aber das kann keine Entschuldigung dafür sein, es nicht zumindest zu versuchen.

Den eigenen Gefühlen auf den Grund gehen – das Geschenk der Zwiebel

Nimm dir ungestört Zeit – achte, dass die Kinder sicher behütet sind. Richte dir einen kleinen schönen Platz ein, vielleicht magst du eine Kerze anzünden, eine Blume aufstellen oder ähnliches. Wenn es dir entspricht, bitte deine lichtvollen Begleiter, Engel, Ahnen, Krafttiere, um Unterstützung dabei, deinen schweren Gefühlen, die dich im Zusammensein mit dem Kind so oft triggern, auf den Grund zu gehen.

Atme... atme langsam und bewusst mehrmals ein und aus. Gib dir selbst die Erlaubnis, dich auf Spurensuche zu begeben. Wenn du schon beim Lesen merkst, dass dies für dich anspruchsvoll werden könnte, dann hol dir aktiv (professionelle) Hilfe[1] für diesen Erkenntnis-Prozess.

Atme dich von außen nach innen... tauche immer tiefer ein in deinen Seelenkern. Nimm dir bewusst vor, heute und jetzt das für den Moment wichtigste Thema zu finden. Stelle dir deine Seele vor wie in eine Zwiebel gewickelt: Jede Zwiebelhaut ist wie ein Schutzschild für das kostbare Innerste, das unverletzlich ist. Ziehe die erste Zwiebelschale ab. Nimm sie behutsam in die Hand. Schnuppere daran, betrachte sie mit deinem Herzen... Was will dir diese Schutzhaut sagen? Welche Erinnerung speichert sie ab? Welches Gefühl ist darin

---

[1] Ich begleite Eltern, Pädagog*innen und alle Menschen, die Kinder begleiten, in Coachings, Seminaren und Weiterbildungen.

versteckt? Welches Verhalten, welches Wort, das du dich vielleicht damals nicht getraut hast, zu tun oder zu sagen – oder welches Wort und welche Tat, das dir damals ungewollt hinausrutschte, was du im Nachhinein bitter bereutest? Oder welche anderen Erinnerungen aus langen vergangenen Zeiten...?

Wenn du weinen musst, weil diese Zwiebelhaut sehr scharf ist, dann weine. Fühle dieses Gefühl in dem Wissen, dass die Situation, die dazu führte, Vergangenheit ist.

Wenn du ausgeweint hast, dann wende die Zwiebelhaut in deiner Hand um: Was ist auf ihrer anderen Seite enthalten? Welches Geschenk mag dir die Zwiebelhaut geben? Welches Wort, welches Verhalten, welches Gefühl mag dir in einer künftigen ähnlich empfundenen Situation nun hilfreich sein? Vielleicht ist es das Gegenteil deines alten, ursprünglichen Handlungsmusters, vielleicht ist es etwas ganz anderes. Vertraue dir, dass du das Geschenk der Zwiebelhaut erkennst: Fast immer ist es der erste Impuls, der erste Gedanke, das erste Wort, das erste Bild oder ähnliches, was dir „ein-fällt". Wenn es für dich passt, dann führe in Gedanken dieses Geschenk mit einer Geste zu deinem Herzen und erlaube ihm, in deiner Seele Platz zu nehmen.

Atme tief! Eine weitere Zwiebelschale mag ein anderes Mal kennengelernt werden... Komme wieder im Hier und Jetzt an und schreibe dir das Geschenk der Zwiebelhaut auf, damit du es künftig in deinem Denken und Handeln lebendig werden lassen kannst.

Das Telos-Kinderhaus entfaltet sich

Erst waren wir in der kleinen Wohnung untergebracht, die sich in unserem Wohnhaus befand. Mein Mann hatte ein paar Wände herausgenommen. Es gab ein „Spielzimmer" mit der angrenzenden Brotzeitecke und einer Bauecke, im Flur die kleine Garderobe und daneben das Bastel-/Malzimmer (die ehemalige Küche). Als ich mit unserem zweiten Kind schwanger war, war es zuletzt schon ganz schön eng, wenn ich mich zwischen Tisch und Küchenzeile zum Fensterplatz hindurchquetschen musste.

Eine Schwangerschaft und ein eigenes Kind später erfolgte der Umzug in einige Räume eines Hauses, das uns letztendlich dankenswerterweise die Gemeinde zur Verfügung gestellt hatte. Hier experimentierten wir nun mit einer kleinen Krippe. Eigentlich wollte ich zunächst nur Kinder über drei Jahren aufnehmen. Zum einen wurde ich aber immer wieder gefragt, „ihr nehmt doch sicher schon Kinder ab 2,5 Jahren auf?", dann „ab 2 Jahren" und so fort. Zum anderen waren wir damals als private Einrichtung ohne staatliche und gemeindliche Bezuschussung, folglich mit wesentlich höheren finanziellen Eltern-Beiträgen, auf Kinder angewiesen – ich wollte und konnte also keine Anfragen ausschlagen. Schon damals war die Krippe „semi-permeabel": Ein geschützter Raum für die Jüngsten, den diese auf eigenen Wunsch verlassen können, den die älteren Kinder aber nur unter bestimmten Bedingungen besuchen können. Diese Idee hat sich im Prinzip bis jetzt fortgesetzt – nur, dass jetzt auch ältere (sogenannte Ü3 -) Kinder, die dies „brauchen", die dies wollen, zum ständigen „Inventar" der Krippe gehören.

Eines Tages kroch uns der Schimmel aus den alten Gemäuern entgegen. Das war der Zeitpunkt, in dem das Gebäude von der Gemeinde verkauft wurde. Wir waren wieder einmal auf der Suche… und fanden nichts. Da die Gemeinde unsere Arbeit wertschätzte, unterstützte sie uns auch diesmal wieder und stellte uns ein Grundstück zur Verfügung, auf dem wir für viel Geld einen Container-Kindergarten aufstellen ließen.

Den ganzen Winter über hatte es kaum geschneit. Es war ein Tag Anfang Februar – ich wenige Wochen vor der Geburt unseres vierten Kindes – als der Kranwagen im plötzlich einsetzenden Schneegestöber steckenblieb. Es war eine einzige Katastrophe. Letztendlich gelang es mit viel Unterstützung der Gemeinde, dass ein herbeigerufener Kran den eigentlichen Kranwagen wieder befreite. Später meinte mein Mann, dass er an meiner Stelle wahrscheinlich eine Frühgeburt gehabt hätte, wenn er schwanger gewesen wäre. Das Kind kam nicht zu früh, sondern sogar ein paar Tage später. Dazwischen fand dann noch der Umzug statt. Bei diesem saß ich aber nur da und dirigierte die helfenden Eltern und Kinder, in welches Zimmer welche Möbel gestellt werden sollen. Eltern waren und sind übrigens die ganze Zeit über wundervolle Helfer im Leben des Telos-Kinderhauses!

Und noch immer waren wir räumlich nicht am Ende angekommen: Knapp drei Jahre später erhielten wir die staatliche und gemeindliche Anerkennung, denn nun war der Bedarf an Kita-Plätzen wirklich ersichtlich geworden. Ein zweiter Container wurde neben unserem alten aufgestellt. Das waren Winter! Nach wie vor lebten wir das offene Konzept. Wenn nun ein Kind von einem Spielzimmer ins andere wechseln wollte, musste es sich beinahe komplett anziehen... Zum Glück gab es in jedem Container Toiletten, sodass die Kinder nicht wegen des Toilettengangs das Haus wechseln mussten!

Während dieser Zeit wurde auf gleichem Grundstück das neue Haus gebaut. Die Kinder konnten vom Fenster aus den Baggern und Handwerkern zuschauen. 2010 fand der Einzug ins neue Haus statt, der zweite Container wurde abgebaut, der alte

Container mit einem schwungvollen Holz-Gang mit dem Haus verbunden. Oft gingen wir nicht mehr hinüber in die Container-Zimmer, auch wenn es im Haus deshalb etwas enger war.

Reduzierung ist auch manchmal Entfaltung

Nun geschah etwas, was mir viele graue Haare bescherte: Eines Tages wurde festgestellt, dass es in Utting nun genügend Kita-Plätze gibt. Auf einen Streich wurden uns 18 Plätze gestrichen. Der Container mit seinem Holz-Gang abgebaut – und 18 Kinder und einige Team-Kolleg*innen hätten gehen müssen.

Vom Team wollte keiner gehen. Wir diskutierten lange und entschieden uns – wir waren zu dieser Zeit ungefähr 8 Mitarbeiter*innen – dass wir alle bleiben und dafür jede von uns ein paar Stunden reduziert.

Die Familien wollten (eigentlich) auch nicht, dass ihre Kinder gehen. Was wir jetzt erlebten, ist eindeutig mit „Gemeinschaftsgefühl" und „Mut" (beides Fachbegriffe der Individualpsychologie) zu bezeichnen: Die Eltern überlegten sich ein Platz-Sharing-Konzept mit Bonus-System, sodass (fast) alle Kinder bleiben konnten! Die meisten Kinder mussten dementsprechend auf vier oder sogar nur drei statt fünf Vormittage umbuchen und konnten stattdessen auf Nachmittage umswitchen. Das hatte zur Folge, dass wir im Landkreis die Einrichtung mit den längsten Öffnungszeiten waren. Zum Glück nahmen die kompletten Öffnungszeiten nur wenige Familien in Anspruch, denn das waren (leider) über 40 Wochenstunden. Später haben wir diese langen Zeiten nach und nach wieder abgeschafft.

Und noch immer war das Ende der Räumlichkeiten nicht erreicht. Denn – oh Ironie des Schicksals – ein paar Jahre später *war* wieder Bedarf an Kita-Plätzen! Wir bekamen eine sogenannte „Mischgruppe" mit 20 Ü3-Plätzen dazu – und konnten diese übergangsweise in unserem Mehrzweckraum unterbringen. Etwas ungünstig war allerdings, dass genau in diesem Herbst die Corona-Einschränkungen das offene System beinahe unmöglich machten... Zwei Jahre später war dann der wunderschöne Anbau mit Galerie fertig und der Mehrzweckraum konnte wieder seinem eigentlichen Zweck, Bewegung, Versammlungen und Feste, zugeführt werden.

Platz für Neues schaffen durch Loslassen

Was soll sich erneuern in deinem Kita-/ in deinem Familien-Alltag?

Was genau musst du dafür loslassen, damit Platz wird für das Neue?

Weniger ist manchmal mehr

Was mich diese Geschichte lehrt, ist folgendes: Kindern ist es ziemlich egal, wo sie leben – solange sie ein dichtes Dach über dem Kopf haben, es warm ist und sie zu essen haben. Worauf es ihnen jedoch sehr ankommt, ist die Atmosphäre, in der sie aufwachsen. Auf eine liebevolle Atmosphäre verzichten sie zwar notgedrungen leider auch manchmal, wenn sie nichts anderes bekommen können und machen das ihnen Bestmögliche daraus – jedoch letztendlich wahrscheinlich mit mehr seelischen Narben.

Eine aufgeräumte und saubere Wohnung ist wichtig, ohne Frage! Auch saubere Wäsche und gemähter Rasen ist etwas Schönes. Nur dürfen diese Dinge an Wertigkeit nicht dauerhaft das Kind und seine seelischen Bedürfnisse übersteigen.

Und manchmal ist es wirklich sehr schön und auch ganz einfach möglich, gemeinsam mit dem Kind die Wohnung zu säubern und im Haushalt zu werkeln. Dann sind Mama oder Papa und Kind ein Team! Dann kann es richtig Spaß machen! Wenn wir Eltern dies so wahr-nehmen, dann ist dies die Wahrheit.

Mich und das Kind wichtig nehmen

Wo und wann ist die Gelegenheit, wo du es dir mit deinem eigenen Kind / dem Kita-Kind einfach nur gemütlich machst – und es ist egal, wie es gerade um dich herum aussieht? Und du gehst nicht ans Handy / zu einer anderen Kita-Situation? Und du lässt das unaufgeräumte Spielzeug liegen?

Eingewöhnung

Ich mag sie gerne: Die Eingewöhnungszeit in unseren Kitas. Meist beginnen im Herbst einige neue Kinder. Diese gewöhnen sich in die Krippe, in unseren Kindergarten oder in unseren Naturhaus-Kindergarten ein. Geschwisterkinder haben es gut: Sie waren meist schon im Bauch der Mutter dabei, wen diese das ältere Geschwister in die Kita brachte oder davon abholte... Sie kennen jedes Geräusch und jeden Geruch in der Kita. Es bedarf meist nicht vieler besonderer Aktionen, bis diese Kinder dann als Kita-Kind allein gerne dableiben mögen. Anders ist es in vielen Fällen bei Erstgeborenen. Meist sind es ja die Eltern, für die die Zeit viel schneller als erwartet gekommen ist, das Kind seine eigenen Wege gehen zu lassen – sprich: es ein Stück weit loszulassen.

Und auch immer, so hat man den Eindruck, hat es einen Einfluss auf die Eingewöhnung des Kindes, ob die Eltern gerne oder überhaupt in einen Kindergarten gegangen sind. Die eigene Erfahrung steckt den Eltern in den Knochen, ob sie es wollen oder nicht: Die Erinnerung an gute oder schlechte Tage strahlt in die Eingewöhnung des eigenen Kindes hinein. Es wäre schön, wenn alle Eltern gute Erfahrungen als junge Kinder gemacht hätten. Dann könnte sich unser Kind aus seiner eigenen Quelle, aus seiner ungetrübten, heilen Vollkommenheit speisen und sagen: „Das ist es, was ihr mir als mein Vorbild gelernt habt. So bin ich in meinem Sein. Ich höre sein Rauschen und Plätschern, ich sehe sein Glitzern und seine Farbenpracht. Ich greife hinein und schöpfe mit meinem Kristallgefäß heraus. Ich werfe das Glitzern und die Farbenpracht über mich und lache. Ich sehe, wie ein paar Tropfen über ein anderes Kristallgefäß fallen – werden sich die Farben mischen? Ich glucke voller Freude über das Wunder, das sich jetzt eröffnet." Dann wäre die Eingewöhnung ein Akt der Neugierde, der mit Lust, in Leichtigkeit und Freude geschieht. Und tatsächlich sind dies die schönsten Eingewöhnungen in den Telos-Kitas! Ein bisschen haben wir über die Jahre hinweg an unserem Eingewöhnungs-Konzept gefeilt. Die Grundpfeiler sind seit Anbeginn an die gleichen: Nämlich die jeweilige Einzigartigkeit des Kindes, der Eltern, des Teams, der Kita, des Tages heute und dieses jetzigen Momentes wertzuschätzen. Die Eingewöhnung gelingt uns (also dem Eingewöhnungsteam, das aus Kind, Eltern und Kita-Team besteht) immer dann gut, wenn kein Zeitdruck besteht und wenn die Kommunikation aller dieser Beteiligten auf allen Ebenen zu jeder Zeit offen und ehrlich ist. Dann ist auch das (noch so junge) Kind mit einbezogen in diesen täglichen Planungs- und Gestaltungs-Prozess.

Heute war es ein dreijähriges Kind, das sich nun schon zwei, drei Wochen darin übt, in der Kita allein zu bleiben. Heute war es plötzlich das erste Mal bei mir dabei, als ich mit ein paar Kindern den geliebten Schuster-Tanz von der sehr alten Fidula-CD tanzte. Voller Andacht nähte, klopfte und tanzte es mit – wahrscheinlich das erste Mal in seinem Leben machte es einen Kreistanz. Anschließend fuhr es seine gewohnte Strecke im Garten mit dem geliebten Dreirad. Und plötzlich sah ich es, als es ein paar Tränen verdrückte: Es hatte das Dreirad geparkt und wartete nun auf seinen Papa. Ich sprach mit ihm und sagte beruhigend, dass der Papa bestimmt gleich kommt. Schnell informierte ich eine Kollegin, dass sie den im Elternkaffee wartenden Papa informieren soll, dass er jetzt sofort sein Kind abholen muss. Während der sehr kurzen Wartezeit unterhielten das Kind und ich uns über Walnüsse und was man daraus kochen kann. Ich empfahl ein Pfannengericht mit Honig. Das Kind war wieder ganz da – in dem Moment, als es den Papa sah, entspannte es sich erleichtert. Was war also geschehen? Die Eingewöhnungszeit war heute einen Moment zu lange gewesen. Der Papa hatte nicht gewusst, wie lange er bleiben soll. Nun, das kann manchmal bei Personalmangel wegen Krankheit geschehen und ist nicht weiter schlimm: Für morgen haben wir gemeinsam, Papa, Kind und ich, vereinbart, dass das Kind nach den Angeboten gleich abgeholt werden wird. So kann es nun seine Kräfte gezielt einteilen und sich im Kita-Spiel frei entfalten.

Manchmal sind es andere Themen, die die Eingewöhnung in die Kita nicht gerade erleichtern. Eltern haben manchmal (unbewusste) Sorgen, dass ihr Kind möglicherweise nicht so gut betreut wird, wie es eben Mama oder Papa „können", die die Bedürfnisse des eigenen Kindes selbstverständlich sofort erkennen... oder dass ihr Kind vor Gefahren jeglicher Art (körperliche Attacken anderer Kinder, Krankheiten und so fort) nicht sicher ist und vieles mehr. Für manche Eltern ist es sehr ungewohnt, wenn wir als begleitendes Team den Eltern Fragen in diese Richtung stellen, welche inneren (vielleicht sogar unbewussten) sorgenden Gedanken und Gefühle sie beschäftigen. Sie vermuten dann vielleicht, dass wir sie kritisieren wollen, dass wir einen Fehler an ihrem Verhalten suchen. Doch dem ist nicht so: Es ist absolut verständlich und in gewisser Weise ihr Auftrag, dass Eltern sich um ihr Kind „sorgen" – wenn „sorgen" im positiven Sinne betrachtet wird. Gleichwohl ist es dem Kind eine enorme Hilfe, wenn die Eltern sich ihrer negativen Sorgen bewusst sind. Denn auch diese übertragen sich auf das Kind.

Über Sorgen, die einem klar sind, kann man nachdenken und reden.

Eltern können das Kita-Team fragen, wie sie dies oder jenes machen; sie können Dolmetscher für die Bedürfnisse ihres Kindes sein. Sie können die Erfahrung machen, dass ihre Sorgen ernst genommen werden und gleichzeitig geholfen wird, unbegründete Sorgen zu entkräften. Was also ist es, dass uns Eltern bei der Eingewöhnung besorgt? Wenn wir dies erkannt haben, ist es oft einfach, das Gegenteil der Sorge zu finden und in den eigenen, also den Erwachsenen-Alltag einzubauen: Sorge davor, dass das Kind sich körperlich verletzen könnte, braucht also eine Sicherheit, etwas, was vor Verletzungen schützt. Dies können vielfältige Bilder sein, die nun entstehen; vielleicht eine schützende Hand, die zur rechten Zeit das Kind schützt, vielleicht ein Schutz-Engel, vielleicht eine wunderschöne Farbe… oder was auch immer. Was ist es jedoch, was dem begleitenden, dem sorgenden Elternteil Sicherheit gibt? Auch hier sind mannigfaltige Varianten vorstellbar. Wichtig ist es, dass Mutter oder Vater das finden, was ihnen in ihrem bisherigen Leben irgendwann einmal Sicherheit gegeben hat. Irgendeine sichere Situation haben sie bestimmt erlebt und mag sie noch so kurz und winzig gewesen sein. Dieses Gefühl der Sicherheit dürfen sie in sich (wieder) einnisten lassen, es wachsen lassen, es groß werden lassen, indem sie in die früher erlebte Sicherheit eintauchen und darin sozusagen baden – und dieses Gefühl in und um sich herum strahlen lassen. Das allein ist bereits eine enorme Leistung für die Eltern! Und ein enormer Gewinn für das Kind: Denn was es nun von der begleitenden Mutter oder dem begleitenden Vater fühlt, ist Sicherheit. Mit dieser gewonnenen Sicherheit ist ein Teil der Eingewöhnung leicht geworden! Vielleicht mag in diesen Situationen die Übung mit der Zwiebelschale Erkenntnis bringen – was ist es, was mich, Mutter, Vater, Pädagog*in, in der Eingewöhnung verwirrt oder gar beängstigt? Wenn ich diese Zwiebelschale erkannt habe und das dazugehörige Gefühl ganz gefühlt habe (statt es wie bisher zu verdrängen, aus Angst, dass es gar so schlimm ist), dann kann dieses sich getrost und getröstet verabschieden. Leichtigkeit und Vertrauen können nun Platz nehmen, weil freier Platz geworden ist.

Junge und ältere Kinder

Wie wir ein Kind sehen, hat Einfluss darauf, wie es sich entfaltet. Wenn wir Kinder groß sehen, dann machen wir sie groß. Dazu gehören auch die Worte, mit denen wir über und zu Kindern sprechen. Viele Erwachsene sprechen von „kleinen Kindern" – meinen jedoch die „jüngeren Kinder".

Gerne fühle ich mich in bestimmte Worte ein, so auch in „kleines Kind". Für mich fühlt es sich niedlich an, nach Baby, nach versorgt werden müssen. Die Krippenkinder, die zu uns in die Kita kommen, sind ein Jahr oder älter. Es sind keine kleinen Kinder, es sind junge Kinder. Denn sie müssen nicht mehr absolut versorgt werden – sie sind in vielen Dingen schon recht selbständig.

Im Gegenzug gibt es ältere Kindergartenkinder, die körperlich klein sind. Wenn ich mich in ein solches Kind hineinversetze in dem Moment, in dem jemand zu ihm von „kleinem Kind" spricht – dann fühlt es sich nicht gut an, wenn auch die Krippenkinder die „kleinen" Kinder sind – dann fühlt es sich neutral an, wenn die Krippenkinder die „jüngeren" Kinder sind. Weil dann dieses Kindergartenkind zwar klein ist, aber älter als die Krippenkinder.

„Klein" ist das Wort, das ein Größenverhältnis zum Ausdruck bringt. „Jung" ist das Wort, das das Verhältnis vom Alter zum Ausdruck bringt. Manchmal dauert es ein bisschen, bis man sich an diese bewusste Sprache gewöhnt. Es lohnt sich langfristig! Es öffnet den Kindern den Raum der Entfaltung auf sehr einfache Art und Weise.

Ich bin wer geworden

Die ersten Telos-Kinder sind jetzt ungefähr 29 oder 30 Jahre alt. Ein paar von ihnen sehe ich noch manchmal in unserem Ort. Ob sie sich noch an die Zeit in dieser kleinen Telos-Einrichtung erinnern, weiß ich nicht. Mit ein paar Kindern, die etwas jünger sind, habe ich hin und wieder Kontakt: Manche laufen mir über den Weg, manche machen bei uns Praktikum, von manchen erzählen die Eltern. Es sind nicht immer die Menschen, denen alles gelingt, die super-erfolgreich sind oder die irrwitzig viel Geld verdienen. Es scheinen Menschen zu sein, die ihre Einzigartigkeit nach wie vor leben... zum Beispiel als Kind jahrein-jahraus barfuß gegangen sind und sich als Erwachsener Zeit lassen, ihren Beruf und ihre Berufung zu finden. Es sind Kinder, die gerne als Klassensprecher gewählt werden, die für die Tutoren- und Erste-Hilfe-Ausbildung in der Schule ausgewählt werden. Es sind Kinder, die in den umliegenden Grundschulen freudig aufgenommen werden, weil sie „so sozial und einfühlsam" sind. Es scheinen Kinder zu sein, die zu sich stehen, so wie sie sind, die ihre Einzigartigkeit lieben und leben.

Klein und groß, Jung und alt

Fühle dem Unterschied der Begriffe „kleines Kind" und „junges Kind" nach.

Nehme dir ein paar Wochen vor, das Wort „klein" in Bezug auf das Kind nur dann zu verwenden, wenn es um das Größenverhältnis geht.

Ersetze das Wort „klein" mit „jung", wenn du vom Alter des Kindes sprichst.

So wen wie dich gibt es hier schon

Wollen wir nicht alle in unserer Einzigartigkeit gesehen werden? Egal, ob wir Erwachsene sind oder Kinder, egal ob wir eine Familie sind oder ein Mensch, der allein wohnt, egal ob wir eine Firma oder eine Kita sind oder ein Land... Jeder von ihnen – jedes dieser „Wesen" – möchte gewürdigt und in seiner besonderen Persönlichkeit anerkannt und, bestenfalls, wertgeschätzt werden.

Den vollkommenen Klang genießen

„Hör, wie das klingt! Voll, ganz, vielfältig, nie gleich, immer anders, rund. Das ist mein Klang. Das ist der Klang meines Wesens. Ihr habt ihn erlauscht, als ich jung war. Ihr habt ihn gehört, als er noch in mir schlummerte. Ihr habt ihn aufgeweckt, weil ihr ihn hören wolltet.

Als ich anfing, meinen Klang zu wecken, wart ihr da mit offenem Herzen, mit offenen Ohren.

Mehr habt ihr nicht getan – und das war gut so.“

Mit Pauken und Trompeten

In einer Kita gibt es Kinder, über die man immer wieder im Team oder zwischendurch spricht, wenn man im Garten, die Kinder beobachtend, beieinander steht - jeder blickt dabei in eine andere Richtung, damit man alle Kinder sieht. Es sind nicht unbedingt die lauten, doch, die auch…. Auf alle Fälle sind es diejenigen, die in irgendeiner Art und Weise herauszuhören sind… wobei auch das nur die halbe Wahrheit ist. Es sind die Kinder, die anstrengend sind auf die eine herausragende oder die andere unauffällige Art und Weise. Es sind die Kinder, die in den „schönen, harmonischen Klang" der Kita anders gefärbte Töne bringen: Anstrengende, nervende, beunruhigende… beängstigende… und auch gelangweilte. Es sind die, die einem sofort ins Auge stechen, weil sie vorne dran sind – oder hinten dran; weil sie richtig gut reden – oder so richtig falsch; weil sie hauen – oder sich (in echt?) hauen lassen (lässt man sich freiwillig hauen? Freiwillig sicher nicht, aber – davon gehen wir aus – unfreiwillig, vielmehr „unbewusst" mag es einen, für die meisten Menschen absolut unverständlichen Grund geben, warum man sich hauen *lässt*); weil sie in einer bestechlichen Art und Weise helfend und dirigierend vorpreschen – oder in einer unnachahmlichen Weise sowas von still und auffällig unauffällig in der Gruppe präsent sind.

Es gibt Millionen von Arten, mit Pauken und Trompeten auf sich aufmerksam zu machen – aufmerksam zu machen auf diese ganz individuelle, einzigartige, nicht nachzuahmende Persönlichkeit, die genau dieses Kind ausmacht.

Manche dieser Kinder zu „hören" ist anstrengend. Da gibt es zum Beispiel dieses ältere Geschwisterkind, schon drei Jahre bei uns, kennt sich mit allem, aber auch wirklich allem aus, weiß alles besser, dirigiert die Kinderschar, widerspricht höflich, manchmal auch frech und bestimmt alle. Nein: hauen oder weh tun tut es niemals! Im Gegenteil: Es kommt gerannt und tröstet, wenn jemand Trost braucht. Es schlichtet Streit und dirigiert die Gruppe geschickt durch die Wirren des vorherigen Unverständnisses, es hilft, wo es nur helfen kann. Und doch – es „hört" sich laut an. Wenn es uns gelingt, das Kind „alleine" zu hören – wird sein „Musikstück" befriedet, glatt und ruhig: Es genießt dann sein Solisten-Dasein. Es strahlt nicht nur im Gesicht vor Freude, sein ganzer Körper drückt seinen Stolz aus: „Die sehen und hören *mich*; die erkennen meine ganze Einzigartigkeit an; die wollen, dass ich da bin, so wie ich bin (auch mit meinen „lauten", anstrengenden Aktionen); die haben mich richtig lieb; die genießen meinen einzigartigen Klang!"

Was sich dann im Tun, im Handeln daraus ergibt, ist irgendwie zweitrangig... Natürlich ist es super, wenn das Kind von sich aus (!) – keiner hat es dazu angeleitet oder darum gebeten - die Zeit im Blick hat und zur passenden Zeit die Mittags-Tische im gesamten Haus deckt! Es ist irgendwie auch zweitrangig, ob es der gegebenen Regel „folgt", sich anpasst, jetzt mal leise ist und andere drankommen lässt. Das sind wundervolle Nebenprodukte des eigentlich Wichtigen: Wir haben dieses Kind lieb – *genauso*, wie es ist. *Weil* es dies spürt, hat es zunehmend weniger das Bedürfnis, sich durch sein Verhalten in den Vordergrund zu „spielen". Es *weiß* innerlich (unbewusst), dass es sowohl als „Solist" (mit Pauken und Trompeten, gut hörbar!), als auch als „Tutti" (alle Geigen gemeinsam, keine einzige ist individuell herauszuhören) in seiner Einzigartigkeit wertgeschätzt und geliebt ist.

Wenn das Kind nervt...

Manchmal tut dein Kind/das dir anvertraute Kind vielleicht etwas, was dich tierisch nervt, dich auf die Palme bringt, dich dazu veranlasst, deine Machtposition zu demonstrieren oder ähnliches. Kennst du so eine Situation? Such dir *eine* davon aus und spüre dieser nach... und lies nun weiter:

Der kleine feine Unterschied

Mache dir den Unterschied bewusst: Das Kind nervt mich, bringt mich auf die Palme... *Oder*: Das Kind tut etwas, was mich nervt, mich auf die Palme bringt... *Oder*: Ich fühle mich durch das Verhalten des Kindes genervt...

... muss es wirklich einen „Täter", ja gar einen „Schuldigen" geben? Meiner Meinung nach: Nein! Das Kind lebt – und du reagierst mit deinem Verhalten darauf. Du hast die Wahl, wie du dich verhalten willst; Du hast die Wahl, ob du reagieren oder agieren möchtest. Wähle also freimütig aus.

Wenn der Widerspruch des Kindes die Eltern zum Klingen bringt

Welche sind die Methoden, mit denen ein Kind zu Hause mit Pauken und Trompeten auf sich aufmerksam macht? Wenn ich darüber nachdenke, können es jegliche Handlungen sein – in Eltern-Coachings wurden mir folgende berichtet: Das Kind steigt im Auto nicht in den Kindersitz, es lässt sich nicht anschnallen, oder es schnallt sich während der Autofahrt selbständig ab; das Kind putzt sich die Zähne nicht, oder nur, wenn die Eltern ein ganz bestimmtes Ritual durchführen, wahlweise wenn sie das Kind zwischen die Knie einklemmen; das Kind räumt nicht auf, hilft nicht mit, zieht sich den Schlafanzug nicht an, schläft nicht zur gewünschten Zeit ein, kommt am Abend zig mal wieder zu den Eltern; das Kind braucht immer noch eine Windel, wird den Schnuller nicht los, schreit den Eltern und Geschwister mit enormer Lautstärke wütend in die Ohren; das Kind isst nicht (genug) oder trinkt nicht (genug)…. Und so fort.

Was passiert mit uns Eltern in diesen Fällen? Genau, viele von uns fangen irgendwann an zu „klingen"… in verschiedenen Varianten; schimpfen ist eine Variante des Klingens, nörgeln, immer und immer wieder das Kind mit vielen „Bitte, mach das doch jetzt endlich…" leidend und vergeblich zum Mitwirken animieren, die Türen zuhauen und das Zimmer fluchtartig verlassen und viele mehr.

Für alle diese schwierigen Situationen wünschen sich Eltern Lösungen, die sie anwenden können, die sofort „nützen". Der „Nutzen" ist aus Elternsicht, dass das Kind „einfach nur mitmacht". Dieser Wunsch ist absolut verständlich und nachvollziehbar! Haben Eltern doch meist nicht nur „das Kind um die Ohren", sondern noch etliche weitere Aufgaben, wie Beruf, Haushalt, Freunde, Hobbys und nicht zuletzt das so wichtige Kümmern um sich selbst.

Wenn wir einmal dabeibleiben und nur die Methode anwenden „den Klang erlauschen", ergeben sich meist schon sehr viele erfolgreiche Varianten, die anstrengenden Situationen zu entspannen und einer sinnvollen Lösung zuzuführen: Eine schöne Art, den Klang zu erlauschen, ist es „in den Schuhen des Kindes zu laufen". Wenn wir in den Schuhen des Kindes laufen (gleich unten die Übung dazu), dann merken wir oftmals, dass das Kind meint: „Mein Tönen ist nicht gewünscht! Das was ich tue, ist nicht willkommen. Ich bin, so wie ich bin, nicht willkommen." Mit Tönen ist in diesem Fall also das jeweils anstrengende

Verhalten (oder das Nicht-Mitwirken) gemeint. Aus der Sicht des Kindes wäre es ja nun wirklich fatal, wenn das Kind dieses Tönen (das anstrengende Verhalten) aufhören würde! Dann hätte es wohl das Gefühl, dass es gar nicht mehr gehört, gar nicht mehr gesehen, ja gar nicht mehr wertgeschätzt wird. Denn dadurch, dass es „tönt" und unsere Erwachsenen-Reaktion erhält, erfährt es ja immerhin eine, wenn auch unschöne, Reaktion von uns. Nicht nur manche Kinder denken unbewusst tatsächlich so! Auch, wenn dies ein Irrtum ist, denn die Eltern sehen ihr Kind ja trotzdem, auch wenn es nun „brav" und „still" wäre. Nur, das Kind merkt dies oft nicht (mehr).

Wenn wir nun anfangen, das Kind zu anderen Zeiten als während der anstrengenden Situationen, zu „erlauschen"…, wenn wir sehen, bemerken und anerkennen, was es ein paar Augenblicke zuvor gemacht hat, oder ein paar Momente später… dann bemerkt das Kind, dass es überhaupt gesehen und gehört wird. Und wenn die Eltern vor allen Dingen bemerken, wie wundervoll es ist, dass das Kind einfach (da) ist! Dann spürt es, dass es willkommen ist, dass sein Klang erlauscht wird. Dann muss es nicht mehr auf die Pauke hauen.

Die Kunst besteht also darin, im anstrengenden Moment wegzuhören - und sich für die Achtsamkeit zu entscheiden, in den Zeiten, wo das Kind einfach nur es selbst ist, bewusst zuzuhören und zu lauschen!

Das ist es, was das Kind sich wünscht: „*Als ich anfing, meinen Klang zu wecken, wart ihr da mit offenem Herzen, mit offenen Ohren. Mehr habt ihr nicht getan – und das war gut so.*"

Diese freie Entscheidung haben alle Menschen, die Kinder begleiten: Welchem Verhalten des Kindes mag ich wie viel Gewicht geben? Dem unschönen auffälligem? Oder dem leisen schönen?

Gebe ich mir selbst die Erlaubnis, die wundervolle Seele des Kindes, die ganz unabhängig vom Handeln des Kindes schön ist, zu erlauschen?

In den Schuhen des Kindes gehen...

... um zu erfahren, wie es ihm geht, was es denkt, was es fühlt: Nimm dir ungestört Zeit (später, wenn du die Übung intus hast, geht es auch beinahe nebenher). Stelle dir die unschöne Situation vor wie einen Kinofilm: Du, das Kind, andere Dinge und Personen auf der Leinwand. Sitze gemütlich und schaue zu, was sich da vor dir abspielt. Du kannst das mehrfach vor- und zurückspulen. Halte dann den Film an einer wichtigen Stelle an. Nun bleibst du im Kinostuhl sitzen und gehst gleichzeitig in die Position, die das Kind gerade einnimmt, hinein: Du wirst also zum Kind! Du befindest dich in genau der Haltung, wie das Kind in diesem Moment. Lass dich ein, nun auch zu fühlen, wie sich diese Haltung anfühlt; spüre die Worte oder Laute, die sich in der Kehle des Kindes gerade sammeln; fühle die Muskelbewegung, die sich gerade in den Gliedmaßen des Kindes aufbaut; lass dich ein auf das Gefühl, das das Kind in diesem Moment in seinem Herzen fühlt... Meist ist es ein kurzer Erkenntnis-Blitz, der in dir aufflammt.

Und dann reicht es auch schon! Gehe wieder aus dem Kind hinaus, schüttle dich innerlich oder auch äußerlich ab, verlasse das Innere des Kindes ganz bewusst – und finde dich wieder in deinem Kinostuhl als du selbst ein. Und nun auch wieder in deinem Alltag.

Was fühlte das Kind? Was hätte es gebraucht?

So wen wie dich – gibt es nur einmal

Das erste Kind erlauschen wir Eltern meist auf eine beinahe ekstatische Art und Weise. Alles am Kind ist wundervoll, außerordentlich, nie dagewesen... Beim zweiten kennen wir dies schon alles, die Fotos werden weniger. Das ältere Kind dagegen ist plötzlich irgendwie „plump", obwohl es als Kleinkind mit seinen Pausbacken immer noch dem „Kindchenschema" entspricht. Doch das jüngste, der Säugling, fordert mit seiner zarten Verletzlichkeit alle Energien der begleitenden Eltern heraus und zieht alle Register – um zu überleben. Wie ungünstig für das ältere Kind – meint es doch oft, nun nicht mehr so wichtig zu sein. Vergisst es, dass es einmal Anlass für Tausende von begeisterten Fotos war? Nein, sicher nicht. Doch es sieht, wie viel Aufwand nun um das zweite Kind betrieben wird.[2]

Nur ein paar Bemerkungen: Wie einfach ist es, dem älteren Kind oder den älteren Kindern zu vermitteln, dass es so jemanden wie sie nur ein einziges Mal gibt! Da ist das Geheimnis der Baby-Stimme (Fistelstimme, mit der sich Erwachsene automatisch einem Säugling zuwenden), die dem älteren Kind vermittelt, „ich bin auch süß!", wenn unerwartet es selbst mit dieser „süßen" Stimme angesprochen wird; da ist die ungewohnte Routine (die man sich bewusst aneignen kann), sich in den meisten Augenblicken zuerst dem älteren Kind, dann dem mittleren, zuzuwenden und erst zuletzt den Säugling anzuschauen (das geht dann, wenn der Säugling gerade nicht schreit). Übrigens ist dies auch für Kita-Teams eine hervorragende Unterstützung, wenn sie das Haupt-Augenmerk *nicht* auf das junge Geschwisterkind legen,

---

[2] Ich möchte hier nicht ausführlich auf das Thema Geschwister-Eifersucht eingehen, sondern verweise dazu auf mein diesbezügliches Buch „Wir bekommen ein Baby. Und wo bleibe ich? Geschwisterkinder ermutigend auf die Geburt des Säuglings vorbereiten."

das nur abholenderweise in der Kita dabei ist, sondern auf das eigentliche Kita-Kind. Ja, ich weiß, das ist manchmal echt eine Herausforderung: Ziehen doch diese jungen Säuglinge dermaßen an unseren Blicken!! Und dann gibt es noch die „besondere Zeit" (auch Quality-Time genannt) – die meines Erachtens nur dann seinen Sinn erfüllt, wenn der Säugling von absolut zuverlässigen lieben Menschen betreut wird; denn das ältere Kind merkt jeden Hauch von Energie, der ihm abgeht, weil die Mama ganz automatisch lauscht, ob das Baby auch wirklich noch schläft. Die älteren Geschwister sollen sagen können: *„Als ich anfing, meinen Klang zu wecken, wart ihr da mit offenem Herzen, mit offenen Ohren. Mehr habt ihr nicht getan – und das war gut so."* Nur dies uns bewusst machen… das ist unsere Aufgabe als begleitende Eltern von mehreren Kindern.

Die Wahl haben

Erziehst du noch oder begleitest du schon?

Sag mir fünf Sätze, die deine Pädagogik ausmachen

Unsere Kita, mein Team und ich, waren immer neugierig. Wir interessierten uns zu jeder Zeit für pädagogische Richtungen, von denen wir meinten, dass sie zu unserem Konzept der Ermutigung passen.

Die „Ermutigung" – insbesondere die vier Nahziele von Rudolf Dreikurs (Individualpsychologie) – waren unsere Basis. Das kam daher, dass ich diese pädagogische Richtung von meinen Eltern gelernt hatte. Zuhause und als junge Erwachsene, als ich mich dann mehr und mehr für Pädagogik interessierte, als zuhörende Teilnehmerin bei den Elternabenden, die mein Vater in meinem „alten" Kindergarten, in den ich als Kind gegangen war, hielt, bei Seminaren und Vorträgen, zu denen ich mitging. In unserer Kita „ermutigten" wir Kinder. Irgendwann merkten wir, dass wir „entmutigte" Kinder *brauchen*, um unsere Methode der Ermutigung leben zu können. Das war der Moment, in dem wir die Nahziele sozusagen abschafften und stattdessen die *Pädagogik der Entfaltung* einführten. Vielmehr: Wir brachten die Ermutigungs-Pädagogik grundlegend ins Potential, unter anderem entwickelte ich eine Beobachtungs-Grafik, die auf der Grundidee der ursprünglichen „Nahziele" fußt. Dazu später mehr.

Doch davor gab es noch einige Ergänzungen: Längere Zeit widmeten wir uns dem situationsorientierten Ansatz, lauschten, fragten und notierten alles, was die Kinder beschäftigt, um daraus die nächsten Projekte abzuleiten. Bis wir merkten, dass dieser Vorgang – jedenfalls für uns – ganz schön kompliziert geworden war... Der situationsorientierte Ansatz verlief im Sande. Mittlerweile gehen wir in den Schuhen der Kinder und spüren, was sie in diesem Moment bewegt. Daran orientieren wir oft unsere Tages- und Wochengestaltung.

Lange und immer wieder, durchaus auch beeinflusst durch die verschiedenen Räumlichkeiten, befassten wir uns mit dem „teiloffen" Konzept. Ich hatte mittlerweile selbst vier Kinder und liebte das Familiendasein mit dieser Schar Kinder: Die jungen lernten von den alten, die alten lernten Rücksichtnahme und Verantwortungsübernahme von den jüngeren. Nur: Unsere Krippe sollte ein geschützter Raum in der Kita für die jüngsten sein. Ich erinnere mich gut, dass wir das Thema „offenes Konzept" mit der PQB (Pädagogische Qualitätsbegleiterin) des Landkreises erörterten. Zu Beginn dieser Phase hielt sie einen kleinen

Einführungsvortrag, um uns alle Fakten zum Thema nahe zu bringen. Am Ende des Abends war dem gesamten Team klar: Okay, also bleiben wir dabei, wie es die Fachleute sagen – das offene Konzept ist für junge Kinder bis drei Jahren nicht geeignet, weil sie dies überfordert (Anzahl der anderen Kinder) und sie in ihrem Bedürfnis nach Sicherheit und Beständigkeit und Beziehung nicht befriedigt. Auch gut. – Am nächsten Tag belehrten uns die jungen Kinder eines Besseren: Damals konnte ich es mir nicht erklären – mittlerweile weiß ich, dass sich die Informationen, die wir durch die PQB im Team erhalten hatten, und unsere diesbezüglichen Ansichten und Gefühle in die jungen Kinder übertrugen. Es war faszinierend: Die jungen Kinder „stürmten" quasi den ersten Stock (Kindergartenbereich) und wanderten immer wieder und für lange Zeiten aus dem Krippenzimmer (im Erdgeschoß) in die offenen Räume des Kindergartens. Wir staunten! Waren wir doch nach dem Vortrag so sicher gewesen, dass wir es bei unserem teil-offenen Konzept (also offenes Konzept nur für die Ü3-Kinder) belassen. Aber die jungen Kinder zeigten uns, dass man auch dieses Thema – wie alle pädagogischen Themen – individuell betrachten muss; dass man auf keinen Fall das Ergebnis von anderen Kitas und fachlichen Untersuchungen einfach so auf andere Kinder übertragen kann; dass auch hier jedes Kind – jede Kita – in ihrer Einzigartigkeit betrachtet werden will und dementsprechend individuelle Handlungen gelebt werden wollen. Die folgenden Besprechungen mit der PQB liefen darauf hinaus, dass wir das teiloffene Konzept in unser spezielles „offenes Konzept mit semipermeabler Öffnung in die Krippe" fachlich gut begleitet verbesserten.

Es war uns klar, dass wir eine Pädagogik leben, die nicht unbedingt gewöhnlich ist. Sehr lange Zeit war ich nicht in der Lage, unsere Pädagogik in „fünf knappen Sätzen" zu benennen, wie es mir eine unserer lieben Mütter empfohlen hatte. Ich begann jedes Mal zu stammeln und nach Worten zu suchen: „Individualpsychologie… Ermutigung… Nahziele… teiloffenes Konzept…" – und merkte selbst, dass es einfach nicht rüberkam, wie wir die Kinder „erzogen". Das Wort „erziehen" strich ich endgültig, als wir uns intensiv mit Lingva eterna – jedes Wort wirkt von Mechtild R. von Scheurl-Defersdorf - beschäftigt hatten. Bereits durch die Individualpsychologie, unserer pädagogischen Wurzel, war uns bewusst, dass die Worte „müssen", „nicht" und Konjunktive wie „könntest du…" und das Wort „bitte" keine günstige Wirkung auf Kinder haben, weil das Gehirn weder Verneinungen noch machtvolle Worte, noch Möglichkeitsformen verstehen kann. Einen ganzen Seminar-Tag lang übten wir „reden" – vier Wochen lang gaben wir uns gegenseitig die Erlaubnis, uns bei „unkorrekten" Worten einen freundlichen Fingerzeig zu geben, um ein passenderes Wort zu benutzen – und letztendlich konnten wir überhaupt nichts mehr sagen. Wir waren so damit beschäftigt, die richtigen Worte zu finden, dass wir uns ständig verhaspelten. Offiziell ließen wir das „richtige" Sprechen bleiben und redeten wieder so, wie uns „der Schnabel gewachsen war". Inoffiziell hörten und spürten wir nun, was Worte bewirken – und entfalteten unseren jeweiligen persönlichen Sprachgebrauch, unsere Wortwahl und unsere Sprachmelodie behutsam und jede in ihrem Tempo. Das Wort „erziehen" zu streichen, war eine persönliche Folge für mich. Nun spreche ich von „Kinder ins Leben begleiten".

Seit einiger Zeit nun sind es zehn Punkte, in der ich beschreibe, was unsere Telos-Entfaltung ausmacht!

10 Punkte Telos-Entfaltung

Hier die Kurzfassung:

- ∞ Das Kind ist Schöpfer
- ∞ Sein in Vollkommenheit
- ∞ Ziele erkennen, Wegweiser erstellen und den Weg bahnen
  - o Gelebtes Lebensziel durch Entfaltung eines vielfältigen Lebensstils
  - o Der Zweck des Handels – Reframing ins Potent
- ∞ Vertrauen, Trauen und Zutrauen lebendig werden lassen
- ∞ Raum der Entfaltung gestalten und halten
- ∞ Freie Entfaltung will leben – Heilung von Blockaden
  - o Telos-Blume der freien Entfaltung. Freies Schöpfen
  - o Bewusstes Vorbild sein: Die eigene Entfaltung heilen und erlauben
- ∞ Lebendige Gleichwertigkeit – Kinder einbeziehen
- ∞ Rahmen geben Sicherheit
- ∞ Frieden gestalten
- ∞ Gemeinschaft leben

Mit Zimbeln und Triangeln

Ich kann rückblickend nicht mehr sagen, wann in mir der Wunsch aufgetaucht war, einen Kindergarten zu gründen. Ich sehe mich jedenfalls noch im Alter von ungefähr neun oder zehn Jahren in meinem „alten" Kindergarten, den ich im Grundschulalter Jahre- und Nachmittage-lang besucht hatte, um mitzuhelfen, am Sandkasten sitzen. Jemand fragte mich, welchen Beruf ich eigentlich einmal ausüben möchte. In absoluter Selbstverständlichkeit höre ich mich sagen: „Ich gründe mal einen Kindergarten." Nur – irgendwann hatte ich das vergessen... Ich hatte mittlerweile mehrere Instrumente gelernt (Klavier, weil ich es wollte, Geige, weil mein Musiklehrer in der fünften Klasse meinte, ich sei musikalisch, und endlich die geliebte Querflöte, weil meine Eltern meinten, das wäre doch jetzt, wo ich die 10. Klasse wiederholen musste, eine gute Gelegenheit, weil mir doch sonst viel zu langweilig wäre) sang in mehreren Chören, spielte im Schulorchester und beschloss deshalb, Musik zu studieren. Wie man das so macht, übte und erarbeitete ich monatelang das Programm mit einer jungen Frau, die mich am Klavier begleiten sollte. Vier Wochen vor der Aufnahmeprüfung am Konservatorium brach sie sich den Arm. Es folgten drei Tage der intensiven Suche nach einer Ersatzpianistin... bis ich aufgab. Es wurde mir schlagartig klar, dass ich auf Dauer an meinem schönsten Hobby, der Musik, das Schöne vor lauter Stress nicht übersehen wollte. In den folgenden Pfingstferien kam mir der Gedanke, dass ich mein Leben dem Umweltschutz widmen wollte – und kam auf die „absolut passende und geniale" Idee, deshalb Gartenbau zu studieren! Mir ist bis heute schleierhaft, wie ich zu dieser Kombination kam: Umweltschutz und Gartenbau. Vielleicht deshalb, weil es damals kaum entsprechende Studiengänge gab. Um an der Fachhochschule Gartenbau studieren zu können, musste ich ein sechs-wöchiges Praktikum in einem entsprechenden Betrieb vorweisen können. Dieses machte ich in einer biologisch-dynamischen Gärtnerei. Es war schön – und für mich körperlich untrainierte junge Frau wahnsinnig anstrengend. Deshalb teilte man mir mehr und mehr die leichten Tätigkeiten zu – wie das Brombeer-Ernten. Hier fiel mir meine ursprüngliche Idee, einen Kindergarten zu gründen, wieder ein, als ich das stille Kind an der Gemüsewaschmaschine beobachtete.

Leise Kinder fallen nicht immer auf. Dieses leise Kind, das an der Gemüsewaschmaschine still-vergnügt mit dem Wasser pritschelte, fiel mir auf. Seinen ganz besonderen Klang „hörte" ich bis hinter die Brombeer-Hecke, egal, ob es wirklich gesungen hat oder nicht. Seine innere Schönheit, sein innerer Klang schwebte bis zu mir, die ich in einiger Entfernung meiner Tätigkeit nachging.

Leise fing dann auch mein eigener Kindergarten sechs Jahre später an: Mit einer guten Handvoll Kinder in unserem Wohnzimmer. Einen großen Gemeinde-Kindergarten gab es schon. Und trotzdem fiel mein kleiner Kindergarten auf. Es reichten ein paar Handzettel, ein oder zwei winzige Inserate, ein paar Pressemitteilungen – es wurden immer mehr Kinder und Mitarbeiterinnen.

Die leisen Kinder fallen in einer Kita nicht immer auf – diese sind die Mitläufer, die „normalen", die „braven", die „unauffälligen". Manchmal sind es auch die zurückgezogenen (im Sinne des 4. Nahzieles der Entmutigung von Rudolf Dreikurs, „Rückzug"). Gerade auch diese Kinder wollen ent-deckt werden, sie wünschen, dass die verbergende Decke von ihnen genommen wird. Sie wollen, dass man sie hört, sieht, auf sie aufmerksam wird... nicht auf diese auffällige, stürmische Art, wie die „lauten" Kinder, die mit Trompeten und Pauken auf sich aufmerksam machen. Eher wie mit leisen Zimbeln und Triangeln: Wenn ein Orchester spielt, sieht man die Bewegung dieser Musiker und Musikerinnen eher, als dass man sie hört. Wie kann der Klang dieser leisen Instrumente aus dem gesamten Orchesterklang herausklingen? Wie ist es möglich, sie als Individuen zu hören?! Dies ist eine Einstellungssache von uns Menschen, die wir Kinder ins Leben begleiten. Wir müssen uns dafür bewusst entscheiden und dies *wollen*. Wenn dies geschehen ist, gibt es ein paar einfachste Hilfsmittel. Eines davon ist, die Kinder, die sich in meiner Obhut befinden, eines nach dem anderen, in ihrem freien Spiel zu betrachten und sich bewusst für einen kurzen oder auch längeren Moment in dieses Kind hineinzuversetzen; zu diesem Kind werden. Mit seinen Augen sehen, mit seinen Ohren hören, mit seinem Herzen fühlen. Dann spüren wir, wie es ihm geht; ob es ihm in seinem „leise und unauffällig Sein" gut geht oder ob es irgendwie leidet. Ein anderes Hilfsmittel ist es, sich im Team oder allein die Kinder-Namensliste vorzunehmen, mit dem Zeigefinger (und eventuell geschlossenen Augen) die Liste der Namen entlangfahren mit der innerlich gestellten Frage „welches Kind bedarf jetzt meiner besonderen Aufmerksamkeit?". Wo der Finger gefühlt „hängen" bleibt, sollte dann mein besonderes Interesse hingehen: Ich kann mich nun in das Kind hineinversetzen, wie oben beschrieben, oder ich kann darüber nachdenken und mit den Team-Kolleg*innen sprechen, wie es dem Kind geht. Oder ich kann das Kind betrachten, als ob es Theater spielt:

Rollenspiele – um das Kind im Innersten zu erfühlen

Wie geht es dem Kind? Was beschäftigt es im Innersten? Mach ein Theaterspiel daraus und fühle dich ein – dein erster Impuls zählt: Welches Kostüm trägt dein Kind/das dir anvertraute Kind – welche Rolle spielt es? Ziehe ihm in Gedanken das Kostüm aus, welches kommt nun zum Vorschein? Sein Original? Oder nochmal eine Verkleidung, eine Rolle?

Wozu braucht es denn diese oder jene Rolle? Und für wen spielt es denn dieses Theater?

Triff eine Entscheidung: Magst du an der Oberfläche, am Kostüm, hängenbleiben oder das versteckte, positive „Geschenk" dieses besonderen, einzigartigen Kinder-Theaters annehmen?

Ich kann mir Fragen stellen, die mir helfen, das stille Kind zu verstehen: Was „spielt" das Kind zurzeit für ein „Instrument"? Spielt es das Instrument, mit dem es im Moment glücklich werden kann? Wie spielt es? Spielt es so, wie es ihm gefällt, spielt es seinen eigenen Klang? Oder spielt es auf fremdbestimmte Art und Weise? Und mit „spielen" ist eben nicht nur das kindliche Spiel gemeint, sondern das seelisch musikalische „Spiel", das den inneren Klang zum Ausdruck bringt. Braucht das Kind etwas (von mir? ... von den Eltern? ... von anderen Kindern? ... vom Team?) was ihm helfen kann, seinen individuellen, leisen, wundervollen Klang ganz und vollkommen ins Leben zu bringen?

Zunächst geht es „nur" darum, sich die eigene innere Erlaubnis zu geben, den wundervollen Klang eines jeden Wesens hören zu wollen – mehr ist erstmal nicht zu tun. Mehr nicht – und doch ist dies eine der Grundlagen, um Kindern die Erlaubnis zu geben, sich ganz zu entfalten.

Gleiches gilt für alle Familienmitglieder zu Hause: Jeder Mensch, der in der Familie lebt, der zur Familie gehört, *will* auch dazugehören, also: dazu gehört werden! Jeder Mensch, ob neues Geschwisterkind, ob neuer Partner oder neue Partnerin, ob Patchwork-Kinder, ob älter werdende Großeltern, die nun bei der jungen Familie wohnen, ob Hund oder Katze – jeder Mensch und jedes Wesen will in seinem Klang (dazu) gehör-en, also Gehör finden. Irgendjemand in der Familie hat die tragende Funktion inne – meist die Eltern; dieser Mensch ist aufgerufen, alle Klänge der Mitglieder dieser Familien-Gemeinschaft zu erlauschen! Dieser Mensch ist aufgerufen, aus den vielen Geräuschen, die manchmal auch wie Missklänge klingen, das Wundervolle herauszufiltern. Dazu ist eine Entscheidung zu treffen.

Werde zum Klanglauscher

Wenn du einen Moment zu deinem Kind wirst: Welchen Klang spielt es? Welche Farben strahlt es aus? – Wenn es nicht sein wahrer Klang, seine ursprünglich wundervollen Farben sind, die du wahrnimmst: Welche sollten es eigentlich, die vom Leben im Potential gewünschten, sein?

Erfreue dich an dem wundervollen, was dir deine Intuition spontan einflüstert! Je mehr du dir erlaubst, den eigentlichen, den wundervollen, den gerade nur versteckten oder gedimmten Klang des Kindes zu erlauschen, desto mehr wird sich dieser (wieder) ins Leben wagen! Deine Liebe, die sich im Erlauschen des Wundervollen ausdrückt, wird beim Kind ankommen...

Das Leben klingt in mir

Es gibt so vieles in meinem Leben, was ich zwar erlebt, aber schon längst wieder vergessen habe. Erinnern kann ich mich an unterschiedliche Dinge. Manche sind außerordentlich, wie der letzte Blick auf meine schlafende und 12 Stunden später im gleichen Bett liegende mittlerweile gestorbene Großmutter im Zimmer nebenan oder die Geburt meiner vier Kinder. Manche Erlebnisse sind absolut unauffällig, wie dieser eine Blick in unserem Ferienhaus als Kind die Treppe hinunter und da riecht es so auffällig nach diesem kleinen rosa Blümchen Rupprechtskraut. Warum mir dieser eine Blick bis heute im Gedächtnis geblieben ist, weiß ich nicht mehr. Vielleicht war eine besondere Emotion damit verbunden… ein schöner lauer Sommerferientag vielleicht…

Das Leben klingt in jedem von uns – die bewussten und vor allen Dingen die unbewussten Erinnerungen prägen unser heutiges Leben; die damaligen unbewussten Entscheidungen (wie wir etwas „fanden", „liebten" oder „hassten") haben Einfluss auf unsere heutigen Entscheidungen (was wir heute lieben oder hassen, wie wir heute etwas „finden"). Als Kind schon bilden wir unbewusst das, was die Individualpsychologie den „Lebensstil" eines Menschen nennt. Als Kind schon entscheiden wir uns unbewusst, welche Saiten wir in unserem Leben klingen lassen.

Das Leben spielt sein Lied

„Ich liebe die lauten Töne! Und die leisen! Und die besonderen – die vor allem. Die nicht alltäglichen.

Ihr habt mich gelehrt, mir zuzuhören. Weil ihr mir zuhörtet. Ihr habt mich gelehrt, uns zuzuhören, weil ihr unserem Gesamtklang zuhörtet.

Ihr habt nicht erwartet, dass ich auf eine bestimmte Art und Weise spiele und klinge. So konnte mein ganz eigenes Lied entstehen, so konnte meine Lebensmelodie sich zunächst unhörbar in der Tiefe verdichten, bis die Zeit reif war, sie voll und kräftig, laut und vernehmlich hörbar, tönen zu lassen."

Kita in jedem Haus

Die erste Bleibe meiner Kita war das Wohnzimmer, weil die untere Wohnung noch nicht fertig war. Nach ein paar wenigen Wochen zogen wir nach unten um. Dort gab es zwei Räume, eine Garderobe und unseren wunderschönen Garten. Die drei Weigelien bildeten ein Häuschen, in dem die Kinder sich gerne aufhielten. Mittlerweile sind sie zu baumhohen Büschen herangewachsen. Die Johannisbeerbüsche luden zum Beeren zupfen ein – die Maiglöckchen wurden von den Kindern mit einem eigen gemalten Verbots-Schild versehen. (Ich habe ein bisschen überlegen müssen, ob ich das hier schreibe… Aber so war es nun einmal und alle Kinder hatten sich darangehalten, dass Johannisbeeren gegessen und Maiglöckchen *nicht* gegessen werden dürfen. Wir hatten ihnen alle Gefahren ohne Dramatik, sondern sachlich erklärt).

Die zweite Bleibe waren ein paar Zimmer in einem riesigen Haus; das gesamte Gebäude stand damals leer, nur unsere paar Zimmer waren von uns „bewohnt". Auch hier war der Garten ein wichtiger Bestandteil.

Die dritte Bleibe war ein kleiner Container – die Telos-Kita wurde immer einfacher, dafür teurer, weil die Miete extrem hoch war. Hilfreiche Eltern unterstützten uns mit Spenden. Unschön war, dass ich den Kindern von ein paar dieser Familien später kündigen musste, weil die Gemeinde in dem Moment, als unsere Kita staatlich anerkannt worden war, darauf bestand, nur noch eigene Gemeindekinder aufzunehmen. Aus deren Grund natürlich selbstverständlich! Aus Ansicht der Familien absolut enttäuschend… Ich hatte damals noch nicht den Mut, die Kinder dieser Familien weiter aufzunehmen.

Der zweite Container kam dazu, dann war der zweite Container wieder fort und der Neubau kam dazu. Endlich war auch der alte Container weg.

Es war einfach nicht so wichtig, in was für Gebäuden die Kita untergebracht war. Wichtig war unsere „Haltung" – vielmehr unsere „Beweglichkeit": Immer offen und neugierig für Neues. So brachte einmal eine Kollegin die Idee des „Kehrpunktes" mit, die es bis heute gibt: Ein auf den Boden geklebter großer Punkt signalisiert den Kindern, wohin sie die Brösel kehren sollen, anstatt sie ziellos durch das Zimmer zu fegen. Alles, was zu unserer Basis passte – die Einzigartigkeit jedes Wesens wertschätzen, Vertrauen / Zutrauen, Ziel-orientiert, Frieden, alle Wesen sind eins / Gemeinschaft – probierten wir aus und behielten wir, wenn es passte, bei. Neulich erst stellte eine junge Kollegin, die bei uns den Großteil ihrer Ausbildung zur Erzieherin gemacht hatte, fest, dass wir eigentlich kein „Regel-Kindergarten" sind, weil bei uns grundsätzlich alle Regeln hinterfragt und entsprechend angepasst werden.

Unser Lebensstil war und ist: Neugierig sein – uns entfalten. Damit verbunden ist die Freude, jeden Tag neu, vielleicht gar „anders" zu gestalten. Manche (neue) Kolleg*in tat sich damit zunächst gar nicht so leicht: Denn man muss viel miteinander sprechen, weil sich (fast) jede Regel und Routine zugunsten der Menschen, die sie gerade leben / brauchen, ändern kann. Die einzige Regel, die immer gilt, ist die eine Regel (Gesundheit an Leib und Leben und allen Ebenen, die es gibt, für alle „Wesen"). Später dazu mehr. Der Vorteil ist, dass uns die Arbeit in der Kita fast immer Freude macht. Unser Team ist sehr „treu", wir haben selten Wechsel. So können wir viel an uns selbst und unserem Team-Zusammensein arbeiten und uns auch auf der Gemeinschafts-Seite entfalten. Weil wir uns mögen (unsere eigenen

Stärken *und* Schwächen lieben und akzeptieren) – jede*r sich selbst und im Prinzip die meisten sich gegenseitig – und weil eine der wenigen gültigen Regeln, auf die wir ausnahmslos beharren, lautet „wertschätzend reden - üble Nachrede vermeiden" - ist unsere Ausstrahlung den Familien und Kindern gegenüber echt, liebevoll, annehmend und friedlich. Schwierigkeiten schauen wir an und packen sie an, um sie zu überwinden und zu meistern.

Wertschätzend reden - üble Nachrede vermeiden – echte Hilfe einfordern

Mache dir bewusst, was üble Nachrede ist. Lästerst du hin und wieder über andere ... Mütter / Kolleg*innen / Erzieher*innen in der Kita? Wozu? Welches Ziel verfolgst du damit? Findest du einen anderen (freundlicheren) Weg, dein Ziel durchzuführen? Oder findest du ein anderes Ziel?

Wenn du mit jemandem Schwierigkeiten hast, dann hol dir bewusst Hilfe, zum Beispiel bei deiner Freund*in. Diese einleitenden Worte sind dann förderlich: „Ich habe ein Problem mit XY. Bitte hilf mir, mich, meine Emotionen und mein Verhalten zu verstehen. Was kann ich tun?".

Beginne, wertschätzend (oder zumindest sachlich neutral) über andere oder anderes zu sprechen und zu denken.

Du darfst werden, wie du bist

Was für eine Verantwortung, die ersten Lebensjahre eines Kindes zu begleiten! Mittlerweile hat die Gehirnforschung bestätigt, wie wichtig diese ersten Lebensjahre für das spätere Leben sind. Auch wenn wir mittlerweile wissen, dass eine Änderung des „Lebensstils" möglich ist, wenn wir dies wollen und uns dafür bewusst entscheiden, ist diese erste Zeit die prägendste überhaupt im Leben eines Menschen.

Mach die Unfähigkeit des Kindes nicht zum Thema – doch kümmere dich darum

Gibt es etwas, das mein Kind / das mir anvertraute Kind laut „Plan", laut „Norm" schon können sollte? Wenn ja: Spüre dir selbst nach – wovor hast du ggf. Angst, wenn das Kind diese Fähigkeit weiterhin nicht oder anders macht? Will heißen: Was genau ist dein Anteil am vermeintlichen „Unvermögen" des Kindes?

Gehe unbedingt zu einer Fachfrau / einem Fachmann, wenn du dies für angebracht hältst! Meist ist es gut, wenn diese beiden Wege parallel gegangen werden: Fachlicher Input und den eigenen Emotionen auf die Spur kommen!

Es gibt schon manche Herausforderungen für uns Kinder-Begleiter*innen: Sollen wir das Kind, das den Stift absolut „verkehrt" hält, dazu zwingen (oder locken), den Stift „richtig" zu halten? Das Kind, das mit unmöglicher Handhaltung wundervolle Bilder malte, hörte abrupt auf zu malen, als seine Eltern ihm die richtige Stifthaltung antrainiert hatten. Wir probierten später im Team aus, wie wir selbst den Stift halten... es gibt niemanden, der es perfekt macht und alle können wir doch einigermaßen flüssig schreiben (oder mittlerweile den PC zur Hilfe nehmen). Oder hätten wir das andere Kind, das mit keinem einzigen

Schritt unser Mal- und Bastelzimmer betreten hat, hineinzwingen sollen, um Bekanntschaft mit Stiften, Farben, der Schere und dem Leim zu machen? Wir taten es nicht. Wir vertrauten in Absprache mit den Eltern darauf, dass das Kind es richtig macht – in seiner Art und Weise. Später erzählten die Eltern, dass das Kind in der Schule selbstverständlich schreiben, schneiden und basteln lernte. Es war uns wichtiger, das Vertrauen des Kindes in sich selbst (Selbstvertrauen) zu bestätigen – das Selbstvertrauen, das es sein Leben lang begleiten wird. Hätten wir das dritte Kind, das sich nur sehr schwer in das Kita-Leben eingewöhnte, mit brachialer Gewalt und einem zeitlich ausgeklügeltem System der Trennungs-Zeiten von der Mama schneller an die Kita gewöhnen sollen? In Absprache mit den Eltern entschieden wir uns für unsere gewohnte individuelle Art: Tägliche Absprachen, viel Zeit gemeinsam in der Kita, klare Sicherheit gebende Aussagen der Kita-Begleiter*innen und vieles mehr – bis das Kind die Erfahrungen der für es schwer empfundenen Corona-Zeit, der ersten Zeit seines Lebens, mit neuen Erfahrungen übermalt hatte. Nun hat es die starke Erfahrung gemacht, dass ihm hilfreiche Menschen zur Seite stehen, dass es selbst gut spüren kann, was es braucht und dass die Erwachsenen ihm vertrauen, dass es ein Hindernis (schwierige Eingewöhnung) bewältigen und es schaffen kann – und kann dies auf sein künftiges Leben übertragen.

Übe Vertrauen

Gibt es einen Bereich, in dem du dein Vertrauen wachsen lassen darfst?

Wenn ja: Entscheide dich ganz bewusst für Vertrauen!

Prüfe dann die sachlichen Gegebenheiten und minimiere echte Gefahrenquellen. Nur, wenn gewährleistet ist, dass das Kind unverletzt an Leib und Seele bleiben wird – dann übe hier und jetzt *Vertrauen*.

Wie geht es Eltern mit solchen Situationen? Ich erlebe immer wieder Eltern, die ihre eigenen Kinder miteinander vergleichen: „Mein älteres Kind hat das aber nie so gemacht! Mein jüngeres Kind ist ganz anders!" und es schwingt oft ein kleiner Vorwurf mit. Es wäre doch so schön gewesen, das, was man sich als Eltern mit dem ersten Kind erarbeitet hat, genauso auf das jüngere Kind übertragen zu können! Nein – so ist das nicht. Jedes Kind wächst ja bekanntermaßen in eine neue Familie hinein, weil die schon bestehende Familie mit jedem Zuwachs eine neue Familie geworden ist. Gewohntes, Vertrautes, Routine geht also einfach nicht immer. Weil das neue Kind neue Bedürfnisse und vor allen Dingen eigene Meinungen und Ansichten – einen eigenen Lebensstil – mit sich bringt! Und das ist doch gut so... So locken sie auch uns Eltern aus unserer eigenen Reserve (Gewohnheit) hin zur Entfaltung, hin zu unserer eigenen Kreativität und Schöpferkraft. Und dahin, uns selbst immer besser kennenzulernen: Denn jedes Kind bringt neben der Aufgabe, sich selbst zu entfalten, wieder eine eigene und neue Lernaufgabe für die Eltern mit. Vertrauen wir also uns selbst und dem Leben und machen uns daran, wieder einen Teil unserer bisher unbewussten Sorgen, Ängste und Nöte kennenzulernen und zu heilen, so vertrauen wir auch jedem unserer Kinder wieder ganz neu, frisch und ungetrübt.

Kinder, die spüren, dass man ihnen vertraut, dass sie es richtig machen, entfalten einen „vielfältigen Lebensstil": Sie lernen, dass es nicht nur eine, sondern mehrere bis Millionen

Möglichkeiten gibt, auf eine Situation zu reagieren; sie machen die Erfahrung, dass sie selbst in der Lage sind, etwas zu entscheiden; sie lernen, dass es wichtig ist, sich selbst in etwas (eine Situation, eine Person, eine Pflanze...) einzufühlen und anschließend darüber nachzudenken, um eine eigene Entscheidung zu treffen. Sie lernen, für ihr eigenes Leben Verantwortung zu übernehmen. Sie lernen auch, für die Wesen ringsherum, für die Gemeinschaft aller „Wesen" Verantwortung zu übernehmen – und zu entscheiden, ob sie es sind, die tätig werden müssen, oder ob sie es sind, die die Finger von dieser Tätigkeit lassen müssen (um nicht fremde Verantwortung zu übernehmen, was zu Überlastung führen kann).

Den Rahmen des Kindes automatisch entfalten

Was kann dein Kind schon können?

Welche Entscheidung steht ihm wirklich jetzt (schon) zu?

Überprüfe dies mindestens alle viertel Jahre erneut! Und erweitere rechtzeitig den Regelrahmen! Spätestens zum Geburtstag, zu Ostern, in den Sommerferien und an Weihnachten.

Kinder, die spüren, dass sie entscheiden dürfen, weil man ihnen zutraut, dass sie sich „richtig" entscheiden, werden Erwachsene, die an der richtigen Stelle Verantwortung übernehmen, Entscheidungen treffen und dementsprechend handeln. Solche Menschen braucht diese Erde.

„Schwierigkeiten willkommen heißen" – die Kunst der Entscheidung

Das Leben ist nicht immer nur lustig. Erik Blumenthal[3] schreibt, dass wir Schwierigkeiten willkommen heißen sollen. Also, mit Schwierigkeiten gelassen umgehen, geht ja – sie direkt „willkommen heißen" ist schon nochmal eine größere Herausforderung. Mir gefällt das Bild des Kybalion[4] gut: Das Leben ist wie ein Pendel, das hin und her schwingt. Ist das Pendel oben, geht es uns gut, ist das Pendel unten, ist das Leben voller Schwierigkeiten. Die Idee dabei ist, dass wir uns nicht unbedingt mit dem Pendel nach unten ziehen lassen müssen: Wir könnten, sobald wir merken, dass das Pendel gleich wieder seinen Weg nach unten nehmen wird, symbolisch vom Pendel abspringen. Ich kann sozusagen von oben zuschauen, wie mein Leben gerade mal wieder den Weg nach unten in die Schwierigkeit nimmt, ohne mich auf der Gefühlsebene mit nach unten ziehen lassen zu müssen. Die Individualpsychologie sagt auch dazu: „Der Mensch ist ein Entscheidungen treffendes Wesen – ich habe die Wahl."

---

[3] Erik Blumenthal: Verstehen und verstanden werden, Die neue Art des Zusammenlebens, Stuttgart 1988
[4] Doreen Virtue: Wie oben, so unten, Die Sieben Gesetze des Lebens, Eine neue Bearbeitung des hermetischen Klassikers: „Das Kybalion", 2007

Welcher Stein ist es, der mich beschwert?

„Hohe Türme habe ich gebaut, zuerst aus Bauklötzen, später aus meinen vielfältigen Themen zu allen Themen der Welt. Manche meiner Türme sind eingestürzt.

Wenn ich deshalb geweint habe, habt ihr mit mir geweint, mir die Tränen getrocknet und mich gefragt, ob ich weiter bauen will.

Wenn ich deshalb wütend war, wart ihr mit mir gemeinsam wütend, habt mit mir mit dem Fuß aufgestampft und gewettert.

Auch wenn ich an diesem Tag keine Lust mehr hatte, mit Bauklötzen – oder Welt-Themen – hoch hinauszubauen, so wart ihr doch da und seid davon ausgegangen, dass ich eines Tages wohl weiter baue, wenn ich es möchte – ihr habt mir die Freiheit gegeben: Die Bauklötze standen bereit, ein paar Tage später habt ihr spannende Fragen gestellt - und ich baute wieder! Die Lust und Freude waren wieder da.

Weil ihr mir Tiefgang gegeben habt, konnte ich hoch hinaus. Weil ihr die Steine, die mich zunächst aus dem Konzept brachten, nicht bewertetet, belasteten sie mich nicht, sondern wurden zum Fundament meiner Ideen.“

18 Plätze weniger – die Katastrophe?

Es war irgendwann im Winter. Ich hatte eine richtig heftige Erkältung, meine Stimme war belegt und ich eigentlich nicht einsatzfähig. Trotzdem ging ich zu dem Termin in unserer Gemeinde, zu dem die damalige Kita-Fachaufsicht vom Jugendamt eingeladen hatte. Dabei waren etliche Vertreterinnen und Vertreter des zweiten Gemeindekindergartens und der Bürgermeister mit Unterstützung anwesend. Mich konnte damals, weil es tagsüber war, also alle anderen beruflich oder familiär gebunden waren, nur ein einziger Vater aus dem Elternbeirat begleiten. Wir fühlten uns allein schon zahlenmäßig aber auch sonst leider irgendwie „unterlegen".

Es wurde uns mitgeteilt, dass es in unserer Gemeinde nun keinen weiteren Bedarf an Kita-Plätzen mehr gibt. Die genauen Umstände und Fakten weiß ich heute nicht mehr. Jedenfalls gingen der Elternbeirats-Vater und ich am Ende wie die begossenen Pudel nach Hause: Es waren unserer Kita zum Beginn des nächsten Kita-Jahres 18 Plätze gestrichen worden. Im Gegenzug hatte der andere Gemeindekindergarten ein paar Plätze mehr erhalten. Wir hatten keine Möglichkeit gefunden, unsere 18 Plätze zu erhalten.

Ich war traurig, wütend und fühlte mich sehr gekränkt. Es war eine traurige Zeit für alle, als ich in Elternbriefen und in persönlichen Gesprächen zunächst dem gesamten Elternbeirat und schließlich allen Eltern die Umstände mitteilte. Doch irgendwie glaubten die meisten von uns allen – Team *und* Eltern – daran, dass es eine Lösung gibt. Damals kommunizierten wir noch über E-Mails und Telefon. Ich kann mich gut erinnern, dass ich in den Ferien lange Telefonate mit einer Beauftragten des Elternbeirats führte, die mir die Ideen des Elternbeirats mitteilte. Es konnte nur gelingen, wenn alle mitmachen: Das Platz-Sharing war geboren. In langen Elternabenden holten wir alle Eltern mit ins Boot. Es gab heftige Diskussionen. Das Team beschloss, dass wir alle bleiben wollen – niemand musste gehen, weil wir alle ein paar Wochenstunden unserer Arbeitszeit reduzierten. Die meisten Eltern konnten ihre Kinder in unserer Kita lassen, weil sie es familiär und beruflich so einrichten konnten, dass ihr Kind nurmehr an drei oder vier Vormittagen und dafür an einigen Nachmittagen in die Kita kommt. Irgendwer muss an uns, an unsere Kita, weiterhin „geglaubt" haben, irgendwer war weiterhin davon ausgegangen, dass ich eines Tages wohl weiter baue, wenn ich es möchte – irgendwer hat mir die Freiheit gegeben, weiterhin pädagogisch kreativ zu sein. Weil mir jemand Tiefgang gegeben hat, konnte ich hoch hinaus. Weil jemand die Steine, die mich zunächst aus dem Konzept brachten, nicht bewertet hat, belasteten sie mich letztendlich nicht, sondern wurden zum Fundament meiner weiteren Ideen….

Den Stein im Dreck zum Edelstein polieren

Gibt es einen Stein, der dich belastet? Wer ist es, der dich unterstützen kann, dass dieser Stein zu dem wird, für was er gedacht ist: Ein Geschenk an dich und das Leben, Entfaltung zu leben?!

Wende dich aktiv an diesen Menschen und bitte ihn um Hilfe! Es kann sein, dass er zunächst nicht merkt, dass du seine Hilfe brauchst. Oder er mag sich vielleicht nicht aufdrängen...

Für was Kinder verantwortlich sind

Manchmal gelingt es mir, mich so richtig als Kind in der Kita zu fühlen. Dann bin ich jünger und kleiner, die Möbel sind groß – und die Welt ist voller Möglichkeiten. Es ist doch faszinierend, wenn man sich so fühlt: Unbegrenzt! Alles, was da ist, zur freien Verfügung! Um damit spielen, ausprobieren, finden, erfinden zu können!

Heute ist die neue Wasserspielanlage im Kita-Garten von den Kindern ausprobiert worden. Die Kinder genossen es einfach, die Wasserpumpe immer und immer wieder zu betätigen, zu beobachten, wohin der Wasserlauf geht, wenn sie wenig oder wenn sie stark pumpen; zu beobachten, dass das meiste Wasser momentan noch durch einen nicht geplanten Schlitz an falscher Stelle wegläuft. Kisten und Eimer wurden untergestellt, das ablaufende Wasser aufgefangen… Natürlich wollten *alle* Kinder die Pumpe ausprobieren!

Können Kinder verstehen, dass man an heißen Sommern Wasser sparen sollte? Ja, sie können. Und sie wollen. Weil sie intuitiv „wissen", dass wir eine große Gemeinschaft sind: Die Menschen *und* die Pflanzen, die Tiere und das Wetter. Deshalb akzeptierten sie selbstverständlich, dass die Wasserpumpe, nach entsprechender Ankündigung „in fünf Minuten ist für heute erst mal Schluss mit dem Wasser", mit einem Seil abgesperrt wurde.

Kinder machen bei uns in den Kitas, wenn sie wollen, eine „Urkunde" und lernen, wie man „Angebote" für andere Kinder macht. „Angebote" sind sogenannte „gezielte Beschäftigungen", in denen Kinderbegleiter*innen die gesamten Themen des Bayerischen Bildungsplanes im Laufe des Kita-Jahres abdecken: Interesse für Zahlen und Buchstaben, Größenverhältnisse, Liebe zur Literatur und anderen Medien, Singen und Musizieren,

Malen und Basteln und vieles mehr. Es ist wohl der Teil in einem „Regel-Kindergarten", bei dem die Kinder tun müssen, was die Erwachsenen vorgeben. Bei uns ist es anders: Bei uns machen, neben Erwachsenen, die heute Lust haben, auch Kinder Angebote. Sie stellen zur richtigen Zeit ihr Angebot vor, nachdem sie mit einem Erwachsenen besprochen haben, was sie mit wem wo und wie machen. Sie wählen die entsprechende Kinder-Anzahl aus, sie führen ihr Angebot durch, beenden das Angebot wieder und räumen mit den Kindern wieder auf. Schon sehr lange Jahre können dies die Kinder bei uns in der Kita machen. Nachdem eine Zeitlang für die Kinder der Unterschied zwischen „Freispielzeit" und „Angebotszeit" verwischt war, haben wir gemeinsam mit den Kindern die „Angebots-Urkunden" eingeführt. Dazu gibt es ein paar „Angebots-Lehrer-Kinder", die die anderen in die Technik „Angebot-selber-machen" einführen. Die Urkunde wird feierlich überreicht.

Seit langem gibt es auch einen „Meisterbrief": Den machen die Kinder, die Lust haben, an der Werkstatt mit Säge, Hammer und Nagel zu arbeiten. Selbstverständlich sind es richtig funktionierende Werkzeuge. Dazu legen sie, nach entsprechender Einführung und Übung, eine kleine Prüfung ab. Auch der Meisterbrief wird feierlich und mit Lied überreicht. Diese Kinder dürfen dann allein an der Werkbank arbeiten. Es erübrigt sich wohl zu erwähnen, dass unsere jüngsten Meisterbrief-Kinder zwei Jahre alt sind. Denn wir gehen davon aus, dass sie weder sich noch jemand anderen verletzen wollen. Sie wollen es richtig machen. Und sie können die Verantwortung für sich übernehmen, wenn wir Kinderbegleiter*innen es ihnen zutrauen - ohne die Kinder zu überfordern! Das spüren wir gut, indem wir uns in das jeweilige Kind hineinversetzen.

Sowohl beim Angebot als auch beim Meisterbrief gibt es immer wieder für Kinder Schwierigkeiten zu überwinden – nicht jedes Angebot, nicht jede Tätigkeit an der Werkbank läuft glatt. Wenn es uns Kinderbegleiter*innen gelingt, vertrauensvoll *nur dabei* zu sein und das Kind selbst auf Lösungen kommen zu lassen, dann lernt es, seine eigenen Kräfte zu mobilisieren und gewinnt Selbstvertrauen.

Regeln und Routinen entstauben

Gibt es Regeln, Vorschriften, Routinen... (in deiner Familie, in deiner Kita...) über die du noch nie nachgedacht hast und sie doch einfach so machst? Solltest du über die eine oder andere einfach mal sinnieren? Gibt es dann etwas zu ändern? Was genau ist dann deine Aufgabe?

Es könnte sein, dass jeder Mensch auf diese Erde kommt, um eine bestimmte Erfahrung zu machen. Manche dieser Erfahrungen sind winzig klein und für andere Menschen nicht zu bemerken. Andere dieser Erfahrungen sind riesig groß und diese umgesetzte Erfahrung hat einen enormen Einfluss auf das Leben vieler anderer Menschen und Wesen auf dieser Erde. Man kann auch von „Lebensziel", „Lebensplan" oder „Lebensaufgabe" sprechen. Es könnte sein, dass ein Kind in der Kita oder in seiner Familie genau die Erfahrung macht, die es braucht für die Erfüllung dieser seiner speziellen Erfahrung und Aufgabe. Wir Kinderbegleiter*innen wissen genauso wenig – oder noch viel weniger als das Kind selbst – welche Lebensaufgabe es sich auf der Seelenebene vorgenommen hat. Kinder haben ja manchmal noch eine Ahnung... und drücken dies dann auf die ihnen eigene Art aus. Wir brauchen uns also nicht zu wundern, wenn diese Kinder sehr bestimmt darauf beharren, jetzt etwas auf genau diese eine Art und Weise machen zu wollen. Manchmal gibt es dann Situationen, in denen wir Erwachsene ganz genau wissen, dass es *so* nicht klappen wird. Die Kunst des Kinderbegleitens besteht dann darin, diese Erfahrung dem Kind nicht vorwegzunehmen, sondern das Kind seine eigene Erfahrung machen zu lassen. Und, wer sagt denn, dass das Kind nicht gerade jetzt und heute eine ganz geniale Erfindung macht, die es ihm ermöglicht, dies heute zu schaffen? Und wer sagt mir denn, dass es damit nicht genau das Heilmittel für die Zukunft der Welt entdeckt?

Manchmal scheint die Art, Kinder entfaltend zu begleiten, Ähnlichkeit mit Laissez-faire zu haben: Kindern anscheinend alles zu erlauben. Kinderbegleiten im Sinne der Telos-Entfaltung lässt jedoch ein „auf Kosten von…" nicht zu. Denn Kinder sind in der Lage – weil sie es wollen! – sich in andere Wesen einzufühlen und, mit etwas Unterstützung je nach jungem Alter, die Folgen ihres geplanten Handelns zu überblicken. Ich weiß nicht, was die Tabellen zu diesem Punkt der Entwicklung eines Menschenkindes sagen. Ich sehe unsere Kinder ab einem Jahr in der Krippe, die sich in andere einfühlen und die Verantwortung für ihr Handeln übernehmen können – und wollen! Ein Grund dafür ist, dass wir Erwachsenen, die diese Kinder begleiten, uns dafür *entschieden* haben, dass auch junge Kinder diese Entscheidung treffen können und wollen.

Dies gilt ebenso in Familien. Ich kenne etliche Familien, die gehen genau davon aus und trauen ihren Kindern zum Beispiel zu, in Frieden miteinander leben zu wollen. Sie sehen Geschwisterstreit als ein praktisches Übungsfeld, letztendlich sachliche Meinungsäußerung und kompromissbereite Lösungsfindung auszuprobieren und am Ende zu lernen. Diese Eltern haben sich bewusst entschieden zu glauben, dass auch junge Kinder bereit sind, ihr junges Leben zu gestalten und sich in andere einzufühlen; diese Eltern sind der Meinung, dass ihre jungen Kinder die Folgen ihres Handelns (mit feinfühliger Begleitung) selbst reparieren können und wollen; und diese Eltern vertrauten darauf, dass ihre Kinder sich auf diese Weise Fähigkeiten aneignen, die für ein gemeinschaftliches Miteinander in Frieden und gegenseitiger Anerkennung und Wertschätzung stehen – und die vielleicht im „Lehrplan der Gesellschaft" für solch junge Kinder nicht zu stehen scheinen. Die Themen, in der junge Kinder in der Familie Verantwortung übernehmen können, sind dann zum Beispiel: die schmutzige Wäsche sortieren, damit sie jetzt gemeinsam in die Waschmaschine gelegt werden kann – den Tisch decken (auf seine Weise) – die eigene Brotzeit herrichten und mitnehmen – auf den Einkaufzettel „schreiben", dass die Zahnpasta nachgekauft werden muss – das eigene Zimmer staubsaugen – beim Einkaufen für zwei Waren verantwortlich sein und diese in den Einkaufswagen legen... und Millionen Dinge mehr. Wenn ich diese und ähnliche Dinge Eltern in der Kita vorschlage – dann fragen sie mich oft, wie alt denn das Kind sein sollte. Bewusst gebe ich auf diese Frage keine Antwort: Denn jedes Kind und jede Familiensituation ist anders. Und: Oft hilft es Eltern, wenn sie ihr Kind ein oder zwei Jahre „älter machen"... (davon gleich mehr).

Dem Kind Verantwortung übertragen

Für was mag und kann dein Kind / das dir anvertraute Kind heute Verantwortung übernehmen? Woran genau merkst du das? Wann wirst du es ihm sagen: „Ab heute traue ich dir zu... Ab heute ist es deine Aufgabe..."?

Kinder machen ihre Erfahrungen

Vor etlichen Jahren erforschten wir in der Kita gemeinsam die Wetterlage: Ein Kind und eine Erwachsene fühlten draußen die Luft, prüften mit der Hand die Feuchtigkeit des Grases – und entschieden dann für alle Kinder, welche Kleidung heute zu tragen ist. Es war dann wirklich schwierig, Kinder, die diese vorgegebene Kleidung nicht tragen wollten, mit ins Boot zu holen. Oder andere Kinder, deren Eltern ihrem Kind eine Sondererlaubnis gegeben hatten („mein Kind muss keine Matschhose anziehen!") aus der allgemeinen Regelung rauszuhalten. „Warum muss der keine Matschhose anziehen, ich aber schon?!" Irgendwann lehnten wir es hier entschieden ab, Schwierigkeiten willkommen zu heißen. Oder vielmehr: Wir merkten, dass diese Schwierigkeit uns etwas sagen möchte: Wir hatten bei unserer Regelung den Wunsch jeden Kindes nach Einzigartigkeit übersehen. Nach vielen Jahren machten wir es uns endlich leicht: Jedes Kind entscheidet selbst, was es anzieht. Ein Blick, ein Schritt in den Garten – „ich fühl mal!" – und den meisten Kindern ist klar, ob Matschhose oder Winterjacke, ob Sonnenhut oder Gummistiefel. Wir lassen die Kinder (zunächst!) gewähren. Sie machen ihre Erfahrung. Da sowohl „Gesundheit an Leib und Leben" als auch „Gesundheit an der seelischen Entwicklung" gleichermaßen Vorrang haben, fühlen wir uns auch hier in jedes Kind ein: Und zwar zum einen richtig körperlich, indem wir an den Fingerspitzen, den Ohren und der Nase des Kindes fühlen, wie warm diese sind. Zum anderen versetzen wir uns in das Kind hinein – was bewegt es; was möchte es mit seinem Anziehen oder Nicht-Anziehen erreichen; will es wirklich selbständig sein? Oder steht ein anderer Grund – etwa anderen Menschen zu zeigen, wie viel Kälte, Nässe es aushalten kann oder wie selbständig es wirklich schon ist – im Vordergrund? Wir akzeptieren es stillschweigend, wenn Kinder, die von ihren Eltern die Ansage bekommen haben, auf jeden Fall die Matschhose anzuziehen, diese zunächst nicht anziehen, die aber die Uhrzeit intuitiv (mit vier Jahren) im Gefühl haben und zum exakt richtigen Zeitpunkt die Matschhose anziehen, damit sie es für die abholenden Eltern richtig gemacht haben.

Ich erinnere mich auch an ein sehr außergewöhnliches Kind vor vielen Jahren: Das war zu einer Zeit, als noch alle Kinder bei der „Versammlung" mitmachen mussten. Diesem Kind gelang es sehr schwer, still zu sein und ordentlich mitzumachen. Es war für alle Beteiligten anstrengend – sämtliche guten und weniger guten Ideen, das Kind zum Mitmachen zu bewegen, scheiterten. Irgendwann war es zu viel und ich als Versammlungs-Leitung fragte alle (Kinder wie Erwachsene), ob es sie auch stört. „Ja." – „Was können wir denn da machen?" – Manche Kinder wollten, dass wir das unruhige Kind schimpfen, andere wollten, dass wir es vor die Türe schicken. Beides gefiel mir nicht. Aber ich hatte einen anderen Einfall, ich drehte die Idee eines Kindes um: „Wir könnten alle gemeinsam gehen." Es war beinahe magisch. Meine Kollegin und ich blickten uns an – und alle gemeinsam (!), Erwachsene wie Kinder, erhoben wir uns still, gingen wortlos hinaus, setzten uns ins Zimmer gegenüber (die Türen ließen wir ganz offen und ich setzte mich so, dass ich das unruhige Kind durch die Glasscheiben sehen konnte) und machten hier am Boden sitzend unsere Versammlung weiter. Ich weiß nicht, ob das Kind es nicht mitbekam – oder ob es nun endlich spürte, dass es jetzt endlich tun kann, was es möchte, nämlich un-ruhig sein – es blieb jedenfalls im ersten Zimmer. Es hatte sich entschieden, weil wir ihm die Wahl gelassen hatten. Wir hatten uns entschieden, weil wir uns die Wahl genommen hatten. Wir hatten uns alle die Verantwortung für unsere jeweils eigenen Bedürfnisse genommen. Wir alle hatten die Erfahrung gemacht, dass niemand „schimpfen" oder jemanden „hinausschicken" muss, um eine angenehme Versammlungszeit (in der Gemeinschaft oder allein im ersten Zimmer) zu haben.

Es liegt an uns Erwachsenen, ob wir es aushalten und aushalten wollen, was ein Kind oder eine ganze Kinderschar entscheidet. Es liegt an uns, ob wir „falsche" Entscheidungen der Kinder akzeptieren (wollen). Es liegt auch an uns Erwachsenen, ob wir aushalten, dass wir selbst etwas entscheiden *dürfen*... und nicht immer (alles selbst) entscheiden *müssen*.

Manchmal halten uns Kinder den Spiegel vor und ahmen uns in unserem „Erziehungsstil" nach. Neulich hörte ich ein Kind, das selbst ein Angebot leitete, *meine* Worte zu den anderen Kindern sagen: „Ihr wartet, bis ich da bin!" Gleicher Tonfall, gleiches Setting: Die Kinder mussten an der Treppe warten, bis das leitende Kind da war. Ich hörte und spürte *meine* Art, wie ich Kinder anleite, wenn ich gestresst bin. Nun konnte ich mich entscheiden: Möchte ich mich ärgern, schämen und den Kopf in den Sand stecken? Oder möchte ich mich innerlich beim Kind bedanken, dass es mir den Spiegel vorhält – die Schwierigkeit willkommen heißen und an meinem Verhalten Kindern gegenüber arbeiten? Klar habe ich mich für letzteres entschieden... Wir haben die Wahl.

Das Geschenk der freien Entscheidung

Was darfst du heute entscheiden?

Und was musst du heute entscheiden?

Wenn ein Kind traumatisiert ist – die „Nahziele der Entmutigung"

Es gibt im Leben eines Kindes viele Situationen, die es belasten können. Fast jegliche Situation oder Begebenheit *kann* ein Kind belasten, *muss* es aber nicht belasten. Das sehr junge Kind ist darauf angewiesen, sich sehr schnell eine Meinung von sich, seiner Umgebung und davon, wie es am besten in dieser Umgebung lebt, zu bilden. Davon hängt sozusagen sein wohlgemutes, sein gesundes Überleben ab. Die Natur hat es so eingerichtet, dass bereits der Säugling in der Lage ist, sich ein Urteil über eine Gegebenheit zu bilden. Meine Mama hält mich sicher und fest – alles ist gut. Mein älteres Geschwister hält mich auf eine andere Art und Weise *fest* – der Säugling spürt vielleicht, dass dieser Griff nicht ganz so sicher ist, dafür aber eine andere Emotion überträgt, vielleicht Eifersucht. Der Säugling kann also zum Beispiel folgendes Urteil anhand dieser Situation bilden: Bei Mama ist alles gut – beim Geschwister ist Vorsicht geboten, man weiß nicht so genau, wie sein Verhalten gemeint ist. Vielleicht ist dies das erste Signal für den Säugling, sich für den zukünftigen Geschwisterstreit zu wappnen? Und wieder: Geschwisterstreit muss das Kind nicht als „Gefahr" interpretieren, sondern kann es als freudiges Übungsfeld für konkurrierende Wettspiele, Entwicklungen und letztendlich Frieden-stiften nehmen.

Nicht alles, was wir Erwachsenen gemeinhin als „Gefahr", „schädlich für die seelische und emotionale Entwicklung" oder gar als „Trauma" bezeichnen, muss für das jeweilige Kind, das dies erlebt, auf alle Fälle ein Trauma sein. Andersherum gibt es viele Situationen, bei denen kein Erwachsener bei neutraler Betrachtung auf die Idee käme, dass es dem Kind schaden würde – und doch interpretiert es diese Lappalie als innere seelische Verletzung, die sein gesamtes Leben negativ beeinflussen kann.

Die „vier Nahziele der Entmutigung", ein Modell, dass der Individualpsychologe Rudolf Dreikurs entwickelt hat, sind eine Hilfe, Verhalten von Kindern zu verstehen, die sich *entmutigt* oder *traumatisiert fühlen*. Ob sie es tatsächlich sind, ist nebensächlich. Wenn wir „mit dem Herzen dieses Kindes fühlen" spüren wir, ob es ihm schlecht geht. Anhand dessen, was wir fühlen, können wir eine Einordnung vornehmen, welchen Grad der Entmutigung es erlebt.

Das erste Nahziel ist „Aufmerksamkeit erregen wollen": Wir Kinderbegleiter*innen fühlen in uns die Emotion des sich-verletzt-fühlenden Kindes — und das ist wirklich der entscheidende Punkt: Wir selbst fühlen uns bei den Nahzielen auf eine bestimmte Art und Weise verletzt, weil wir mit dem Gefühl des Kindes in Resonanz gehen! Das Kind verhält sich bei diesem *ersten Nahziel Aufmerksamkeit* in einer bestimmten Art und Weise so, dass wir auf es aufmerksam werden — und fühlen uns genervt. Dieses erste und ebenso das *zweite Nahziel Machtkampf* sind im Alltagssprachgebrauch fest etabliert: Viele Erwachsene interpretieren das anstrengende Verhalten des Kindes mit den Worten: „Das Kind macht (nur) auf sich aufmerksam." Die Differenzierung in die vier unterschiedlichen Arten des Auf-sich-aufmerksam-machens hat durchaus einen Sinn, denn dadurch finden die begleitenden Erwachsenen auch die beste Möglichkeit heraus, wie es dem Kind wieder gut geht — denn es ruft ja mit jeglichem Verhalten in den Nahzielen um Hilfe, weil es sich entmutigt bis traumatisiert fühlt. Es macht also nicht *nur* auf sich aufmerksam (was man ja durchaus als Abwertung verstehen könnte), sondern tut das ihm in diesem Moment einzig mögliche, auf seine Not hinzuweisen und um Hilfe zu bitten.

Das Kind, das sich im *Nahziel Aufmerksamkeit* befindet, ist ein bisschen anstrengend. Aber nicht sehr viel, das anstrengende

Verhalten des Kindes vergeht alsbald wieder, sobald wir ihm ein bisschen Aufmerksamkeit gegeben haben. Da wir uns genervt fühlen, fällt unsere diesbezügliche Zuwendung meist auch genervt aus. Das scheint dem Kind egal zu sein – Hauptsache, es bekommt sie. Eine kleine Variante ist die „Aufmerksamkeit", die sehr übertrieben positiv ist: Das Kind bietet seine Hilfe so ausdauernd und beinahe anbiedernd an, dass es nervt...

Das *zweite Nahziel ist der Machtkampf.* Wir Kinderbegleiter*innen fühlen, dass wir jetzt mal deutlich sagen müssen, wo es lang geht! Wenn das Kind kontert, entspinnt sich das, was wir einen Machtkampf nennen. Dass dieser nicht unbedingt für die Entwicklung des Kindes notwendig ist (Stichwort „Trotzphase"), versteht sich von selbst, wenn man verstanden und erfühlt hat, dass es darum geht, dass das Kind *genauso* wie der erwachsene Kinderbegleiter sein Bedürfnis nach „Selbstverwirklichung" ausleben mag. Sobald beide – Kind und Erwachsene – spüren, dass ihr individuelles Tun, ihr persönlicher Gedanke, ihr eigener Beitrag willkommen ist, die Ursache der Not des Kindes erkannt und nach Möglichkeit entfernt wurde, fällt der sogenannte „Machtkampf" in sich zusammen.

Das *dritte Nahziel ist die Rache*: Das Kind kämpft weiterhin um seine Selbstverwirklichung, um das Recht, *sich selbst* zu leben. Das macht es gut. Es passt sehr gut auf sich auf und achtet darauf, dass sein Bedürfnis nach „Ich!" erfüllt wird. Das kann so weit gehen, dass es anderen weh tut oder Sachen kaputt macht. Wir Kinderbegleiter*innen meinen dann, das Kind „bestrafen" zu müssen... in sein Zimmer sperren, ihm das Gespräch verweigern bis hin zu körperlichen Strafen. Wir tun das, weil wir uns dem Kind und seiner inneren Stärke absolut machtlos gegenüber fühlen und unser einziger Schachzug noch unsere Überlegenheit als Erwachsener, unsere körperliche Stärke, unsere

Macht-volle Autorität (im Gegensatz zu „liebevoller Autorität") ist. Wir haben dann nicht erkannt, dass das Kind eine (seelische) Not zu bewältigen hat, die wir erkennen und beseitigen müssen, damit das Kind wieder erleichtert sein befreites Leben leben kann.

Das *vierte Nahziel ist der Rückzug*. Jetzt hat das Kind aufgegeben, sich um sich zu kümmern. Wir Kinderbegleiter*innen sind froh, dass „jetzt endlich Ruhe ist – und wir gewonnen haben, dass unsere Erziehungs-Maßnahmen endlich Erfolg hatten." Nach und nach „vergessen" wir das Kind, das sich immer mehr in sich, sein Zimmer und sein Schneckenhaus zurückzieht. Das ist schlimm.

Entmutigte Kinder müssen ermutigt werden! Ermutigen ist eine spezielle Art und Weise, mit entmutigten Menschen umzugehen, Ermutigung ist etwas ganz anderes als Lob. Ermutigen ist eine hohe Kunst, die jeder erlernen kann. Kinder, die sich zurückgezogen haben, müssen *einfach so, wie sie sind, gesehen und geliebt werden*. Ganz behutsam, ohne Anforderungen zu stellen, holt man das entmutigte Kind aus seinem zurückgezogenen Ort wieder in die Gemeinschaft. Dann kann es gut sein, dass das Kind nun seinem Zorn Luft macht und sich wieder an allem und jedem rächt. Das Kind, das die Rache lebt, mag tatsächlich sehen, dass es etwas darf, dass seine Entscheidungen gewollt und willkommen sind, dass man ihm etwas zutraut – auch das, auf die Nase fallen zu dürfen. Es kann dauern, bis das tief entmutigte Kind akzeptiert, dass es tatsächlich so wie es ist, gemocht wird – auch und gerade mit seinem aggressivem Verhalten. Nach und nach rutscht es zurück in den Machtkampf. Auch hier will es spüren und sehen, dass es selbst etwas *machen* (Macht) darf. Letztendlich fühlt es unsere Akzeptanz und Liebe. Und rutscht wieder in die Aufmerksamkeit zurück. Hier reicht es ihm gesehen und gehört zu werden. Wenn es uns nun gelingt, das negative Verhalten zu *über*sehen und das gewünschte, sozial positive Verhalten unaufgefordert zu sehen und vor allen Dingen auch anzuerkennen (ohne übertrieben zu „loben" – denn Lob ist eine Art der Entmutigung!), dann ist das Kind nach einer langen Weile wieder ein *sozial mutiges* Kind, ein Kind, das weiß, dass es so, wie es ist (mit all seinen Macken und mit all seinen wundervollen Eigenschaften und Qualitäten) willkommen und geliebt ist[5].

Mindestens 23 Jahre lang lebten wir sehr gut mit diesem Modell der vier Nahziele. Bis wir merkten, dass wir unser Augenmerk zu sehr auf die Ermutigung von entmutigten Kindern legten. Denn: Wenn wir entmutigte Kinder ermutigen wollen, brauchen wir ja folglich Kinder, die entmutigt sind. Insofern haben wir unsere Pädagogik umbenannt. Und das Modell der vier Nahziele greift jetzt wirklich nur noch bei entmutigten Kindern, also Kindern, die ein akutes oder leichtes / andauerndes Trauma[6] erlebt haben oder noch erleben. Später mehr zu dem, was wir aus den ursprünglichen „Nahzielen der Entmutigung" gemacht und sie ins Potential gebracht haben.

---

[5] Die vier Nahziele habe ich ausführlich in einem Buch beschrieben: Kinder entfalten sich leichten Herzens. Geschichten von unbeschwerten Kindern

[6] im Sinne von Dami Charf ein „Entwicklungstrauma", Auch alte Wunden können heilen, Wie Verletzungen aus der Kindheit unser Leben bestimmen und wir dennoch Frieden in uns selbst finden können

Hilfe für entmutigte Kinder holen

Ist dein Kind / das dir anvertraute Kind, ein „entmutigtes" Kind, das sich in einem der vier Nahziele befindet?

Dann sei mutig - und hole dir Hilfe!

Als der Wasserschlauch unseren Garten trennte

Manchmal sind die äußeren Gegebenheiten wirklich be...scheiden. Das kann dazu führen, dass die Menschen, die diese erleben, sich entmutigt fühlen und nach und nach in eines der vier Nahziele rutschen. Die Zeit der Corona-Einschränkungen führte meiner Meinung nach dazu, dass viele Menschen in das vierte Nahziel, den Rückzug, fielen. Nicht mehr sehr viele Menschen hatten Lust und Freude, selbst nachzudenken, viele duldeten die vorgegebenen Regeln und Beschränkungen.

In unserer Kita fiel der Beginn der Corona-Einschränkungen genau in die Zeit, als wir die dritte Gruppe eröffneten. Diese war übergangsweise, weil erst noch ein Anbau gebaut werden sollte, in unserem „Mehrzweckraum" untergebracht. Im September hatten meine Kolleg*innen alles schön hergerichtet – im Oktober mussten wir das offene Konzept beenden. Leichter gesagt als getan. Es gab nur eine Toilette – wenn die Kinder der einen Gruppe auf der Toilette gewesen waren, mussten wir putzen und lüften, bis die Kinder der anderen Gruppe pieseln durften. Nur – sag mal einem jungen Kind, das gerade erst gelernt hat, auf die Toilette zu gehen, dass es jetzt leider nicht aufs Klo gehen kann... Im Garten legten wir unseren Wasserschlauch in die Wiese, um den Kindern zu zeigen, welche Seite die ihre ist. „Da darfst du nicht rüber – dort sind nur die anderen Kinder!" war unser Standard-Spruch. Wenn das Kind der einen Gruppe eine tolle Sandschaufel oder ein schönes Dreirad drüben entdeckte, mussten wir es aufhalten, damit es dort nicht hinüber geht. Und das alles im Freien... Wir hielten dies nicht lange durch. Wir dachten selbst nach und entschieden uns, dass wir die Kinder, die Eltern und uns nicht unnötig - nur nötig - einschränken lassen wollten. Nach Rücksprache mit der Kita-Fachaufsicht schöpften wir alle Möglichkeiten aus. In einem Online-Eltern-abend und mit anschließender Umfrage entschieden sich Eltern-schaft und Team mit großer Mehrheit für die Aufhebung der Trennung. Für die Familien, die sich damit schwertaten, organi-sierten wir getrennte Eingänge über die Fluchttreppe und ande-res, damit diese sich auch einigermaßen wohl fühlten. Unsere Kita musste in diesen drei Jahren nur eine Woche schließen, weil dann wirklich fast alle zeitgleich Corona hatten. Letztendlich geht es nicht darum, wer damals „Recht" hatte – es geht darum, dass wir uns in die Kinder, die Eltern, die Familien und die Mit-arbeiter*innen hineinversetzten und -fühlten und gemeinsam entschieden, was für diese einzelne Kita das Beste ist. Und dann noch das Möglichste taten, um die Minderheit, die weiterhin für die Trennung der Gruppen waren, mit ins Boot zu holen. Wir tra-fen gemeinsam eine individuelle, *einzigartige* Entscheidung.

Kinder lieben es, in ihrer Einzigartigkeit wahrgenommen und wertgeschätzt zu werden. Erwachsene lieben das auch.

Das Kind entscheidet sich, mit Schwierigkeiten umzugehen

In Familien gibt es viele Dinge, in die die Kinder nicht einbezogen werden können. Darunter fällt bei den meisten Kindern die Tat-sache, dass sie eine Kita besuchen müssen, wenn die Eltern ar-beiten müssen und eine andere Unterbringung (zum Beispiel die Betreuung durch die Großeltern) nicht möglich ist. Bei anderen Dingen hätten Kinder leicht die Wahl, aber die Eltern vergessen dies oder meinen, mit ihrer eigenen für das Kind getroffenen Entscheidung dem Kind eine Freude zu machen. Dass Familien umziehen, entscheiden die Eltern – dass das Kind in der neuen Wohnung ein neues Bett bekommt, entscheiden oft auch die Eltern. Dabei wäre gerade das alte altvertraute Bett eine gute Möglichkeit, dem Kind Vertrauen in die neue Wohnung zu geben. Ein neues Bett könnte später angeschafft werden, wenn das Kind sich sicher in die neue Wohnung eingewöhnt hat.

Die Entscheidung, dass ein neues junges Geschwister geboren wird, hat das ältere Geschwister nicht. Das neue Kind wächst im Bauch der Mutter heran und auch der Geburtstermin ist (bei einer natürlichen Geburt) weder vom Kind noch von den Eltern zu bestimmen. Viele ältere Geschwister erhalten zur Geburt des Geschwisterchens ein Dreirad oder ähnliches, vielleicht als Entschädigung oder als Zeichen, dass es groß ist. Es wirkt auf mich oft so, als ob ihm die Situation, „älteres entthrontes Geschwister zu sein", nicht zugetraut wird; es wirkt so, als ob „älteres Geschwister werden" automatisch eine Schwierigkeit ist und das Kind mit dem Geschenk bestochen werden müsste. Doch hier hätte es sehr wohl eine Wahl verdient! Es könnte miteinbezogen werden in viele Bereiche, die das junge Geschwister betreffen, es könnte mithelfen, wenn es mag – und es könnte ihm gestattet werden, eifersüchtig sein zu dürfen! Wäre es nicht verrückt, wenn es das nicht wäre? Wer gibt schon freiwillig den schönsten Platz neben der Mama auf! Es könnte sich selbst entscheiden dürfen, wie es die Geburt seines Geschwisters interpretieren mag und merken dürfen, dass die Eltern es genauso, nur anders sichtbar, liebhaben – und nicht entschädigt werden müssen dafür, dass es großes Geschwister wird.

Meine Einzigartigkeit finden und wertschätzen

Was ist deine Einzigartigkeit – als Mutter / Vater / Kinderbegleiter*in... als Mann, als Frau, als Mensch...?!

Warum das wichtig ist? Weil du dieses Gefühl, dich selbst zu lieben, unausgesprochen auf das Kind überträgst.

Recht zeitig das Fundament bauen

Es war im ersten halben Jahr, als das Telos-Kinderhaus nur acht Kinder hatte, die ich allein begleitete. Da war ich Ende zwanzig und hatte ein Kind. Unser ältester Sohn, damals noch ein Baby, war zu dieser Zeit meistens bei meinem Mann, manchmal aber auch im Getümmel der Kinder dabei. Da ich damals die Kinder nur vormittags betreute, hatte ich viel Zeit für unser eigenes Kind. Ich fühlte mich ganz als Mutter und ganz als Kinderbegleiterin der mir anvertrauten Kinder. Im Sommer meldete dann eine Mutter ihr Kind wieder ab. Sie habe sich doch eher jemanden anderes für ihr Kind vorgestellt, jemand „Mütterlichen mit großem Busen". Nun, mit großem Busen konnte ich nicht dienen. Erstaunt war ich aber schon, dass die „mütterlichen Basics" bei diesem Kind und seiner Mutter nicht angekommen waren. Umso wichtiger ist es mir seither, das mütterliche Fundament in meiner Kita immer wieder bewusst einzuladen und zu gestalten. Darf doch die Kita im besten Falle das zweite Zuhause eines Kindes sein.

Weil der Raum groß war, bin ich groß geworden

„Bevor ich noch zu euch gekommen bin, habt ihr den Raum gestaltet, in dem ich groß geworden bin.

Der Raum war groß. Und schön. Und einladend. Es war der freie Raum für mich, in dem ich Lust hatte, mich zu entfalten.

Ihr habt euch rausgehalten aus meinem Raum der Entfaltung – so war Platz für mich. Platz zum Ausprobieren, Platz dafür, eigene Entscheidungen zu treffen, Platz dafür, auf meine Nase zu fallen. Ihr wart da mit einem Taschentuch, wenn ich es brauchte.

Eure eigenen Themen habt ihr rausgehalten aus meinem Raum. Ihr lehrtet mich, meinen eigenen Raum der Entfaltung zu pflegen, indem ihr mir zeigtet, wie ihr euren eigenen Raum pflegt. So fühlte ich, dass es richtig ist, erst den Raum zu gestalten und dann das Leben dahinein fließen zu lassen."

Liebe und die Einzigartigkeit wertschätzen

Dass Eltern ihre Kinder lieben, ist (oder sollte) eine Selbstverständlichkeit sein. In der Begleitung „fremder" Kinder ist die Liebe eine lange Zeit unterschätzte Kraft gewesen. Natürlich mögen wir Kinderbegleiter*innen Kinder – sonst würden wir diesen Beruf nicht leben. Kinder richtig zu *lieben,* erscheint mir nochmal eine Nummer größer: Es ist diese bedingungslose Annahme, egal, wie das Kind sich verhält. Es ist die Trennung von dem, was wir „außen", was wir an „Handlung" vom Kind sehen von dem, wie das Kind ist, von seinem Sein.

Die Seele eines Menschen kann ich immer lieben, egal was der Mensch tut.

Den meisten von uns fällt es leicht, ein junges Kind irgendwie gern zu haben – solange es jedenfalls nicht allzu laut weint. Solange es uns mit seinen riesigen Augen ansieht und „putzig" durch das Zimmer wackelt, ist es mit der Liebe leicht. Liebe schließt jedoch das andere auch mit ein. Wenn das Kind anfängt, etwas nicht mehr einfach zu tun (oder zu lassen), weil wir Erwachsenen sagen, dass es dies tun (oder lassen) soll, wenn wir ein Kind *trotz* seines Handelns irgendwie gernhaben sollten. Immer wieder hatten wir in unserer Kita Kinder, die irgendwie anstrengend waren. Es waren fast immer Kinder, die sehr genau wussten, was sie wollen. Sie zogen keine Matschhosen an (als das damals noch Pflicht war) und verweigerten sich steif wie ein Brett, in den Garten zu gehen (als die Kinder bei uns noch in den Garten gehen mussten), sie warfen voller Wut eine schwere Kiste in eine Kinderschar, sie zogen anderen an den Haaren. Natürlich muss man da als Kinderbegleiter*in erst mal schlucken und schnaufen, man spürt seinen eigenen Ärger und (wenn welche beteiligt waren) ebenso den der angegriffenen Kinder. Gleichwohl: Wenn es uns gelang, die Tat des Kindes vom Sein des Kindes zu trennen, fanden wir die Liebe zum Kind innerhalb von wenigen Sekunden wieder. Auch macht es einen riesigen Unterschied, ob ich - selbst in Wut – auf die Aggressivität des Kindes *re*-agiere, oder ob ich aus einem Gefühl der Liebe und des daraus folgenden Verständnisses handle (agiere, statt reagiere). Als die Kiste in die Kinderschar flog, war ich zunächst einen winzigen Moment baff vor Staunen, denn das hatte ich ehrlich nicht erwartet. Dann dankte ich innerhalb einer Millisekunde den Schutzengeln aller Kinder, dass die Kiste genau neben, aber nicht auf die Kinder geflogen war. Gleich darauf wallte eine Ärgerwoge über mich hinweg. Und sofort war wieder Platz da für das Verständnis der Not des Kindes und die Liebe zu dem Kind, das die Kiste geworfen hatte. Ich weiß mittlerweile, dass man sich für diese Reaktion ganz bewusst aktiv entscheiden kann. Vorher! Nicht während der aggressiven Handlung.

Vorher muss man sich entscheiden, ob man immer, immer, immer der Liebe Vorrang geben möchte.

Wenn man sich dafür entschieden hat, dann sieht und fühlt man die wundervolle Einzigartigkeit jedes Menschenkindes – und jedes Erwachsenen – in jedem Moment; auch in den Momenten, in denen dieser Mensch etwas macht, was mir nicht gefällt oder was sogar sozial nicht anerkannt und nicht geduldet ist. Dies bedeutet ja nicht, dass man die unsoziale Handlung gutheißt; es bedeutet, dass man die Einzigartigkeit und das wundervolle Wesen *hinter* der aggressiven Handlung sieht (oder sehen will), achtet (oder eben sogar liebt) und sich daran machen will, dass hinter der aggressiven Handlung liegende Bedürfnis des Menschen zu entdecken.

Liebe heilt. Es wäre somit eine verpasste Chance, die Liebe als pädagogisches Handwerkszeug links liegen zu lassen. Bewusst eingesetzte Liebe ist das Fundament für gelungene Begleitung von Kindern in einer Kita. Die Kinder fühlen sich dann grundsätzlich zuhause, in ihrer Einzigartigkeit angekommen und angenommen in der Kita.

Ob zuhause oder in der Kita: Das Bedürfnis vieler einzigartiger Kinder (also aller) besteht oft darin, mehr zu dürfen, als man gemeinhin denkt, dass das Kind schon kann. Davon später mehr. Manchmal ist es aber gerade das Gegenteil: Das Gefühl der Liebe, welches das Kind (im gewünschten Fall) von seiner Mutter als Säugling erlebt hat, wird für viele Kinder dann (wieder) spürbar, wenn sie sich erinnern, wie das damals war, als sie so ganz behütet, geschützt und geliebt im Arm der Mutter oder des Vaters ruhten. Deshalb ist es für manche Kinder ein sehr heilsames Ritual, wenn die Eltern (oder ausnahmsweise ersatzweise die fremden Kinderbegleiter*innen) das Kind zwei, drei Jahre jünger machen und so tun, als ob es ein junges Kind oder gar Baby sei. In diesem „besonderen und beglückenden Baby-Spiel" holt sich das Kind dieses Gefühl des *absoluten* Angenommenseins und geliebt Werdens, das an keine Handlung gebunden ist, das sich nur auf das Wesen, das Sein des Kindes bezieht. Es spürt im liebevollen Gehalten-sein, dass es etwas ganz Besonderes *ist*, dass es ein ganz einzigartiges Wesen ist, das es nur einmal gibt und das so, wie es *ist* (ganz egal, was es tut), absolut willkommen ist. Auch davon gleich mehr.

Das beglückende Babyspiel

Am besten wirkt es, wenn es Mama oder Papa machen. (Ersatzweise können dies auch sehr sehr vertraute Therapeut*innen / Pädagog*innen anstatt der Eltern machen – dies aber nur in seltenen Einzelfällen, wenn die Eltern dazu nicht in der

Lage sein sollten.) Vereinbare mit dem Kind dieses Spiel – führe es nur durch, wenn das Kind dies möchte. Vereinbart einen Termin. Plant alles schon ein paar Tage vorher – dies bringt noch einmal einen wunderschönen Energieschub vorab in dieses besondere Spiel! Achtet darauf, dass Geschwister oder andere Kinder von einem anderen Erwachsenen absolut zuverlässig behütet werden! Denn jedes Fünkchen Aufmerksamkeit, das beim beglückenden Babyspiel fehlt, fehlt! Schaltet Smartphone, Telefon und Türglocke aus.

Plant (das Kind und du) genau, wie das Spiel ablaufen soll: Welche Babyszene möchte nachempfunden werden? Besonders eignet sich das Kuscheln... Richtet am vereinbarten Termin alles her, was ihr dazu braucht: Decke, Schnuller, Kissen für den Erwachsenen zum Abstützen, die alte Baby-Spieluhr und so fort. Vereinbart, wie ihr euch unterhaltet: Erwachsene sprechen zu Babys meist in der Fistelstimme, also sehr hoch. Babys sprechen zu den Erwachsenen meist mit Gesten, Mimik, Tönen und Geräuschen... nur sehr selten mit Worten (überlegt gemeinsam, wie ihr das handhaben wollt!). Wenn es dir entspricht: Lade die guten „himmlischen Kräfte" zu diesem besonderen Spiel ein: Engel und andere Wesen der geistigen Welt, Farben, Düfte....

Und dann geht es los: Lasst euch vertrauensvoll fallen, fühlt euch gehalten von der Liebe. Es geht nicht darum, dem Kind zu beweisen, dass es jetzt schon groß ist (weil es vielleicht aus Versehen während des Spiels in seine verbale Kommunikation übergeht), es geht darum, dem Kind absolute Liebe, absolutes Vertrauen und Angenommensein zu vermitteln!

Wenn du schon beim Lesen spürst, dass dir selbst vielleicht niemals diese absolute Liebe zuteilwurde, dann spüre gut in dich hinein, ob du der / die richtige bist für das beglückende

Babyspiel. Suche dir ggf. jemanden, mit dessen Hilfe du in dir selbst „Liebe" auffüllen magst.

Genießt das Getragen sein in der gegenseitigen Liebe. Öffne dich für die Kraft der Liebe und spüre, dass du gefüllt wirst von Liebe, indem du sie vertrauensvoll schenkst. Fühle auch, wie das Kind gefüllt wird mit Liebe. Sobald einer von euch genug hat, beende diese sehr besondere Zeit sehr behutsam und nimm das Geschenk für dich daraus mit (dass du in deinem Herzen verwahren / wahr machen kannst).

Vertrauen und Zutrauen

Zutrauen und Vertrauen – das sind großartige Worte! Gelebtes Vertrauen und gelebtes Zutrauen sind nicht nur großartige Worte, sondern tragende Fundamente – ein Leben lang.

Vertrauen ist die Basis. Wenn diese stark ist, dann entsteht Zutrauen von allein. Wenn ich grundsätzlich vertraue, dass es schon richtig kommen wird, dass mein Kind „es" in seiner Weise „richtig" macht – dann kann ich ihm viel zutrauen. Und was bedeutet *richtig*? Richtig ist in diesem Fall nicht das Gegenteil von falsch; richtig bedeutet im Falle von grundsätzlichem Vertrauen die Bereitschaft, alles anzuerkennen, wie es ist, wie es wird; das Beste aus einer Situation zu machen; sie anzunehmen - nicht, um die Hände in den Schoß zu legen und alles zu akzeptieren (!), sondern nachzuspüren und nachzudenken, ob dies im Sinne des Lebens, im Sinne der Gemeinschaft, im Sinne jedes Einzelnen wertvoll ist – und wenn nicht, handelnd und heilend aktiv zu werden. Für mich schwingt im *Vertrauen* auch immer eine höhere, dem Leben wohlgesonnene Stärke mit, die Kraft gibt, ungute Situationen zu leben. Leben will gelebt werden, Leben will Erfahrungen sammeln und sich entfalten. Vertrauen, dass die

Entfaltung ihren Sinn hat, dass sie rund und auf jegliche Weise *schön* sowie immerwährend ist, dazu hilft uns die große Kraft des Lebens, die über alle Galaxien und Universen hinausreicht.

Ich bin mir ziemlich sicher, dass man Vertrauen-haben üben kann. In winzigen Schritten. Sich bewusst machen, wo es nicht funktionieren könnte, sich die eigenen Befürchtungen und Ängste klar machen und mit ihnen nach und nach Bekanntschaft schließen – und sie, wenn sie ihren Zweck erfüllt haben, aus dem Leben entlassen.

Anfangs gab es einige Sommer in der Kita, in denen meine damals wenigen Kolleginnen und ich bibberten, ob wir im September genügend Kinder-Anmeldungen haben werden. Wir hatten uns in ein bestehendes Gefüge an Kitas hineingedrängt, damals erhielten wir noch keine staatlichen und gemeindlichen Zuschüsse, die monatlichen Kita-Beiträge der Eltern waren weit um das Doppelte höher als in den bezuschussten Kitas in der Gegend. In dem Moment, als ich nicht nur für mich und mein eigenes Einkommen verantwortlich war, sondern Angestellte hatte, die Pädagoginnen, war ich für deren Gehalt verantwortlich. Manchmal unterhielt ich mich mit meiner Kollegin und Freundin, ob wir es wohl auch in diesem Herbst schaffen würden. Wir machten uns gegenseitig Mut. Wir bestärkten uns in unserem Vertrauen, dass ganz sicher, wie in jedem Jahr, weitere Kinder-Anmeldungen kommen werden. Und so war es jedes Jahr. Es waren letztendlich immer genügend Kinder da, um unsere laufenden Kosten zu decken. Ich weiß nicht, ob man aus dieser Gegebenheit grundsätzlich Vertrauen herausziehen kann – ich konnte und kann es, denn ich persönlich habe die Erfahrung gemacht, dass es schon richtig wurde.

Wie weiter oben schon beschrieben macht es keinen Sinn, vor lauter Vertrauen leichtsinnig zu werden: Man sollte schon erstmal die Fakten sichten und abwägen, ob das Vertrauen in eine Sache funktionieren kann.

Und wie ist es mit dem Vertrauen in die Kinder? Wir gehen davon aus, dass ein Kind sich selbst und andere nicht verletzen will. Das ist der Grundstock. Wenn sie üben für den Meisterbrief in der Werkstatt, beobachten wir gut, wie sie sich verhalten; wir versetzen uns in sie hinein und spüren, ob sie ganz bei der Sache sind oder sich leicht ablenken lassen; wir erkennen, ob sie schon so weit sind, mit dem echten Werkzeug (wohlgemerkt: Kein Kinderwerkzeug, sondern funktionierendes Werkzeug wie Hammer, Nägel, Beißzange und Sägen) so umzugehen, dass sie das Holz bearbeiten – und nicht ein menschliches Körperteil oder ein Teil vom Haus, das nicht zur Bearbeitung zur Verfügung steht. Wir prüfen also die Fakten während wir in dieser Übephase dem Kind einen Vorschuss an Vertrauen schenken. Wenn sich beides deckt, wenn wir sicher sind, dass das Kind Dank unseres Vertrauens und der entsprechenden Übung sicher mit dem Werkzeug umgeht, wenn es dann auch noch die Werkstattregeln weiß (ein bisschen Hilfe wird dabei jedem Kind zugestanden), dann ist der Moment gekommen, in dem das Kind allein loslegen kann.

Es wäre einfach dumm und absolut unsinnig, ein 2-jähriges Kind, nur weil es behauptet, dass es jetzt selbst Auto fahren will, Auto fahren zu lassen. Es wäre auch absolut leichtfertig, das Kind dann auf den Schoß zu nehmen und mit ihm Auto zu fahren – auch wenn es dadurch möglicherweise ein großartiges Gefühl erlebt. Auch, wenn ich noch so sehr in sein Können „vertrauen" würde, so wäre das kein echtes Vertrauen, weil die dazugehörigen Fakten nicht stimmen: Das Kind kann weder den Fuß zu den Pedalen bringen und noch weniger kann es ein Auto sicher durch den Straßenverkehr bewegen, auch nicht über einen leeren Feldweg. Meiner Meinung nach würde es sogar einen falschen Eindruck gewinnen, wenn es bei Papa oder Mama auf dem Schoß sitzend über eine noch so leere Straße „alleine" fahren dürfte. Und jetzt sind wir beim Zutrauen.

Zutrauen kann ich einem Kind etwas, wenn mein Vertrauen gerechtfertigt ist, wenn ich mein Vertrauen also an die Fakten und Gegebenheiten - der Umwelt und der Fähigkeit meines Kindes - angepasst habe. Erst, wenn dies der Fall ist, kann ich meinem Kind zutrauen, dass es eine bestimmte Handlung selbständig (oder einen Teilbereich) machen kann. Und darf! Und soll! Ein Kind, das bereits mit Hilfe eines Erwachsenen am heißen Herd gekocht hat, darf nur dann mein Zutrauen zum Alleine-Kochen bekommen, wenn ich an den Gegebenheiten überprüfen kann, ob es dieser Handlung wirklich gewachsen ist. Ist das Kind in der Lage, die Situation richtig einzuschätzen? Heiße Tomatensoße blubbert irgendwie aggressiver aus dem Topf, als heiße Milch, die dafür bei zu viel Hitze schrecklich stinkt, wenn sie überläuft. Das muss mein Kind wissen, ich muss es ihm also sagen oder es ihm zeigen. Auch muss mein Kind in der Lage sein, die richtigen Küchengeräte bereitzulegen und auf die richtige Art zu verwenden. Ich muss meinem Kind also bereits gezeigt haben, dass Obstmesser an der runden Seite schneiden, Küchenmesser allerdings auf der geraden! Das erlebe ich in der Kita immer wieder, dass Kinder meinen, sie machen es genau richtig, weil sie es zu Hause so gelernt haben, in der Kita sind die Messer aber gerade andersherum gebogen. Also muss ich Kindern zeigen, auf welche Weise man vorsichtig überprüft, wie scharf ein Messer an welcher Stelle ist (mit dem Daumen vorsichtig quer drüberfahren). Kinder haben oft Sorge um meinen Finger, wenn ich das mache. Das zeigt mir, dass sie verstanden haben, dass Messer scharf sind. Gut so! Das Kind muss auch zum einen verstanden haben, wo genau am Herd es heiß ist – eine sichtbare

Gasflamme ist hier ein Vorteil – und es muss die Fertigkeit bereits haben, den heißen Topf vom Herd ziehen zu können. Solange dies nicht der Fall ist, steht die Regel „Gefahr an Leib Einhalt gebieten hat Vorrang" an erster Stelle und das Kind ist noch nicht in der Lage, ganz allein zu kochen. Was kann ich ihm aber schon zutrauen, für was kann es bereits allein Verantwortung übernehmen? Die Sachen herrichten und mit mir gemeinsam kochen. Das kann ich ihm zutrauen, hier ist mein Vertrauen in seine Fähigkeiten angebracht – und alsbald wird es genügend lange und starke Arme haben, um auch den heißen Topf von der Herdplatte nehmen zu können. Und eine kalte Speise kann es bis dahin ganz ohne Erwachsenenhilfe zubereiten.

Neulich sah ich in einiger Entfernung eine mir unbekannte Familie am See. Ihr vielleicht zwei Jahre altes Kind spazierte neugierig an der Strandpromenade entlang – unbegleitet. Mir fiel beinahe das Herz in die Hose, als das Kind sich über die sehr niedrige Balustrade beugte – zum Glück hielt eine andere, anscheinend unbekannte Mutter, das junge Kind für es selbst unbemerkt am T-Shirt fest, um es vor einem Absturz in den See zu bewahren. Später wanderte das Kind hinaus auf den großen Dampfersteg. Die Familie saß derweil seelenruhig auf einer Bank. Erst, als jemand der Familie zurief, dass jetzt gerade die Brotzeitdose des Kindes ins Wasser gefallen sei, erhob sich jemand und kümmerte sich um die Dose – und das Kind. Da ich die Familie nicht kenne, weiß ich nicht, ob das Kind mit seinen gerade zwei Jahren vielleicht bereits einen Baby-Schwimmkurs und das Seepferdchen absolviert hat. Jedenfalls erschien mir diese Familie ihrem Kind gegenüber nicht vertrauensvoll und voller Zutrauen, sondern leichtsinnig. Aber der Grad ist schmal! Wann überfordern wir ein Kind, wann hindern wir es daran, nötige Entwicklungsschritte zu üben und zu entfalten? Oft *ist* es hilfreich, ein Kind „zwei Jahre älter zu machen" – ein Spruch, den wir in unserer Kita oft verwenden. Wenn wir so tun, als ob das Kind zwei Jahre älter wäre, als es ist, dann trauen wir ihm auch mehr zu. Es fühlt dann unser Vertrauen und Zutrauen, denkt, dass es älter ist und wird fähiger, weil es mehr üben kann. Ein Kind „zwei Jahre älter machen" hat aber nur dann Sinn, wenn keine Gefahr für Leib und Leben droht. Dies muss in jedem Fall gut abgewogen werden. Später schreibe ich noch einmal ausführlicher von der Methode „zwei Jahre älter machen".

Nur echtes Vertrauen und Zutrauen bereitet Kindern die Möglichkeit, sich in ihrem Tempo und in ihre Richtung zu entfalten. Gespieltes, aufgesetztes Vertrauen verwirrt Kinder – denn sie spüren alles, auch die hinter dem Vertrauen der Erwachsenen stehenden Emotionen, die vielleicht sorgenvolle Gedanken sind. Und ein zu großes Vertrauen, das nicht gerechtfertigt ist, verwirrt Kinder ebenso – denn sie spüren dann keine gegebene Grenze, die sie in der Umgebung unbewusst ahnen, aber von den begleitenden Erwachsenen nicht vermittelt bekommen.

Schließe Bekanntschaft mit Vertrauen

Nimm eine typische Situation, in der du kürzlich ein Thema mit „Vertrauen / Zutrauen" hattest, bei dem es dir schwerfiel, Vertrauen und Zutrauen lebendig werden zu lassen. Stell dir eines dieser Erlebnisse genau vor (Nicht: „Immer, wenn mein Kind... fühle ich mich immer..." – sondern: „Gestern hat mein Kind..., da habe ich... getan.") Entweder, du erzählst dies einer vertrauensvollen Person oder du schreibst es auf. Beides erleichtert es dir, nicht so tief in eventuell belastende Gefühle zu geraten: Bleibe bei den Tatsachen, die du beobachten konntest. (Beispiel „Gestern habe ich das Kind beobachtet, wie es sich auf das Bobbycar gestellt hat.") Dann beschreibe deine eigene erinnerte körperliche Reaktion. (Beispiel: „Ich spürte, wie es in meinem Bauch ganz plötzlich so heiß wurde!") Nun hast du vielleicht schon eine Ahnung, welches Gefühl das sein könnte (in unserem Beispiel ein großer Schrecken aufgrund der Sorge, dass das Kind herunterfallen und sich verletzen könnte). Im Sinne der Entfaltung könnte es ja sein, dass noch ein anderes Gefühl dahintersteckt?

So lade deine körperliche Re-Aktion ein zu einer Tasse Tee, wahlweise Kaffee, einem Saft oder einem Glas klarem Wasser. Will heißen: Tu so, als ob dein Gefühl eine Person ist, mit der du dich vertrauensvoll und harmonisch unterhalten willst. Tu dazu das, was für dich diese Atmosphäre herstellt. Der Sinn dahinter: dein Gefühl ist nun weder unsichtbar noch geheimnisvoll, weil nicht greifbar – sondern dein Gefühl ist sichtbar, mit dir auf Augenhöhe, es will dir freundlich-gesinnt etwas sagen. Manchmal sind es blitzartige Erkenntnisse, die sich in dem Moment einstellen, in dem du schon anfängst, nur über dieses harmonische Gespräch mit deiner Emotion nachzudenken. Achte auf diese ersten Impulse! Sie sind meist der Schlüssel zu einem erweiterten Verständnis. Mögliche Erkenntnisse können sein, in unserem Beispiel: „Ich habe gestern vergessen zu prüfen, ob das Kind sich bei einem Sturz vom Bobbycar wirklich sehr verletzen könnte. Ich hätte Kind und Bobbycar ganz einfach vom harten Steinboden auf die weiche Wiese befördern können. Dann hätte mein Kind gefahrlos experimentieren können." Oder andere mögliche Erkenntnisse bei anderen Erlebnissen: - Meinem Vertrauen steht ein Erlebnis aus meiner Kindheit entgegen: Ich bin der Kindheit und diesem Erlebnis nun entwachsen, weil ich erwachsen bin. – Meine Sorge gehört eigentlich meiner Mutter / meinem Vater / meiner Oma... Ich habe mir die Sorge nur aus Versehen angeeignet. – Ein Teil meiner Sorge ist berechtigt! Ich darf in Zukunft achtsam sein, die Sorge nicht unnötig zu vergrößern und somit dem Vertrauen seinen Platz einzuräumen.

Zielorientiert

Jeder Mensch hat das Ziel, zu lernen, sich zu entfalten. „Telos" ist altgriechisch und bedeutet „Ziel". Die meisten Ziele eines Menschen sind unbewusst. Anhand dessen, was ein Mensch tut, kann man oft seine unbewussten Ziele erkennen. Ich habe über die zeitlich (negativ wirkenden) nahen Ziele, die Nahziele von Rudolf Dreikurs, schon geschrieben. Daneben gibt es die größeren Ziele, die längere Lebensabschnitte erfüllen und es gibt die Lebensziele. Grundsätzlich ist es sehr hilfreich, sich für das Ziel eines Menschen, für die Bewegungslinie nach vorne, zu interessieren. Dieses lässt es zu, die Entscheidungsfreiheit des Menschen zu würdigen: Jeder Mensch hat die Wahl, diesem oder jenem Wegweiser zu folgen. Weniger hilfreich ist es, nach dem Grund eines Verhaltens zu fragen: Dieses scheint unverrückbar festgelegt zu sein – der Gedanke der freien Wahl scheint hier schwieriger umzusetzen zu sein.

Wir gehen davon aus, dass das grundsätzliche Ziel eines jeden Menschen ist, sich vertrauensvoll zu entfalten. Ziele entfalten eine große Kraft und ziehen den Menschen in die entsprechende Richtung. Lebensaufgaben und Lebensziele wirken oft ein Leben lang. Doch es gibt auch ultrakurze Ziele, die nur wenige Momente Kraft ausstrahlen. Es ist immer sehr spannend, das jeweilige Ziel eines Menschen zu erforschen. Immer wieder klappern zum Beispiel ein oder zwei 3-jährige Kindergartenkinder mit ihrem Besteck am Tisch herum, bis das gemeinsame

Mittagessen endlich beginnen kann. Haben sie nun das Ziel, sich anzuhören, wie dieses Messer, dieser Löffel auf diesem Tisch oder Teller klingt? Oder haben sie das Ziel, eine freundliche – oder wahlweise strenge, genervte, empörte… - Ermahnung zu bekommen, jetzt leise zu sein? Oder haben sie das Ziel, ihre Langeweile zu überbrücken? Oder haben sie das Ziel, möglichst viele andere Kinder zu animieren, auch zu klappern? Mit dem Ziel Musik zu machen? Oder mit dem Ziel, die Erwachsenen noch viel mehr zu nerven und damit auf sich aufmerksam zu machen? Oder von etwas anderem abzulenken? Es gibt unzählige Varianten von Zielen, die ein Kind allein mit dieser kleinen Handlung „Besteck auf Tisch klopfen" verfolgen kann. Wer das Ziel eines Menschen kennt, wer also die geplante Bewegungs-Richtung weiß, kann genauer reagieren, besser noch *agieren*.

Indem ich mich in das Kind hineinversetze, einen kurzen Moment das Kind werde, „mit seinem Herzen fühle, durch seine Augen sehe", erfühle ich seine Bewegungsrichtung, sehe ich sein Ziel vor mir – und kann so handeln, dass es dem Kind gut geht *und* mir und der Situation!

Neulich spürte ich, dass das Kind mit seinem Besteck-Geklapper zeigen wollte, dass es da ist. „Seht ihr mich?" war seine Klapper-Botschaft. „Ich sehe dich", sagte ich ruhig. „Schön, dass du da bist." Mit großen Augen schaute mich das junge Kind erstaunt an. Ich lächelte es freundlich an. Ich kann mich gar nicht erinnern, ob es dann aufhörte zu Klappern – irgendwie war das nicht mehr wichtig. Später jedenfalls war es dieses Kind, dass sehr selbstbewusst den Speisewagen mit dem schmutzigen Geschirr zum Aufzug zurückfuhr. Wir haben das Kind also nicht nur gesehen, sondern seine Anwesenheit gewürdigt und seine Tatkraft sehr nützlich eingesetzt. Voller Stolz hielt es auch den Aufzugschlüssel und öffnete selbständig damit die Aufzugtüre. Sein Ziel

„Seht mich!", als jüngstes Kind von drei Geschwistern ein nur allzu verständliches Ansinnen, haben wir jedenfalls in diesem Moment auf eine für alle angenehme Art und Weise erfüllt.

Hier noch ein weiteres Beispiel: Ich erinnere nochmal an das Kind am See, das am Ufer spielt und mit Steinchen werfen mag. Um mein eigenes Vertrauen aufzubauen ist es sinnvoll, der Bewegungslinie des Kindes zu folgen und mich in das Kind hineinzuversetzen: Wenn ich das Kind bin, wenn ich also einen Moment zum Kind werde, welchen Impuls spüre ich in dem Augenblick, in dem ich zu nahe am Ufer spiele? Schreck, als mein Fuß abrutscht? Oder eine innere Befriedigung, als ich von meiner Mutter / meinem Vater *schreck*-lich geschimpft werde und pudelnass aus dem Wasser gezogen werde? Im ersten Fall ist dem Kind die drohende Gefahr anscheinend überhaupt nicht bewusst – es ist also meine Aufgabe als Erwachsene, diese dem Kind sachlich mitzuteilen. Im zweiten Fall hat das Kind anscheinend das Gefühl, irgendwo zu kurz gekommen zu sein; für es dient diese Situation der Befriedigung dieses seines „Mangels" – die gefährliche Situation am See kommt ihm gerade recht, um auf seinen *wahr*-genommenen Mangel aufmerksam zu machen. Indem ich als Erwachsene der Ziellinie des Kindes folge, kann ich nun für den Moment *und* für die nächste Zeit meine richtigen Handlungen finden: Die Sachlage selbst einschätzen, die Sachlage dem Kind mitteilen, das Kind gegebenenfalls aus der Gefahrenzone holen, dem Kind grundlose und absolute Zuwendung zuteilwerden lassen – und mein Vertrauen wachsen lassen, weil ich die Situation richtig eingeschätzt habe!

Folge der Bewegungslinie des Kindes

Dein Kind tut etwas, das dich aus der Fassung bringt. (Beispiel: „Obwohl ich das Kind schon zig Mal erinnert und ermahnt habe, lässt es doch wieder seine Jacke auf den Boden fallen, anstatt sie an den Kinder-Garderobenhaken zu hängen.")

Was will das Kind mit dieser Handlung eigentlich zum Ausdruck bringen?

Stelle dir die Handlung des Kindes vor (im Beispiel die Jacke fallen lassen) und werde jetzt zum Kind (wie ein Schauspieler, der genau an dieser Position des Kindes mit der gleichen Mimik, Gestik und Emotion die Rolle des Kindes übernimmt). Fühle! Wie wird es dem Kind gehen, wenn die begleitende Erwachsene (erneut) ermahnt? Oder wenn sie aus der Haut fährt und fürchterlich schimpft? Oder wenn sie nichts tut? Oder wenn sie lächelt? Oder ...?

Auch wenn du vielleicht die Situation dieses (vergangenen) Augenblicks nicht wirst ändern können, so hilft diese Übung dazu, spätere ähnliche Situationen entfaltend zu begleiten. Dein eigener Handlungsspielraum erfährt dadurch eine Erweiterung, dein Handlungsrepertoire wird größer, weil du aus den Augen des Kindes siehst und die Erwartungshaltung des Kindes auf andere Art und Weise be-friedigen (Frieden) kannst.

(Beispiel: Wenn das Kind die Jacke nicht ordentlich aufhängt, dann erwartet es vielleicht die Schimpftirade, die seiner Erfahrung nach immer nach sieben erfolglosen Ermahnungen kommt = das nimmst du möglicherweise wahr, wenn du der Ziellinie des Kindes folgst. Schaue wieder aus den Augen des Kindes auf die Situation und zwar in die Zukunft: Wenn du als

Erwachsene nun ab sofort – wie Rudolf Dreikurs sagt – das Unerwartete tust und nicht aus der Haut fährts – dann bekommt dein Kind nicht die erwartete Portion „schimpfende" Zuwendung. Diese Energie fehlt ihm dann, das wäre (so seltsam es auch klingt) schlimm für das Kind. Plane nun diese Situation neu: Die fehlende Portion Zuwendung kannst du ihm ab sofort vorher (!) geben; wenn es etwas „schön" macht und wenn dir einfällt, wie toll es ist, dass du so ein wundervolles Kind hast... dann zeig ihm den erhobenen Daumen, streiche ihm über den Kopf, lächle es an, fange an zu singen und so fort (was eben bei dir und der Situation passt). Wenn du also in Zukunft lächelst, wenn es die Jacke fallen lässt und du stattdessen das Kind erkennst, das nach deiner Aufmerksamkeit lechzt – dann gib du dir in diesem Moment liebevolle Zuwendung und sei dankbar und stolz auf dich, dass du die erkannt hast; und achte auf den nächsten winzigen Moment, in dem du in der Lage bist, dem Kind positive Zuwendung geben zu können – und gib sie ihm.)

Frieden

Frieden ist kein passiver Zustand, der sich durch Nichts-tun ergibt. Frieden ist eine bewusste Entscheidung, die aktives Handeln erfordert.

Frieden ist auch nicht die Abwesenheit von positiver Aggressivität – also zupackendem, entschiedenem, bewusstem Handeln und in dieser Art auf etwas zugehen.

Frieden ist ein Zustand, der sich dadurch ergibt, dass sich mehrere Menschen dazu entschließen, sich jeweils in ihrer

Einzigartigkeit zu würdigen und gleichzeitig das Wohl der Gemeinschaft zu leben.

Kinder lieben den Frieden. Kinder sind Freunde des Friedens.

Kinder lieben es, in ihrer Einzigartigkeit geliebt zu werden und damit ebenso alles, was sie erschaffen, was sie „schöpfen" (ihre Bauwerke, ihre Bastelsachen, die Art, wie sie reden und sich bewegen, die Besonderheit, wie sie den Tisch helfen aufzudecken, wie und was sie spielen ...). Sie wünschen sich in ihrem tiefsten Inneren, dass ihre „Schöpfungen" anerkannt werden. Die Erwachsenen sollen sie betrachten und achten, möglicherweise sogar bewundern und die anderen Kinder sollen sie gelten lassen. Manchmal wirkt die Art, wie sie diese ihre Schöpfung schützen, wild und aggressiv. Manchmal sitzen sie einfach unter dem Tisch und schreien laut heraus und verweigern das Mittun. Weil sie damit gleichzeitig ihre eigene Schöpfung behüten wollen. Das wirkt auf uns Erwachsene manchmal aggressiv oder trotzig. Es bedeutet jedoch nicht, dass das Kind uns feindlich (das Gegenteil von friedlich) gegenübersteht. Es bedeutet einfach, dass das Kind alles tut, um sein Werk, seine Schöpfung, sich selbst gewürdigt zu sehen. Es fällt uns Erwachsenen wesentlich leichter, eine Lösung für und mit einem Kind zu finden, von dem wir ausgehen, dass es seine Schöpfung achtet, als mit einem Kind, von dem wir ausgehen, dass es aggressiv ist und trotzt. Die Außenwirkung auf die Umwelt scheint die gleiche zu sein – unsere Reaktion darauf ist eine vollkommen andere: Lösungsorientiert beim Kind, das seine Schöpfung achtet, eventuell machtvoll und gar bestrafend beim aggressiven Kind. Es liegt an uns Erwachsenen, für was wir uns entscheiden.

In unserer Kita gibt es seit Jahrzehnten den „Friedenskreis". Dies ist eine Methode, die wir uns im Sinne der gewaltfreien Kommunikation selbst erarbeitet haben. Das Besondere daran ist, dass die Kinder den Friedenskreis selbst gestalten. Vor ein paar Jahren hatten wir die Idee, dass die Vorschulkinder lernen können, wie man Streit mit Hilfe des Friedenskreises schlichtet. Die Kinder waren begeistert und nannten diese Aufgabe selbst „Friedenshelfer für die Erde". Das war ein sehr bewegender Moment für uns. Seither lernen jedes Jahr alle Vorschulkinder, wie das geht. Und weil etliche jüngere Kinder dies auch lernen wollten, bieten wir es auch jedes Jahr für die jüngeren Kinder an, die dies möchten.

Und so geht der Friedenskreis, den die Friedenshelfer auf der Erde selbständig durchführen: Wo auch immer eine Unstimmigkeit entsteht, wird jemand aus der Kita-Gemeinschaft darauf aufmerksam. Wenn es ein Erwachsener ist, achtet er, ob nicht schon ein Kind da ist, das friedenshelfend agieren kann. Dann beobachtet er nur von der Ferne. Wenn es ein Kind ist, führt es entweder selbst den Friedenskreis durch oder es holt Hilfe von einem anderen Kind oder Erwachsenen. Der Friedenshelfer fragt: „Kann ich euch helfen? Braucht ihr Hilfe?" Nur, wenn diese Frage bejaht wird, wird geholfen. Der Streitgegenstand wird in die Mitte gelegt. Wenn es zum Beispiel ein Spielzeug ist, geht das einfach. Wenn es ein Thema ist, wird es symbolisch in die Mitte gelegt und vielleicht mit einem Symbol, das gerade herumliegt, dargestellt (zum Beispiel ein Kissen als Thema „Warum hast du mich so laut angeschrien?") Kein Mensch darf das Streitthema nun anfassen. „Wer hat die größte Kraft?" Derjenige nimmt diese Kraft zum Zuhören. Das andere Kind beginnt zu erzählen, was es erlebt hat. „Fang mit dem Wort „ich" an!" fordern wir es auf. Darauf bestehen wir, damit das Kind nicht in einer Du-Botschaft gleich in die Anschuldigung geht. Nach seinem Bericht fasst der Friedenshelfer kurz zusammen, was er verstanden hat und bedankt sich beim Erzählkind ebenso, wie beim zuhörenden Kind. Nun wird getauscht. Und wieder zusammengefasst. Fast immer finden die Kinder im nächsten Moment allein eine Lösung! Das ist das Ziel. Nur, wenn sie gar keine Idee haben, macht der Friedenshelfer behutsame Vorschläge. Meist wird einer der Vorschläge übernommen. Und fast immer spielen dann die beiden ehemaligen Streitparteien friedlich weiter, als ob nichts gewesen wäre. Denn das ist ja ihr Ziel: Im Frieden so spielen, dass ihre persönliche Schöpfung und ihre Einzigartigkeit gewürdigt werden. Diese Würdigung wird meist im Friedenskreis erreicht, indem jedes Kind seine Situation, sein Spiel, seine Schöpfung erzählt und dieser auch intensiv zugehört wird.

In meinen Elterngesprächen in der Kita und meinen Coachings mit Eltern ist Geschwisterstreit sehr oft ein großes Thema. Bekanntermaßen können Eltern diesen Streit der Kinder niemals lösen – die Kinder werden wohl immer das Gefühl haben, die Liebe der Eltern ein bisschen teilen zu müssen, was sie als ungerecht empfinden. Doch die Eltern können ihren Kindern zutrauen, dass sie die Streitsequenzen immer und immer wieder und mehr und mehr allein klären. Damit geben die Eltern das Thema den Kindern selbst in die Hand und werden nicht als Schiedsrichter missbraucht, denn das ist nicht ihre Aufgabe. Ihre Aufgabe ist es, die Kinder lieb zu haben. Geschwister, die nun noch die Erfahrung machen, dass die Eltern ihnen zugestehen, dass sie friedlich zusammenleben *wollen*, erkennen dann im Laufe der Zeit, dass ihr gemeinsames Geschwister-Thema ist, „in ihrer Einzigartigkeit gewürdigt zu werden". Der Kampf der Geschwisterkinder um die Liebe und Zuwendung der Eltern wird oft in dem Moment weniger, sobald die Eltern dies begriffen haben: Geschwister streiten um das gleiche Ziel. Denn nun ist es einfach, den Kindern genau dies zu geben: Diese einzigartige Zuwendung für dieses eine einzigartige Kind – und jene etwas anders sich zeigende einzigartige Zuwendung für jenes einzigartige Kind.

Der vielfältige Frieden des Kindes

Wo traust du dem Kind zu, Frieden zu leben?

Wie sieht der „Frieden" des Kindes aus?

Kann es sein, dass das Kind sich friedliches Zusammenleben ein bisschen anders vorstellt als du?

Alle Wesen sind eins – die Gemeinschaft

Vor ein paar Jahren spielten ein paar Vorschulkinder allein im Kita-Garten. Das ist ein Privileg dieser älteren Kinder im Vorschuljahr: Mindestens zwei gemeinsam dürfen allein draußen sein in den vom Haus eingesehenen Bereichen. Das genießen die Kinder immer sehr und halten sich vorzüglich an diese Regeln. Immer wieder nehmen sie dann ein, zwei jüngere Kinder mit, auf die sie dann besonders aufpassen. Diesmal erwischten wir die Kinder jedoch, wie sie dabei waren, über den Zaun auf die angrenzende große Kuhweide zu klettern. Ich glaube, Kühe waren an diesem Tag nicht draußen. Die Regel war eindeutig überschritten worden. Im ersten Schreckmoment schimpften wir ein bisschen. Dann konnten wir Erwachsenen zuhören: Da war doch ein Spielflugzeug aus Versehen über den Zaun geflogen, das hatten die Kinder holen wollen. Sie hatten als Gemeinschaft gehandelt: Einem war das Flugzeug rüber geflogen, alle hatten mitgeholfen, dass es wiedergeholt werden kann. Keiner hatte „gepetzt". Denn keinem der Kinder war klar gewesen, dass sie eine Regel überschritten hatten.

Ich erklärte es ihnen mit Hilfe eines Reifens und eines Seils. Wir saßen dazu anschließend gemütlich im Apfelbaumzimmer im Kreis. Ich erzählte von Regeln, die so wichtig sind, dass sie immer und immer gelten. Weil es Regeln sind, die helfen, dass alle Menschen und Wesen gesund bleiben. Ich legte den Reifen auf den Boden. „Den kann man nicht verbiegen, so wie man diese Regel nicht verbiegen kann." Die Kinder nickten verständnisvoll. „Dann gibt es andere Regeln, die man ein bisschen verändern kann, je nachdem..." und ich legte das Seil als Kreis auf den Boden. „Eigentlich gilt es so" – ich ließ den Kreis rund – „aber manchmal gibt es Ausnahmen" – ich machte eine Beule in den Kreis des Seiles. „Wenn ihr Vorschulkinder allein im Garten seid, müsst ihr im Garten bleiben!" Die Kinder deuteten auf den Reifen. „Weil wir uns ganz feste drauf verlassen müssen, dass euch nichts passiert!" Ein Mädchen fragte eifrig: „Aber was machen wir, wenn ein Flugzeug über den Zaun fliegt? Das müssen wir doch holen!" – „Tja dann...?" Ich schaute die Kinder an. „Dann holen wir einen Erwachsenen und fragen" ergänzte ein anderes Kind. Die Kinder hatten verstanden. Die große Gemeinschaft aller Menschen, die in der Kita *leben*, ist darauf angewiesen, dass die sehr wenigen engen Regeln eingehalten werden. Dann kann es viele individuell anpassbare Regeln geben.

Seit vielen Jahren, spätestens mit Bezug des Hauses in Passiv-Energiebauweise, leben wir ganz bewusst in Gemeinschaft mit der Natur. „Mutter Erde ist schützenswert" hatten wir auf unsere „Tafel der guten Ideen", die im Eingangsbereich stand, geschrieben. Hierauf konnte jeder, der ein- und ausging, anonym schreiben oder malen, was er für Mutter Erde, also die Natur, den Naturschutz, hilfreiches tut. Es kam dabei nicht darauf an, ob derjenige das wirklich schon umsetzt, es war sogar vollkommen gleichgültig, ob er es zu 100% oder gar nicht tat – wichtig war einfach, dass die Idee bekannt wurde und dass alle, die es lasen, *glaubten*, dass irgendjemand dies schon in der Realität lebt. Es spornte uns an, es ihm gleich zu tun. Irgendwann war das Plakat ganz vollgeschrieben und mittlerweile unansehnlich geworden und wir hängten es ab. Weiterhin leben wir diese wundervolle Gemeinschaft, die zwischen Mensch und Natur besteht.

Diese Idee, etwas zu verschriftlichen oder als Symbol lebendig werden zu lassen, obwohl es „in echt" noch gar nicht da ist, ist eine wunderschöne Methode, Ideen Leben einzuhauchen. Nicht nur Kindern hilft dies, sich in die Richtung des Zieles hinzu „verlebendigen".

Für jeden Säugling wünscht man, dass sich seine Mutter und sein Vater liebevoll um ihn kümmern. Dass der Säugling ganz nah bei der Mutter ruhen kann und Sicherheit und Liebe erfährt. Dann ist er nach einer Weile so gestärkt, dass er sich anderen Menschen, voran dem Papa und den Geschwistern, öffnet. Das nennt man eine „gelungene Bindung". Durch die Sicherheit der ersten Zeit in der Geborgenheit der Mutter im „Schoß der Familie" entsteht die Lust des Kindes, sich für jegliche Gemeinschaft zu engagieren. Nach der Familie ist die jetzt folgende Gemeinschaft oft die Kita. Eigentlich bin ich kein Fan davon, dass Kinder unter 3 Jahren in die Krippe gehen. Dass es bei uns in der Kita eine Krippe gibt, hat sich irgendwie so ergeben. Ich bin ein Fan davon, dass jedes Kind nach seinem individuellen Bedürfnis leben kann. Und es gibt Kinder, die wollen einerseits „groß" sein, die *können* auch schon ganz viel – andererseits brauchen sie noch den „Schoß der behütenden Gemeinschaft". So gibt es in jedem Jahr einige Kinder, die vom Alter her der Krippe entwachsen sind, also mindestens drei Jahre alt sind, die aber deutlich signalisieren, dass sie noch „im Buchenzimmer" (unserer Krippe) bleiben wollen. Dies ist eine Art, Kinder gedanklich „ein paar Jahre jünger" zu machen. Diese gedankliche Einstellung, die sich auf die Gefühle aller Beteiligten überträgt, hilft ihnen, die Geborgenheit ganz aufzusaugen und ganz viel Sicherheit und Selbstvertrauen zu tanken. Wenn sie dann so weit sind, verlassen sie die Krippe von selbst und wandern zeitweise oder dauerhaft in den Kindergartenbereich.

„Ein paar Jahre jünger machen" ist das Gegenteil von „ein paar Jahre älter machen". Es geschieht im Kopf der begleitenden Erwachsenen und verändert dadurch die Einstellung dem Kind gegenüber: Dieses spürt dann nicht ein forderndes und schiebendes „eigentlich sollte ich das doch schon können und allein tun", sondern kann sich fallen lassen, weil es sich vertrauensvoll aufgefangen fühlt. Dies stärkt, wenn es zur rechten Zeit angewandt wird, das grundsätzliche Bedürfnis des Kindes nach absolutem Angenommensein. „Ein paar Jahre jünger machen" darf nicht zur Gewohnheit werden, sondern sollte nur ab und zu eingesetzt werden!

„Ein paar Jahre jünger machen" können auch Eltern ihr Kind, wenn es zeitweise überfordert oder überanstrengt ist, zum Beispiel, wenn es nachmittags erschöpft von der Kita abgeholt wird und jetzt wirklich Hilfe braucht beim Schuhe anziehen, obwohl es dies schon längst kann. „Ich weiß, dass du es kannst. Ich sehe, dass du richtig erschöpft bist vom Spielen und Lernen. Ich helfe dir heute." Ein paar Jahre jünger machen ist auch mal hilfreich, wenn es ein sogenanntes entthrontes Geschwisterkind ist. Im „beglückenden Babyspiel" können Mama oder Papa und Kind noch einmal nacherleben, wie eng, wie kostbar diese besonders innige Zeit der ersten Lebenswochen eines Menschen sind. Auf diese Weise gestärkt, sind die Kinder nach und nach wieder offen und bereit, sich in eine Gemeinschaft einzufügen, weil sie ihre Einzigartigkeit selbst (wieder) wertschätzen und sich nicht in der Gemeinschaft verloren und wie untergegangen fühlen, sondern weil sie sich als besonderes Individuum in der Gemeinschaft Familie gesehen und wertgeschätzt fühlen.

Warte Kind, ich muss mich nur noch schnell gesundmachen

Dass wir alle nicht perfekt sind, ist uns bekannt. Dass wir uns gegenseitig, ob wir es wissen oder nicht, unsere nicht-perfekten Verhaltensweisen und verletzten Gefühle irgendwie spiegeln, hat sich mittlerweile auch herumgesprochen. Dass auch unsere Kinder uns unser eigenes Wesen spiegeln, und zwar nahezu immer, erschien mir selbst lange Zeit etwas unbequem. Irgendwann habe ich erkannt, dass das Zusammensein mit Kindern wesentlich entspannter wird, wenn ich genau das bei *mir* „aufräume", was mich an den Kindern aufregt.

Das Leben spielen

„Ich hatte Zeit für mich – denn ihr habt mich unge-
stört gelassen.

Es war schön euch zu beobachten: Ihr wart mit euch
beschäftigt. Ihr habt eure Seele und euer Herz aufge-
räumt.

Wie nebenher habt ihr mir Aufmerksamkeit ge-
schenkt, die so GANZ war, so VOLLKOMMEN, weil
geheilt und frei von Störung. So war ich getragen von
eurer ganzen Liebe und Zuversicht und frei, meinen
Weg zu gehen."

Wer ist hier eigentlich der Chef?

Es gab Zeiten, in denen ich wirklich ärgerlich wurde, wenn Kinder nicht das machten, was ich sagte oder sich nicht an die gegebenen Regeln hielten. Da konnte ich sehr vehement werden. Es waren Lappalien. Die Kinder sollten irgendwelche von uns oder mir bestimmten Kleidungsstücke anziehen, sie sollten dies oder jenes aufräumen, sie sollten in den Garten gehen, sie sollten vom Garten ins Haus kommen… die ganz normale Palette eines Kita-Tages. Im Nachhinein bemerkte ich, dass ich in dem Moment, als das Kind mir widersprach, innerlich ganz eng wurde. Es waren Stress-Signale, die mir meine ganz persönliche Anspannung, mein ganz persönliches Thema anzeigten. Aber das erkannte ich, wie gesagt, erst später. In diesen Momenten wurde ich lauter und meine Stimme angestrengter. Und dann war ich drin im Tunnel. Es blieb mir dann der einzige mir bekannte Weg: Das Kind (und mich) durch den Tunnel schieben, auf Biegen und Brechen! Ich konnte wirklich streng sein. Da es aber in diesen Fällen nicht die liebevolle Autorität war, sondern eine aus meiner Not geborene Strenge, war sie nicht gut; weder für mich noch für das Kind. Meinen Kolleginnen sei Dank, dass sie mich aus diesen engen Situationen herausholten. „Kann ich dir helfen?" fragten sie. „Soll ich mal übernehmen?" kam von hinten – und ich polterte aggressiv zurück: „Nein!!!! Ich mach das!!!!!" In dem Moment aber, als ich in die freundlichen Augen meiner Kolleginnen blickte, fiel mein Tunnel in sich zusammen, ich konnte wieder klarsehen und denken und erkannte, dass sich gerade ein Machtkampf mit dem Kind angebahnt hatte. Aus dem war ich nun herausgeholt worden. Die Lösung war für meine jeweilige Kollegin, die die Situation mit dem Kind dann übernahm, einfach. Denn sie hatte ja nicht das Thema, sie hatte nicht mein Thema, das Thema „Macht, Führung, Autorität übernehmen". Es dauerte ein paar Jahre, bis ich lernte, meinen

Kolleg*innen gegenüber eine gute *Chefin* mit klarer und liebevoller Autorität zu sein. Seit ich dies kann, rutsche ich in keine Machtkämpfe mehr mit Kindern. Diese hatten mir gezeigt, dass ich endlich lernen darf, meine Kita liebevoll und sicher zu leiten. Nun müssen die Kinder es mir nicht mehr aufzeigen, es mir nicht mehr lernen, weil ich es jetzt tue.

Trigger Themen erkennen

Vielleicht wirst du immer wieder in der gleichen Alltags-Situation getriggert: beim Anziehen, beim Weg in die Kita, beim Zähneputzen, beim Essen... - um dies festzustellen, führe eventuell ein Buch darüber. Wenn du feststellst, dass es immer wieder an der gleichen Routine-Handlung eng wird – was braucht diese Situation, um sich zu weiten?

Teestunde mit Trigger Themen

Kennst du sie schon – deine „typischen" Trigger-Themen? Halte liebevoll Ausschau nach ihnen im Kinder-Alltag. Dann trinke mit diesem Trigger-Thema gemütlich „eine Tasse Tee" (wir nennen dies „die gemütliche Teestunde"): Mach es dir gemütlich, stelle Störungen ab... und nimm liebevoll Kontakt zu deinem Trigger-Thema auf. Vielleicht magst du es diesmal mit „automatischem Schreiben" probieren: Schreibe mit der Hand einfach drauflos, was dich bewegt – schreibe andauernd fort, ohne den Stift vom Papier zu nehmen – pausenlos ohne innezuhalten. Es wird Momente geben, in denen du Lückenfüller verwenden wirst wie „Oh... ich soll ja die ganze

Zeit weiterschreiben, obwohl mir jetzt ehrlich gar nichts einfällt, soll ich schreiben, so ein Blödsinn, ich muss immer weitermachen, irgendwann weiß ich gar nicht mehr, über was
ich eigentlich nachdenke... ach ja, mein Thema war ja...“ Und
so geht es fort, bis du im Schreiben in die tieferen Regionen
deiner Seele abtauchst und sie dir Antworten gibt, was dir
dein Trigger-Thema sagen will, welches Geschenk dahintersteckt.

Wie du bist, ist Musik in meinen Ohren

Es ist seit langer Zeit üblich, Kinder zu erziehen. Erziehen geht
so: Die Erwachsene weiß, wie etwas geht und zieht das unwis-
sende Kind in diese Richtung, wahlweise schiebt sie es in diese
Richtung. Kinder erziehen berücksichtigt nur leider sehr wenig
die vorhandene Kompetenz der Kinder. Die Individualpsychologie spricht von „Gleichwertigkeit mit dem Kind“ – Kinderbegleiter*innen und Kinder sind gleich wertig. Manchen Eltern scheint
es schwer zu fallen, den Gedanken der Gleichwertigkeit zu ihrem Kind anzunehmen. Sie glauben vielleicht, dass der Wert eines Menschen von gelernten „Fertigkeiten“ (also von etwas,
was *fertig* gelernt ist) abhängt. Selbstverständlich haben Erwachsene viele Tätigkeiten fertig gelernt, sie können diese mittlerweile, nachdem sie viele Jahre lang geübt und gelernt haben.
Weil die meisten von uns im Bewertungs- und Belohnungs-Sys-
tem aufgewachsen sind, sind wir dies so gewohnt: Es gab und
gibt Noten (Schule) oder von den Erwachsenen die Worte „das
hast du richtig gemacht“ oder die Worte „sehr gut!“. Dies übt ja
gewissermaßen einen gewohnten Sog aus. Denn: Lob macht
süchtig. Wenn wir ein paar Mal die Worte „sehr gut gemacht!“
gehört haben, dann wollen wir (meist) mehr davon. (Mich selbst
strengt es allerdings mittlerweile sehr an, wenn mir jemand

diese eigentlich schön gemeinten Worte „sehr gut!" sagt – ich spüre immer die Wertung heraus…) Die Bewertung bezieht sich nämlich auf das, was gemacht wurde, auf die „Tat". Aber die „Tat" bin ja nicht ich. Die Tat ist außerhalb von mir. Auch, wenn ich die Tat getan habe, bin ich sie nicht. (Wenn ich ein Brot gebacken habe, bin ich nicht das Brot und ich bin auch nicht der Vorgang des Teigherstellens. Wenn ich die Schuhe ordentlich aufgeräumt habe, bin ich nicht die Aktion der aufgeräumten Schuhe. Wenn ich eine 1 in der Schulaufgabe geschrieben habe, bin ich nicht die 1.) Wir möchten aber so gerne etwas hören und vor allen Dingen spüren, was sich auf *uns* bezieht! Was sich direkt an unser Wesen, an unser Sein wendet, an unseren innersten Wesen-Kern, ja vielleicht kann man sagen, was sich an unsere Seele wendet.

Die Seele eines Menschen fühlt sich (meist) angesprochen, wenn man sich direkt, ohne Umwege an sie wendet. „Du bist…" ist eine Formel, die die Seele richtig gut spürt; im Guten wie im schlechten. „Du bist… wundervoll!" geht unter die Haut. „Du bist… ein Versager!" geht auch unter die Haut. Nur anders. Wählen wir also unsere Worte bewusst!

Gleichwertigkeit mit dem Kind leben wir, wenn sich unsere Seelen auf gleicher Augenhöhe begegnen. Den Seelen ist es egal, wie viel der Mensch schon kann und gelernt hat. Dies hat mit der Seele nicht sehr viel zu tun. Man spricht ja von „weisen Seelen". Und es gibt ja sehr viele Kinder mit weisen Seelen. Manche erscheinen mir viel weiser als die Erwachsenen. Weise sind die Kinder, auch wenn sie vieles noch nicht können, was wir Erwachsenen „beherrschen". Bei der gelebten Gleichwertigkeit geht es darum, die Seele, das Sein von Kind und mir zu spüren – und ihren jeweiligen „Klang", den Seelenklang von beiden, zu hören und zu genießen.

Wenn wir uns einschwingen auf den Seelenklang des Kindes und auf meinen eigenen Seelenklang, entsteht wundervolle Musik.

Dem gemeinsamen Klang lauschen

Nimm dir einen Moment Zeit: Welchen Klang spielen das Kind und du gemeinsam? Ist es der eigentlich vom Leben harmonisch gedachte Klang? Oder ein momentaner Missklang? Was kannst du an deinem Klang, an der Art, wie du dein „Instrument" spielst, ändern, damit euer Gesamtklang so wird, wie er in seiner wundervollen Einzigartigkeit gedacht ist? Es mag sein, dass es nicht viel ist... vielleicht nur ein kleiner Ton höher, tiefer, schneller, langsamer... die entscheidende Pause an der richtigen Stelle...

Magst du diese Entscheidung jetzt treffen: deinen einzigartigen Klang bewusst so zu gestalten, dass er mit dem Klang des Kindes harmoniert? Da du diejenige bist, die erkannt hat, dass euer Zusammenklang momentan schräg klingt, ist es möglicherweise deine Aufgabe, dies zu tun.

Nicht den Spiegel putzen – sondern mich

Wenn wir Kinder erziehen, schauen wir von uns weg und auf das Kind hin. Der Weg des Kinderbegleitens ist ein anderer, er geht weiter. Wie ein Bumerang schauen wir das Kind an und sofort wieder auf uns zurück. Indem wir das Kind anschauen, sehen wir uns. Wie in einem Spiegel zeigt uns das Kind unsere Befindlichkeit. Sind wir innerlich aufgeräumt, umgeben uns auch (meist) „aufgeräumte" Kinder. Und andersherum: Haben wir eigene

Themen, „ist der Spiegel beschmutzt". Will heißen: Dann spiegeln uns die Kinder diese Themen. Ich werde oft gefragt, ob das immer so ist. Mittlerweile bin ich ziemlich sicher, dass es in der Tat sehr oft so ist. Was nicht bedeutet, dass ein Erwachsener, der sich innerlich komplett „geputzt" hätte, keine „besonderen" Kinder hätte! Es ist nur so, dass dieser Erwachsene mit der Besonderheit des Kindes nicht in Resonanz geht. Es lässt ihn sozusagen kalt, es bewegt ihn nicht sonderlich, er bleibt neutral. Mal ganz abgesehen davon, dass es vermutlich keinen Erwachsenen gibt, der kein eigenes Thema aus seiner eigenen Vergangenheit hat, ist es einfach eine ganz grundsätzliche Entscheidung, die jeder Erwachsene für sich selbst treffen darf:

Mag ich das „besondere" Verhalten meines Kindes als eine wundervolle Gelegenheit anerkennen, mein eigenes Leben aufzuräumen – ja oder nein?

Ich liebe meinen Beruf! Wie viele Gelegenheiten bekomme ich durch die vielen Kita-Kinder präsentiert, mein Leben zu reparieren, meine Seele zu heilen!

Wenn wir uns also im ersten Schritt entschieden haben, dass jeder Mensch, egal, wie alt oder jung er ist, ein wundervolles Wesen ist – zu denen gehöre ich ja auch, weil ich auch zu „jeder Mensch" gehöre - dann lebe ich die Gleichwertigkeit aller Wesen. Im zweiten Schritt beende ich dann die „Erziehung": Ich höre also auf, am Spiegel (dem Kind) herum zu putzen (es zu erziehen), sondern ich schaue auf mich und mache mich selbst „sauber" und „gesund". Was zur Folge hat, dass das Kind sein anstrengendes Verhalten aufhören kann, weil ich dann „gereinigt" bin. Ein Kind, das selbst einen seelischen Kummer hat, wird dann bei mir (die ich mich geputzt habe) nicht mehr „auffällig" verhalten. Es wird bei mir Sicherheit, Liebe und Geborgenheit finden. Es wird sich bei mir von seinem Kummer erholen können. Ich selbst muss dann hellhörig und im Herzen offen sein, um die eventuelle Not des Kindes, die ja trotzdem noch da ist, zu fühlen und das zu tun, was dem Kind hilft! Ich muss seine Not wenden, indem ich die schädlichen Begebenheiten in seiner Umwelt sichte und gegebenenfalls ändere. Das Kind wird sich jedoch bei anderen Menschen weiterhin auffällig verhalten, nämlich bei denen, die sich selbst noch nicht „geputzt" haben. Sie gehen weiterhin in Resonanz mit dem auffälligen Verhalten des Kindes.

Akute praktische Hilfe leisten

Gibt es – neben aller Seelen-Heilung – etwas Wichtiges zu tun für das praktische Leben des Kindes? Elterngespräche, Gespräche mit den Pädagog*innen führen, Arztbesuche veranlassen, einen Beratungs-/Coaching-Termin bei der Fachfrau buchen, Therapeuten aufsuchen, Beratung einholen und Meldung machen beim Jugendamt ... um nur einige wenige zu nennen.

Wer ist es, der dies veranlassen und tun muss?

Tue es, wenn du gemeint bist!!

Im Laufe meines Kita-Lebens habe ich einschließlich mir selbst viele Kolleginnen und Kollegen erlebt, die zunächst mit unseren Kita-Kindern in Resonanz gegangen sind. Viele haben sich bewusst entschieden, die Richtung der Beobachtung zu ändern und so haben sie ihre eigenen Themen erkannt und sich daran gemacht, diese einer Klärung zuzuführen. Manche Kolleg*innen wurden zum Beispiel sehr ärgerlich, wenn Kinder „aggressiv auf-einander losgingen" und „bestraften" sozusagen das Kind, in-dem sie von oben, nicht gleichwertig, eine Maßnahme bestimm-ten (anstatt mit dem Kind gemeinsam eine friedliche Lösung zu finden); manche wurden überbehütend bemutternd, wenn ein Kind nicht mehr aufhörte zu weinen (statt dem Kind nach einer gewissen Zeit des Trostes den Freiraum zu lassen und ihm zuzu-trauen, sich selbst „zu regulieren", zu beruhigen); manche fühl-ten sich chaotisch wie im Strudel der gesamten Kindergruppe hin- und hergedreht und wurden in ihrem Handeln immer enger und starrer (anstatt bei sich selbst zu schauen, wo ihnen die ei-gene Ruhe, die eigene Standfestigkeit verloren gegangen war und diese zurück zu holen). Diese Kolleg*innen sind sichtlich stolz auf sich selbst, wie ich selbst auch, dass sie diesen Weg ge-gangen sind, sich selbst gesund zu machen.

Diese Kolleg*innen sind, wie ich, diesen Kindern von Herzen dankbar, dass sie so waren, wie sie waren, anstrengend, nervig, aggressiv, vorlaut, weinerlich.... Damit die eigene „Heilung" begonnen werden konnte. Und anschließend die Kinder eine Last weniger zu tragen hatten – nämlich diejeni-ge, die Erwachsene auf deren Not aufmerksam zu ma-chen.

Ruhige Kita-Jahre

In den letzten Jahren haben wir immer mehr ruhige Kita-Tage und Kita-Jahre. Immer dann, wenn es unruhig wird, wissen wir, dass etwas im Team nicht stimmt. Als ich selbst vor wenigen Jah-ren in meinem eigenen Prozess war, mein pädagogisches Fühlen und Handeln zu erneuern, hatte dies zunächst zur Folge, dass die gesamte Kita wie ein Schiff zu schwanken begann. Klar, wenn der Kapitän (die Kita-Leitung) mit sich beschäftigt ist und sich nicht voll und ganz auf die Führung konzentriert! Das strahlte zunächst auf meine Kolleg*innen und in der Folge auf die Kinder aus. Ich arbeitete viel an mir und machte mir viele Gedanken darüber, wie ich Kinder ins Leben begleiten möchte. Ich probierte auch vieles aus und verwarf davon einiges wieder. Letztendlich gelang es mir, mein pädagogisches Handeln wieder auf sicheren Boden zu stellen. Dank vieler Aussprachen, durchaus auch deutlicher Worte im Team in beide Richtungen mit Tränen der Erkenntnis, verstand mein Team meinen eigenen Prozess und ging letztendlich den Weg der Entfaltung mit. Was sich prompt im Verhalten der Kinder spiegelte: Die Kinder wurden in ihrem Spiel wieder ruhiger, in ihrem Streit wieder versöhnlicher, in ihrem Lernen wieder offener, in ihrem Lachen wieder lustiger. Mittlerweile sind wir sehr achtsam: Wenn der Kita-Alltag anstrengend ist, fragen wir uns, ob wir selbst etwas damit zu tun haben und korrigieren nötigenfalls uns selbst; oder machen uns liebevoll im Einzelgespräch von Kollegin zu Kollegin darauf aufmerksam: „Kann es vielleicht sein, dass du ein Thema mit diesem Kind hast? Was ist es denn, was es dir mit seinem Verhalten schenken mag?“ Und dann sind wir wieder in der Lage, dem Kind *wie nebenher Aufmerksamkeit zu schenken, die so GANZ ist, so VOLLKOMMEN, weil geheilt und frei von Störung. So sind die Kinder getragen von unserer ganzen Liebe und Zuversicht und frei, ihren Weg zu gehen.* Weil wir verstanden haben, dass es kein "Fehler" ist, wenn wir keine perfekten Pädagog*innen sind, sondern dass uns unsere persönlichen Macken „helfen“ („Helfer“ = ein Anagramm, also dieselben Buchstaben wie beim „Fehler“) uns so anzunehmen, wie wir eben grad sind. Und ehrlich: Meistens ist dann die gute Laune da und wir freuen uns auf unsere Arbeit mit den Kindern, weil nicht nur sie sich entfalten, sondern weil wir Lust darauf haben, uns selbst besser kennenzulernen und weiterzuentwickeln.

Zuhause

Ich habe Eltern erlebt, die nicht bereit sind, in ihren eigenen Spiegel zu blicken, ja die sogar vehement abgelehnt haben, es wenigstens probehalber in Betracht zu ziehen, das kindliche „sonderbare" Verhalten auf ihr eigenes Sein zu beziehen. Da fielen dann Sätze wie „das Kind muss da durch!" und „das Kind muss funktionieren!"... als ob das Kind Teil einer Maschine wäre. Nun, ich bin der festen Überzeugung, dass Kinder eine lange Zeit die Kraft und Ausdauer besitzen, Widerstand zu leisten. Dass die Kinder lange Zeit auf die Not des Systems - und damit auf ihre eigene Not - aufmerksam machen werden. Ich weiß auch, dass es im Umfeld solcher Kinder oft hilfreiche Menschen gibt, die sie wenigstens eine Zeitlang entlasten und ihnen das Thema des Systems abnehmen, sodass sie wenigstens kurz mal befreit spielen und sich entfalten können. Doch es gibt auch Kinder, die diesem Druck irgendwann nicht mehr standhalten können, zusammenbrechen, seelisch und körperlich krank werden und irgendwann wie vereist wirken, letztendlich also in den Rückzug (Nahziel 4) fallen.

Wir Erwachsene tragen die Verantwortung für das Kind! Fangen wir an, lieber früher als später, uns der Erkenntnis zu öffnen, dass wir selbst etwas mit dem anstrengenden Verhalten des Kindes zu tun haben könnten! Fangen wir an, bevor es zu spät ist und das Kind wirkt, als ob es sich nun angepasst hat, es stattdessen aber innerlich gebrochen ist.

Ganz gebrochene Kinder haben es schwer im Leben. Angeknackste Kinder können heilen – eine Narbe wird wohl immer bleiben. Doch wer weiß, für was die Erfahrung der Narbe gut sein mag...?

Du gibst mir Schönheit, weil du schön bist

Als ich mein Selbstfindungs- und Praktikumsjahr nach dem Abitur in meinem alten Kindergarten machte, in den ich als Kind gegangen war, ging ich in der Tat jeden einzelnen Tag des Jahres wirklich gerne dorthin. Ich freute mich schon auf dem kurzen Fußweg am Morgen, meinen Tag wieder mit den Kindern zu verbringen. Eine Jungendfreundin meinte dann eines Tages (möglicherweise etwas neidvoll) zu mir, dass ich es eines Tages schon auch noch merken würde, was mühsame Arbeit ist. Hm… diesen Tag habe ich bis heute noch nicht so richtig erlebt. Klar, es gibt unglaublich anstrengende Tage in der Kita, wo mir alles zu viel ist. Aber auch diese Tage sind im Nachhinein irgendwie „schön". Davon gebe ich gerne in der Kita ab.

Voller Schönheit strahlst du mich an

„Ich schaue dich an und staune:

Wie sicher stehst du da, wie schön strahlt dein Gesicht. Wie stark und lieblich klingt deine Stimme! Du bist ganz und vollkommen.

Ich liebe es, in deiner Nähe zu sein.

Du gibst mir Schönheit, weil du schön bist. Über deine Wurzeln fließt deine Schönheit zu mir und lädt mich ein, schön zu sein.

So war das damals – und so ist es heute! So wie du bist,

gibst du mir Selbständigkeit, weil du selbst stehst in deinem Leben.“

Wie Menschen miteinander stillschweigend kommunizieren

Ich stelle es mir so vor, wie in dem physikalischen Versuch der kommunizierenden Röhren: praktische Versuche sind so ungefähr das Einzige, was ich mir aus dem Physikunterricht gemerkt habe. Und so sieht der Versuch aus: Zwei Glasröhrchen sind unten mit einem kleinen Schlauch verbunden. Füllt man in das eine Röhrchen grüne Flüssigkeit ein, fließt diese durch das Röhrchen unten in das anderen Röhrchen ein. Beide Röhrchen sind dann auf gleicher Höhe mit grüner Flüssigkeit gefüllt. Im Zusammen sein mit dem Kind ist es dann so: Ist das Kind mit „Wut" gefüllt, steigt im Röhrchen der begleitenden Erwachsenen die Wut ebenfalls auf dieses Level an. Ist das Röhrchen der Erwachsenen mit „zu viel Arbeit" gefüllt, füllt sich das Röhrchen Kind ebenfalls mit „zu viel" an. Das Kind lebt seine Wut wahrscheinlich etwas anders aus als die Erwachsene; die Erwachsene lebt ihr zu viel an Arbeit womöglich auch anders aus, als das Kind ihr dieses „zu viel" auf seine Weise spiegelt. Und doch leben beide *Wut* und *zu viel*. Es kommt einem ja oft so vor, als ob man plötzlich und aus heiterem Himmel wütend wird. Oder man wundert sich, dass die Kinder von jetzt auf nachher anders werden, wenn man selbst die neue E-Mail aus der Arbeit auf dem Handy während des Familienalltags gelesen hat. Und doch ist es vollkommen logisch: Wir sind alle miteinander auf der Gefühlsebene verbunden. Da Kinder noch viel ehrlicher leben, was sie fühlen, spüren wir ihre Gefühle sehr schnell. Die Frage ist dann: Sind es die eigenen Gefühle? Oder sind es die des Kindes? Das gilt es herauszufinden.

Ich persönlich gehe zunächst immer davon aus, dass eine Stimmungsveränderung der Kinder an mir liegt. Denn mich kann ich sofort „überprüfen": Habe ich einen Gedanken in mir, der mich ungut beschäftigt? Habe ich eine körperliche Belastung, die mir weh tut? Habe ich vorhin etwas erlebt, was gar nicht in die Kita gehört, was mich aber stört oder gar ärgert und mir gar nicht aus dem Kopf gehen mag? Wenn ich dies alles verneinen kann, dann kann ich bei den Kolleg*innen nachfragen, wie es denen persönlich geht, ob von ihnen etwas in die Kita und somit in die Kinder „schwappt". Wenn dem auch nicht so ist, müssen es wohl die Kinder sein, die etwas in die Kita mitbringen.

Unser Team arbeitet gerne mit der Vorstellung, alles, was nicht in die Kita gehört, schon draußen im Eingangsbereich in eine virtuelle Kiste zu stellen. Am Heimweg kann dann jede ihres wieder mitnehmen. Dies ist eine bewusste Entscheidung, die jede Mitarbeiter*in selbst treffen darf: Was mag ich in meinen Arbeitsalltag in der Kita mitbringen? Jeder von uns nimmt sich auch im Laufe des Tages immer mal wieder ein paar Augenblicke Zeit, um sich von negativen Dingen zu befreien – ein paar Atemübungen und die bewusste Entscheidung dafür reichen meist aus und dafür ist auch im größten Trubel Zeit. Und ebenso laden wir uns bewusst im Alltag wieder mit schönen Dingen auf. Manchem von uns tut die Vorstellung eines Cappuccinos gut, manch einer liebt es, virtuell barfuß auf einer Blumenwiese herumzutanzen, eine andere mag gerne den (virtuellen) Duft von Pfefferminze, das Blau vom Himmel, den Gedanken an ein fetziges Musikstück, die Erinnerung an einen wunderschönen Urlaubsort... Sobald wir selbst wieder gefüllt sind mit Schönem, läuft *Schönes* automatisch, ob wir wollen oder nicht, in die Kinder über. Wir haben uns dafür entschieden, diesen Vorgang bewusst zu nutzen.

Kommunizierende Röhren

Wenn eine Situation anstrengend war – verwende im Nachhinein in einem ruhigen Moment das Bild der kommunizierenden Röhre: „Mit welcher Farbe / Emotion warst du ursprünglich gefüllt? Dann kam das Kind mit welcher anderen Farbe / Emotion? Wann genau hat sich die Farbe in dir geändert? Was war der Auslöser? Welche Emotion hattest du danach? Wo genau hättest du etwas ändern können?

Spüre in die Situation: Welche Emotion, welche Farbe hätte dieser Situation gutgetan? Probiere es aus und übe im stillen Kämmerlein: Fülle dich mit der gewünschten Emotion, leichter geht es mit einer Farbe. Fülle dich ganz aus, als ob du eine Vase wärest... gieße bis oben Flüssigkeit in der gewünschten Farbe ein. Schütte noch mehr hinein, bis die Flüssigkeit über den Rand fließt... an deiner Vase außen hinab... spüre, wie sich diese schöne Farbe in und an dir anfühlt. Und nun verwandle diese Flüssigkeit Dank deiner Zauberkräfte in farbigen Nebel, den du zur anstrengenden Situation, zum Kind hinsendest. Oder bleibe im Bild der kommunizierenden Röhre: Schicke durch das Verbindungs-Röhrchen in das Kind heilsame Farbe.

Spiele mit diesen Bildern, erfinde neu und finde diejenige, die dir am meisten Freude bereitet! Übe sie nach und nach direkt in der Situation, sodass sie dann schnell abrufbereit ist.

Was in die Familie schwappt

Genauso können es Eltern zuhause machen: Wenn wir erkennen, dass die Verhaltensänderung in der Familie daher rührt, weil das ältere Geschwister zum Beispiel soeben ziemlich geladen aus der Schule heimkam, dann können Eltern sich bewusst dafür entscheiden, dieses Gefühlsgemenge nicht ungefiltert aufzunehmen und gar ärgerlich darauf reagieren zu müssen. Dies können wir, wenn wir, wie das Kind am Anfang des Kapitels sagt, *sicher dastehen*. Dann können wir *über unsere Wurzeln unsere Schönheit zum Kind fließen lassen und dieses einladen, schön zu sein*. Wir können uns also bewusst dafür entscheiden, dem Kind zu helfen, alles, was nicht „ins Kind" gehört, zu entfernen. Allein oder mit dem Kind gemeinsam können wir uns das Gefühlschaos im Kind als „Wesen" vorstellen, als Farb-Kloß, als Fantasiewesen oder als was auch immer und dieses Wesen aus dem Haus jagen. Später, wenn das Kind wieder ansprechbar ist, können wir mit ihm in Ruhe und Sachlichkeit darüber sprechen. „War wohl viel los heute?"... Nun kann das Kind, wenn es möchte, seinen Dampf ablassen. Wenn nicht – auch okay. Nur wir sind dann nicht ungefiltert darauf eingestiegen und haben damit der unbewussten Kommunikations-Spirale Einhalt geboten.

Stärkung für zwischendurch

Finde das, was dich spontan stärkt und dich in Leichtigkeit mit Energie auflädt: eine Blumenwiese, ein schöner Urlaubsort, eine Tasse Tee, eine schöne Musik... - gib es dir! Virtuell, im Kopf! Jetzt und hier, genau in der anstrengenden Situation, oder besser noch vorbeugend.

Schreib dir ein paar solcher schöner Dinge am besten auf (z.B. Memo im Handy).

Ehrliche Kommunikation

Es gab vor vielen Jahren eine Zeit, in der es Missverständnisse zwischen den Team-Kolleg*innen gab. Aber wir wussten zunächst nicht, dass es sich um Missverständnisse handelte. Manche Kolleg*in meinte zum Beispiel, die andere würde sie ungerecht behandeln, nicht ernst nehmen oder sie nicht mögen. Ich versuchte dann immer, zu verstehen. „Woran merkst du das denn?" fragte ich jede im Einzelgespräch. „Na die schaut doch immer so komisch!" kam oft als Antwort. In den folgenden klärenden gemeinsamen Gesprächen fanden wir dann meist heraus, dass „der komische Blick" vollkommen unbewusst ausgesendet worden war. Er galt vielleicht der Erinnerung an ein unschönes Erlebnis vor einer kleinen Weile zu Hause, dem kommenden Arztbesuch oder der kranken alt werdenden Mutter. Die Missverständnisse waren dann meist schnell geklärt. Für uns alle waren diese Situationen nachträglich Geschenke mit der Erkenntnis, dass wir uns ganz bewusst mitteilen müssen, um eine harmonische Atmosphäre und ein ehrliches Miteinander gewährleisten zu können. Deshalb haben wir im Team vereinbart – und wiederholen dies Anfang jeden Kita-Jahres aufs Neue – dass wir uns ehrlich sagen, was mit uns los ist. Damit ist nicht gemeint, dass wir jedem unsere intimsten Anliegen auf die Nase binden. Wir sagen morgens zum Beispiel: „Mich beschäftigt etwas von zu Hause, das hat mit hier nichts zu tun. Wenn ich komisch schaue, liegt es daran." Auch den Kindern sagen wir dies. Denn sie spüren immer sofort, wenn etwas nicht stimmt. Sie können noch viel weniger abstrahieren und glauben oft, dass sie „Schuld" sind, wenn der Erwachsene sich anders anfühlt, als sonst. Weil die Kinder erfahren dürfen, wie es uns geht und weil sie merken, dass uns Dinge beschäftigen, die wir ernst nehmen, fühlen sie sich dadurch unbewusst angespornt, sich ebenfalls mit ihren Dingen zu befassen und diese ernst zu nehmen. Sie kümmern sich dann ernsthaft um ihres, so wie wir Erwachsenen dies mit unseren Dingen tun. Sie leben mehr und mehr Selbständigkeit.

Schwierige Themen in die Kiste

Was beschäftigt dich in deinen Gedanken? Mach es dir bewusst!

Wenn es gerade nicht hierhergehört: Lege es in eine virtuelle Schatztruhe – vielleicht magst du ein lichtvolles Wesen, einen Engel, ein Schutztier bitten, darauf aufzupassen – bis du wieder Zeit hast für dein Thema. Wer weiß: Vielleicht hat es sich in der Zeit, in der du es nicht krampfhaft im Kopf hin und herbewegt hast, schon ein bisschen ins Positive verändert?

Und dann, wenn du wieder Zeit dafür hast: Widme dich diesem Thema wirklich ernsthaft und kümmere dich ganz darum!

Kinder spüren auch, wenn etwas stimmt. Als einmal eine unserer Kolleg*innen in der Frühschwangerschaft Beschäftigungsverbot in der Kita erhielt, drucksten wir gegenüber den Kindern so herum. Unsere Kollegin wollte, dass wir in den ersten 12 Wochen noch nichts darüber sagen. Das akzeptierten wir selbstverständlich, denn es geht ja nicht um die Geburt eines Geschwisterkindes. In diesem Fall bin ich mittlerweile ein Fan von „die Schwangerschaft den künftigen Geschwistern sofort sagen" – denn: Sie merken alles. Und so war es auch bei unserer Kollegin in der Kita. Als wir es den Kindern dann schließlich erzählten, sagte ein unserer Kollegin besonders vertrautes Kind sofort, dass es das schon längst gewusst habe. Auf Nachfrage erfuhren wir, dass es auch seinen Eltern bereits davon erzählt hatte, „dass die Nadia ein Baby bekommt!". Die Eltern hatten bis dahin von ihrer eigenen diesbezüglichen Vermutung dem Kind noch nichts verlauten lassen.

Was wir zuhause mitteilen

Ich erlebe leider immer noch sehr oft Eltern, die davon ausgehen, dass ihr Kind „das ja nicht mitbekommt!". Was auch immer dies ist – Kinder bekommen alles mit. Denn sie fühlen es. Vor allen Dingen junge Kinder, die noch nicht (hauptsächlich) über die Sprache kommunizieren, spüren jegliche Veränderung in den Eltern sofort. Da sie es „nur" fühlen, fehlt ihnen das nötige Wissen. Die Gefahr dabei ist, dass sie das, was sie fühlen, sich selbst falsch erklären. Sie haben die Erfahrung eines kurzen Lebens und benötigen die Sachinformationen von uns.

Viele Eltern sind der Ansicht, dass Kinder sehr schnell überfordert sind, wenn sie die Wahrheit erfahren würden. Wenn zum Beispiel das ältere Geschwister Schwierigkeiten in der Schule hat, ein Familienmitglied eine nicht sichtbare Krankheit hat, die Familie Sorgen bezüglich Wohnung, Finanzen oder anderem hat und vieles mehr. Nun – ob das Kind überfordert ist, hängt davon ab, wie wir dem Kind die Wahrheit übermitteln! Oft reicht es, einem jüngeren Kind zu sagen: „Wir, Mama und Papa, machen uns gerade Sorgen um… (die kranke Oma zum Beispiel). Wir kümmern uns darum. Wir haben Menschen, die wir um Hilfe fragen werden." Ältere Kinder werden nachfragen! Auch dann reicht es, wenn wir Häppchen für Häppchen Information nachlegen. Also nur so viel beantworten, wie das Kind gefragt hat. Manchmal kommt es vor, dass das Kind dann eine Zeitlang zufrieden ist und erst nach ein paar Tagen die nächste diesbezügliche Frage kommt. Dahinter steht eine gleichwertige, offene Kommunikation mit dem Kind in seinem jeweiligen Erfahrungsschatz. Das Kind fühlt sich ernst genommen und beteiligt. Es kann nun das, was es fühlt, einordnen.

Wahrheit für das Kind

Was beschäftigt dich, was das Kind erfahren muss?

Wann ist ein günstiger, weil reiner (unbelasteter) Moment, in dem du es dem Kind erzählen kannst?

Das Ermutigungs-Dreieck

Während meines Studiums zur Sozialpädagogin machte ich parallel die Fortbildung bei Theo Schoenaker zum Encouraging-Training, das auf den Gedanken der Individualpsychologie fußt. Hier lernte ich etliches, was ich später in die Kita mit einbrachte. Eines davon ist das sogenannte Ermutigungs-Dreieck. Dieses wende ich gerne mit Kolleg*innen an. Allen Kindern tut dies gut und vor allem Kindern, die eine kleine Aufmunterung brauchen, profitieren davon enorm. Durch die „kommunizierenden Röhren" kommt die Ermutigung über uns Erwachsene beim Kind an, auch wenn dieses unsere Worte möglicherweise gar nicht bewusst hört. Und so geht es: Zwei oder mehr Erwachsene unterhalten sich absolut positiv über ein Kind, das sich in ihrer Hörweite befindet. Sie erzählen sich, was sie gerade Wundervolles mit diesem Kind erlebt oder beobachtet haben. Ein kleiner ermutigender Trick besteht manchmal noch darin, das Positive ein bisschen zu übertreiben. Da wir ja davon ausgehen, dass das

Kind es irgendwann können wird, erzählen wir bereits davon, wie das Kind es „schon kann". Meistens sprechen wir jedoch nicht über das, was das Kind *getan* hat, sondern wie wundervoll das Kind *ist*. Das Kind hört – oder hört nicht – und fühlt intensiv, dass es gemocht wird, so wie es ist. Es fühlt, dass wir seine innere Schönheit sehen und wertschätzen. Wir laden dadurch das Kind ein, schön zu sein.

Mit einer Kollegin, die mittlerweile bei ihrem eigenen Kind Zuhause ist, konnte ich das immer besonders gut. Schon im Flur kam sie mir oft entgegen und erzählte begeistert von einem Kind, über das wir uns ein paar Tage zuvor unterhalten und festgestellt hatten, dass es eine besondere Zuwendung braucht. „Weißt du, Veronika, was ich gerade gesehen habe? Der Frank hat vorhin ganz lange mit den Perlen gespielt! Ganz ruhig und intensiv!" Im Hintergrund sah ich dann das jeweilige Kind, hier also den Frank, der uns mit großen Ohren zuhörte. Wir schauten ihn aber nicht an, sondern vertieften uns in unser schönes Gefühl dem Frank gegenüber. Beiden war uns klar, dass wir unsere Erinnerungen an das ursprünglich defizitäre Verhalten vom Frank von neulich nicht so wichtig nehmen wollten. Wir erwarteten nicht mehr das, was uns an Frank anstrengte, nervte oder Sorgen machte. Wir machten innerlich Platz für das Schöne von Frank – und bereiteten ihm damit den Raum, auch dieses Verhalten auszuprobieren und nach und nach in sein Verhaltens-Repertoire aufzunehmen – auch wenn dieses gezeigte „schöne" Verhalten bisher nur ein winziger Moment in der weitestgehend negativen Spannweite seiner Verhaltensweisen war.

Das Ermutigungsdreieck

Lade das Kind ein, „schön" zu sein: Wende das Ermutigungs-Dreieck an und sprich mit einem lieben Menschen vertrauensvoll und positiv über das wundervolle Wesen deines Kindes! Egal, ob es dies bewusst hört oder unbewusst fühlt – es kommt an.

Lebendige Demokratie in der Kindergruppe

Wir wollten in der Kita die Mittagessens-Situation neugestalten: An den „Sturmtagen", wenn die Naturhaus-Kinder im Kinderhaus sind, müssen die Hauskinder im ersten Stock zu Mittag essen, weil die Kinder aus dem Naturkindergarten diese Zeit im „Blütenzimmer", dem zweiten Mittagessensraum, verbringen. Das wollten wir ändern. Als wir Erwachsenen an diesem Tag im Morgenkreis nochmal darüber sprachen, merkten wir, dass wir vergessen hatten, die Kinder ordentlich mit einzubeziehen. Also: Nochmal von vorne beginnen, diesmal mit Kindern.

Ich war ein bisschen zu spät, weil ich so vertieft in meine Büroarbeit gewesen war. Als ich nach oben eile, sitzen alle Kinder im Kindergartenalter erwartungsvoll im Kreis. So eine Stille! Ich musste mich erstmal sammeln. Die Kinder warteten. Dann berichtete ich von dem Wunsch, dass sich Kinder und Erwachsene an Sturmtagen beim Mittagessen auch mischen könnten, so wie im Freispiel und bei den Angeboten. Ich ließ abstimmen, wem das gefällt und wem nicht. Nach Abzug der Erwachsenen-Stimmen merkten wir, dass der Unterschied recht klein ist. Was also tun? Ich fragte die Kinder, die sich nicht mischen wollten, was ihr Grund ist. „Wenn ich dann sehe, was das Kind aus dem Wald in seiner Brotzeitdose hat (sie essen ihr eigenes Essen), bin ich vielleicht traurig." Ein anderes: „Ich mag lieber bei meinen Kindern sein." Und wieder ein anderes: „Wir mögen an unserem Lieblingsplatz sein! Da soll kein anderes sitzen!" Diese und ähnliche Gründe waren uns allen verständlich… Wir Erwachsenen blieben locker. Wir hatten nicht das Gefühl, schnell eine Lösung finden zu müssen. Eine Frage ploppte mir auf: „Wie kam eigentlich diese Idee zustande, dass wir uns mischen sollten?" Ich wusste es ehrlich nicht mehr. Meine Kollegin erinnerte sich, dass es sich Kinder sowohl aus dem Naturhaus als auch aus dem Haus gewünscht hatten. Okay, der Wunsch war also von Kindern gekommen. Ich blieb locker und plötzlich fiel mir eine Idee ein: Jeweils ein Tisch im ersten Stock und einer im Blütenzimmer ist ein Mischtisch, die anderen nicht. „So könnten wir es heute ausprobieren, oder?" Die Kinder nickten. Wir errechneten noch, wie viele Plätze dann getauscht werden können. „Wer mag denn dann heute von den Hauskindern unten im Blütenzimmer essen?" fragte ich anschließend. Es meldeten sich einige – und dies entsprach exakt der möglichen Anzahl! So mischten sich heute nur einige Kinder – und es war gut. Ich liebe solche Prozesse der gemeinsamen Entfaltung! Es macht einfach Freude, mit einem Haufen Kinder (es waren ungefähr 45) sachlich und gleichwertig Lösungen zu finden! Mittlerweile haben wir einige weitere Ideen ausprobiert. Eine davon ist, dass die Naturhauskinder ihr Mittagessen als Picknick im Garten einnehmen und die Zimmer den Hauskindern wie immer zur Verfügung stehen. So hat jeder seine gewohnte Mittagessens-Atmosphäre!

Demokratische Entscheidungen mit Berücksichtigung der Minderheit

Welche Entscheidung kannst du mit dem Kind gemeinsam treffen?

Wende demokratische Wege an – und berücksichtige den Wunsch der Minderheit! Wenn das Bedürfnis der unterlegenen Minderheit erkannt wird, ist es viel leichter, einen lebendigen Kompromiss zu finden, bei dem sich alle wohl fühlen: Die Mehrheit, die Minderheit – und das Thema!

Bewusst handeln - vorher!

Kinder ins Leben begleiten hat einen Nachteil: Man weiß nie, was kommt. Jeder Tag ist anders. Denn das Leben bleibt nicht stehen; jeder Mensch verändert sich jeden Tag – und bei den Kindern fällt es uns am meisten auf. Wir wissen also nicht, was heute, was jetzt auf uns zukommt. Was am Kind sich von gestern auf heute verändert hat, was das Kind von vorhin auf jetzt gelernt hat, wie seine Willenskraft sich über Nacht geformt hat. Und doch sind wir dieser stetigen Veränderung nicht hilflos ausgeliefert: Wir können etwas *damit* (nicht dagegen) tun! Wir können uns bewusst darauf einstellen und das gestalten und dem eine Form geben, was wir bewusst wissen. Und dem, was wir an Zukünftigem nicht kennen, eine herzliche Einladung aussprechen, sich auf eine harmonische, friedliche, bunte, vielfältige, entfaltende Art und Weise zu gestalten.

Erschaffen

„Schau, da schwebt sie, meine Kindheit, meine Entfaltung! Leicht, klar, hell, klangvoll!

Du hast sie gestaltet und gepflegt, als ich sehr jung war, du hast mir gezeigt, wie ich selbst für sie verantwortlich bin, du hast sie in meine Verantwortung gegeben, als ich ein wenig älter war.

Durch dich habe ich gelernt, was freie Entfaltung ist!"

Eine Brille bestimmt unser Leben

Das meiste in unserem Leben läuft unbewusst ab. Wie bei einem Eisberg ist nur der kleinste Teil unseres Lebens sichtbar. Wir sind bestimmt vom „Lebensstil". Die Individualpsychologie sagt, dass sich der Lebensstil eines Menschen in den ersten sechs Lebensjahren bildet. Die Gehirnforschung bestätigt mittlerweile, dass die ersten 10 Lebensjahre für das weitere Leben eines Menschen von größter Bedeutung sind. Der Lebensstil, den sich jedes Kind unbewusst zulegt (die Art und Weise, wie das Kind das Leben, sich selbst und die anderen Menschen einschätzt) „bestimmt" sozusagen das gesamte weitere Leben, er bestimmt, wie man in bestimmten Situationen andere Menschen einschätzt, wie man sich selbst in Bezug auf bestimmte Situationen einschätzt und wie man generell das eigene Leben bewertet.

Der Lebensstil wird vom Kind aus seiner eigenen Sicht, aus seiner „privaten Logik" gebildet. Diese kann, allgemein und aus neutralem Gesichtspunkt betrachtet, falsch sein. Für das Kind jedoch ist diese Einschätzung richtig.

Zum Glück kann man sich später einzelne „Lebensstil-Sätze" bewusst machen und sich anders dafür entscheiden, weil man später als Erwachsener einen viel größeren Überblick hat.

Wir Erwachsene, und auch das älter werdende Kind, ist also bestimmt von unbewussten Vorlieben und Abneigungen. Wir haben sozusagen unsere „Brillen" auf, durch die wir das Leben auf unsere ganz spezielle und individuelle Weise wahrnehmen – für wahr(-)nehmen. Eine Brille kann man putzen. Oder abnehmen. Das muss man wollen.

Vorher gestalten – und bereit sein für Veränderung

Vor nicht allzu langer Zeit haben wir uns in der Kita entschieden, unser Handeln nicht hauptsächlich von unseren unbewussten inneren Gefühlen bestimmen zu lassen.

Den kleinen Teil, der uns bewusst ist, den wollten wir ganz bewusst aktiv gestalten.

Eigentlich ist es so etwas, wie eine kleine Meditation, in der wir uns auf uns, das Kommende und alle Beteiligten bewusst einstellen und dazu einladen, wovon wir glauben, dass es dem Kommenden guttut. So gestalten wir nun vorher bewusst alle Situationen: unsere „Telos-Blumen", unsere Erwachsenenmorgenkreise, unsere Versammlungen, unsere Elterngespräche und jeden neuen Kita-Tag. Wir komprimieren das Kommende gedanklich in unserer Mitte und fühlen uns ein. Auf der uns bewussten Ebene überlegen wir, was die kommende Situation braucht, damit sie gut läuft. Maria Montessori spricht von der vorbereiteten Umgebung und das trifft diesen Teil der Gestaltung sehr gut: Wir überlegen, in welchem Zimmer wir heute die „Telos-Blume" machen und wer sie leitet; wir denken nach (für das Elterngespräch), welche Stühle wir aufstellen, ob wir Wasser oder Tee anbieten; wir stehen im Erwachsenen-Morgenkreis zusammen und überdenken kurz den gesamten Tagesablauf, wer wann wo ist und welche Aufgabe übernimmt. Der zweite Teil läuft dann auf der energetischen Ebene ab: Wir fühlen uns ein in das Kommende, das sich ja virtuell in unserer Mitte befindet, und fühlen empathisch, als ob es ein Mensch wäre, wie es ihm geht und ob es alles hat, was es braucht. Dann sprechen wir laut aus, was wir ihm wünschen. Das kann eine bestimmte Farbe (zum Beispiel grün) oder allgemein „Farben" sein oder ein Gefühl (zum Beispiel Harmonie), ein bestimmter Zustand (zum Beispiel Ruhe) oder alles andere, was uns in den Sinn kommt. Alles ist richtig, beziehungsweise es gibt hier kein richtig und falsch. Weil wir offen und bereit sind und unsere Intuition (also den allerersten Gedanken, der uns dazu einfällt) achten, finden wir wohl immer die passenden Zutaten.

Situationen, die wir auf diese Weise vorab gestalten, gehen uns leichter von der Hand. Wohl, weil wir mit ihnen schon Bekanntschaft gemacht haben. Auf alle Fälle sind wir dann so sicher, weil wir uns so gut vorbereitet fühlen, dass wir unerwarteten Ereignissen aufgeschlossen gegenübertreten können. Gerade bei unserem „Morgenkreis", also dem Zeitpunkt, an dem sich der größte Teil des Kitas-Teams im Kreis zusammenstellt (manchmal stehen ein paar Kinder dabei) und diesen Tag plant, ist es immer wieder wundervoll zu beobachten, wie die an manchen Tagen trubeligen Kinder genau in dem Moment ruhig werden, in dem wir im Kreis das entsprechende Gefühl selbst empfunden und es dem Tag als Geschenk gebend ausgesprochen haben.

Wenn wir in unserer Mitte sind, sind es die Kinder auch.

Den Kindertag gestalten

Als unsere eigenen Kinder noch jung waren, machte ich oft Pläne, wie der Nachmittag mit den Kindern stattfinden sollte. Ich plante dabei die offiziellen Termine, die in einem Familienalltag eben so stattfinden: Musikstundenfahrten, Freunde der Kinder zu Besuch, Abendessen bereiten und so fort. Die Kinder bezog ich natürlich mit ein – wir kennzeichneten im Kalender, was wann für welches Familienmitglied stattfindet. Damals war mir die Wirkung der bewussten Gestaltung noch nicht bekannt – die Familienalltage gestalteten sich also unbewusst so, wie wir „drauf" waren.

Heute würde ich ergänzend zu den uns gewohnten „Terminen" den kreativen Schöpferaspekt noch anwenden, am besten mit den Kindern gemeinsam. „Wie soll unser Tag heute sein? Bunt und lustig? Gewürzt mit einer Prise Ruhe? Ein bisschen Entspannung wäre auch schön – und Mithilfe von allen! Und ein Regenbogen, bitte." In diesem gemeinsamen Brainstorming könnten alle Familienmitglieder ihren Beitrag und Wunsch benennen – und den von den anderen hören und sich zu Herzen nehmen. Und dass allein dies eine Wirkung hat, wissen wir ja nun.

Vorab aktiv „den Raum" gestalten

Egal, um welche planbare Situation es geht – gestalte sie vorab.

Erde und „himmle" dich zuvor: Atme, lasse (farbige) Wurzeln aus deinen Füssen nach unten in die Erde und nach oben in den Himmel. Fokussiere dich auf das Hier und Jetzt. Tue so, als ob die Situation, die du jetzt gestalten wirst, ein lebendiges Wesen wäre und lade dieses herzlich zu dir (oder, wenn ihr mehrere seid, in die Mitte des Kreises) ein.

Überlege kurz, was die Situation, also das Wesen, an Organisation braucht. Auch, wenn du nicht alles genau weißt, so mache dir doch Gedanken darüber, dass du es passend und harmonisch gestalten willst: Wenn du zum Beispiel die genaue Uhrzeit oder das passende Zimmer noch nicht weißt, so nehme dir vor, Uhrzeit und Zimmer richtig zu organisieren.

Anschließend fühle dich in die nun organisatorisch vorbereitete Situation, das Wesen, ein – und schenke ihr jetzt virtuell und energetisch das, was sie noch braucht: Farben, Düfte, einen himmlischen Begleiter, einen Cappuccino, Heiterkeit,

Frieden, dass alles verstanden wird, gute Kommunikation, Verständnis, eine gute Basis und so fort.

Wenn du einen Moment zu diesem Wesen, das sich in deiner Mitte befindet, wirst, spürst du, ob du alles hineingegeben hast, was sich dieses Wesen wünscht. Falls dir diese Vorstellung schwerfallen sollte: Spiele Theater und tue so, als ob es funktionieren würde. (Sportler machen es vorbereitend anscheinend nicht anders.)

Kinderbesuch im Team

„Ich habe Schwierigkeiten mit Lothar, dem Vorschulkind. Geht es euch auch so?" Immer wieder gab es in unserer Kita Kinder, die jemandem aus unserem Team auffielen. Manche waren sehr zurückgezogen, manche machten anderen Kindern Sachen kaputt, manche waren extrem vorlaut, manche pieselten oft in die Hose, manche verschlampten ständig ihre mitgebrachten Spielsachen... wie eben Kinder so sind. Im Team machten wir uns daran, in die eigenen Spiegel zu blicken, um zu erforschen, was das kindliche Verhalten jeder von uns persönlich sagen möchte. Wenn jeder von uns verstanden hatte, um was es bei ihm persönlich geht, ging es weiter. „Laden wir doch das Kind zu uns ein." Okay. Wir sammelten uns, setzten uns aufrecht hin, atmeten tief durch. Eine von uns stellte einen leeren, davor unbenutzten Stuhl in die Mitte unseres Kreises (eine Übung, die ich im Encouraging-Training bei Theo Schoenaker gelernt hatte) und übernahm die erste Ansprache. „Lothar, wie schön, dass du zu uns ins Team gekommen bist." Wir taten so, als ob Lothar hier sitzen würde, obwohl er ja um diese Uhrzeit wahrscheinlich zu Hause, vielleicht sogar auf dem Weg ins Bett war (unser Team findet spät-nachmittags statt). Wir *sahen* in unserer inneren Vorstellung Lothar auf dem Stuhl sitzen. „Du hast ja schon den

Schlafanzug an! Das ist aber lieb von dir, dass du vorher nochmal zu uns kommst. Ui, ich habe dir den Erwachsenen-Stuhl hingestellt. Der ist dir ein bisschen zu hoch, deine Beine baumeln in der Luft." Eine von uns sprach aus, was sie in ihren inneren Bildern sah. Damit luden wir unsere Seelen ein, aktiv so zu tun, als ob Lothar anwesend wäre. Damit luden wir Lothars Seele ein, bei uns im Team vorbeizuschauen. „Lothar, ich möchte dir sagen, dass mir heute so gut gefallen hat, wie du mich einmal so kurz so freundlich angeschaut hast." Damit begann dann die Ermutigung für Lothar. Derjenigen, die diese Worte gesprochen hatte, war schon klar, dass der ganze Tag, vielleicht gar die ganze Woche mit Lothar anstrengend gewesen war. Und dass dieser eine wunderschöne Blick ein Bruchteil dessen war, was Lothar andererseits an Anstrengendem geboten hatte. Und doch sprach die Erwachsene nur dieses winzige Positive an. Das Unschöne ließ sie weg. Alle anderen Erwachsenen, die Lothar auch etwas sagen wollten, schlossen sich an. Manche sprachen gute Wünsche für ihn aus, manche erzählten eine schöne Begebenheit mit ihm. Manche bewunderten eine besondere Eigenschaft, die sich vielleicht schon lange nicht mehr gezeigt hatte, von der sie aber wusste, dass sie in Lothar schlummert. Wenn alle fertig waren, übernahm wieder die leitende Erwachsene das Wort. „Ich sehe, wie du lachst. Ich glaube, du freust dich über die schönen Worte von soeben. Danke, dass du hier warst! Und jetzt entlassen wir dich wieder dahin, von wo du hergekommen bist." Wir blinzelten, wir bewegten uns, die leitende Erwachsene klopfte dreimal auf den Stuhl und stellte ihn bewusst zur Seite. Am nächsten Tag wunderten wir uns oft: „Haben wir gestern aus Versehen das falsche Kind ins Team geholt? Lothar ist ja dermaßen friedlich!"

Unsere bewusste Einstellungsänderung, unsere bewusste Entscheidung, den Blick auf Lothars angenehme Seiten zu lenken, hatte eine Veränderung bewirkt. Unsere Seelen hatten sich verbunden, die Heilung hatte sich auf allen Ebenen verteilt.

 **Jemanden aus der Ferne ermutigen – die Übung mit dem leeren Stuhl** (aus dem Encouraging-Training von Theo Schoenaker)

Nimm dir Zeit, sodass du ungestört bist. Stelle dir gegenüber einen leeren Stuhl auf. Setze dich gemütlich hin, atme mehrmals ruhig ein und aus, entspanne dich. Finde dich hier und jetzt ein – in aller Ruhe – im Vertrauen, dass es gut so ist.

Wenn du magst, gestalte vorab diese Situation (siehe oben die Übung *„Aktiv den Raum gestalten"*).

Lade nun das Kind in Gedanken auf den Stuhl ein. Stelle dir so bildhaft wie möglich vor, wie es nun hier sitzt. Wenn es „da ist", wenn du es vor deinem inneren Auge „siehst", wenn du innerlich weißt, dass es „da" ist – dann sprich zu ihm. Am besten wirkt es, wenn du tatsächlich laut sprichst und deine eigene Stimme mit deinen Ohren hörst. Sprich so, als ob das Kind dich tatsächlich hören kann. Sage ausschließlich wertschätzende Worte! Wenn du magst, sprich ein paar gute Wünsche aus.

Erweiterung: Wenn du in einen Dialog mit dem Kind treten magst, dann wechsle den Stuhl, nachdem du gesprochen hast: Werde zum Kind und sprich jetzt als Kind zu dir... wechsle so ein paar Mal den Platz. Ende auf deinem Platz.

Wenn du merkst, dass das Gespräch beendet ist, dann bedanke dich beim Kind und verabschiede dich von ihm. Wenn dir danach ist, schreibe dir deine Erkenntnisse auf. Mache dir bewusst, dass du so vieles in der Hand hast: Auf alle Fälle die Art und Weise, wie du in der Realität dem Kind gegenübertrittst!

Ernstzunehmendes Kindergespräch

Abends, wenn die Kinder schlafen, machen sich viele Eltern Gedanken über ihre Kinder. Warum hat es heute so viel geweint, warum streiten die Geschwister so viel, was können wir tun, damit unser Kind in der Schule besser mitkommt... das gesamte Kinderleben beschäftigt uns Eltern.

Eine wunderschöne Möglichkeit, über das Herz mit der Seele der Kinder ins Gespräch zu kommen, ist die Übung mit dem leeren Stuhl. Dazu muss nicht viel Vorbereitung getroffen werden, es reicht, wenn eine freie Sitzgelegenheit für das (schlafende) Kind hergeholt wird. Und schon geht es los – in entspannter und warmherziger Atmosphäre... Mit der Liebe zu diesem wundervollen Wesen im Herzen.

Kinder folgen unserem Beispiel

Viel müssen wir nicht machen, damit Kinder ihre Spiel-, Lern- und Entfaltungs-Räume selbst aktiv gestalten. Was wir tun müssen ist, dies bei uns selbst zu leben.

Es ist so, wie mit dem Schuhregal in unserer Kita in der *Erwachsenen*-Garderobe: Monatelang ärgerten wir uns über das Chaos in der *Kinder*-Garderobe. Jacken und Schuhe am Boden, vermisste Hausschuhe jeden Morgen, verlorene Spielsachen. Der

Fundkorb quoll jeden Monat über, trotz hervorragendem Engagement und Unterstützung der Eltern vom Elternbeirat. Eines Tages, als ich durch das Chaos in der Kindergarderobe weiter in die Erwachsenengarderobe gegangen war, fiel es mir wie Schuppen von den Augen: Chaos allüberall, sowohl in der Kinder- als auch in der Erwachsenengarderobe! Das schön gestaltete Schuhregal der Erwachsenen nahezu leer, die Straßenschuhe unordentlich davor, manche, über die schon jemand gestolpert war, irgendwo anders… Ich hängte ein freundliches Schild an unser Schuhregal: „Kinder sind Nachahmer. Danke für die Ordnung im Schuhregal", stellte die Ordnung schnell selbst her – und siehe da! Seither ist sowohl bei uns in der Erwachsenen-Garderobe als auch die Ordnung in der Kindergarderobe wesentlich besser. Natürlich übten wir weiterhin mit den Kindern, Ordnung herstellen, überlegten mit ihnen gemeinsam, wie es besser werden kann, zitierten sie immer dann wieder zurück in die Garderobe, um ihren Platz zu ordnen, wenn sie das mal vergessen hatten. Auch bezogen wir immer die gesamte Elternschaft mit Informationen und herzlichen Einladungen ein, hörten uns ihre Rückmeldungen und Empfehlungen an und setzten geeignete Empfehlungen gerne um. Es sind ja immer mehrere Dinge, die in der Kinderbegleitung zusammenspielen. Die Änderung unserer eigenen Gewohnheit gehörte jedenfalls auch dazu. Denn innerlich hatten wir unsere eigene Garderobe frisch und ordentlich gestaltet – und diese Einstellung schwappte nun automatisch auf die Kindergarderobe über.

Vorbild sein

Beobachte dich – tust du das, lebst du so, wie du es von deinem Kind wünschst?

Wenn nicht: Lächle und ändere dein Verhalten.

Neue Mitarbeiter*in gesucht

Vor einiger Zeit suchten wir für unseren Kindergarten im Wald eine neue Mitarbeiterin oder einen neuen Mitarbeiter. Es ist ja allgemein bekannt, dass viele Kitas neue Mitarbeiter*innen suchen – und eigentlich ist dies bei uns meist kein Thema. Doch diesmal dauerte es… Meine Kollegin gestaltete mit den Kindern den Raum vorab. In gemütlicher Runde, als sie alle in der Wald-Telos-Blume beisammensaßen, fragte sie, wie sie sich denn den neuen Menschen vorstellen, wie er oder sie sein soll. Die Kinder mussten nicht lange überlegen! Eine Seite schrieb meine Kollegin auf! Und das waren die Worte der Kinder: „ Jung – Lieb - Biegsam und schön - Lieb, schön und schöne Kleidung sollte er tragen - Witzig - Lieb und Buch lesen - Mädchen oder Frau - Manchmal Blumen im Haar - Mann - Lust auf die Entfaltung haben - Mit Kindern spielen und puzzeln - Vielleicht heißt der Mann Benjamin, Thomas oder Kevin - Frau könnte Joulie heißen - herzlich & einfühlsam - Er sollte gut bauen können - Baumhaus aus Paletten bauen mit uns Kindern - Soll stark sein - Fotos machen von Kindern und wie die Kinder spielen oder etwas bauen - Ein schöner Mann“.

Nur wenige Tage darauf meldete sich ein Mann und schickte uns seine Bewerbung! Wir luden ihn sofort zum Vorstellungsgespräch ein. Dieses fand natürlich im Wald statt. Es war ein wundervoller Moment, als meine Kollegin ihm die Wünsche der

Kinder vorlas… und kurz darauf ein Blatt leise auf seinen Kopf segelte und sich in seinen Haaren verfing. Wir waren sehr ergriffen, dass selbst der Wunsch mit der „Blume im Haar" erfüllt worden war!

Du kannst, du darfst – tue es in deiner Art

Es ist die Aufgabe der Erwachsenen, die junge Kinder auf dem Weg ihrer Entfaltung begleiten, jeden Augenblick aufs Neue zu achten, dass das Kind weder unter- noch überfordert wird. Überforderung ist, wenn das Kind etwas tun muss, was seinem Entwicklungsstand noch nicht entspricht und es dadurch das Gefühl entwickelt, dass es „zu klein" und „zu unfähig" ist, wenn es also überlastet wird. Wir unterfordern ein Kind, wenn wir es Dinge *nicht* tun lassen, die es (eigentlich) schon könnte, wenn wir das Kind einfach nur lassen würden. Auf Dauer schadet beides, sowohl Unter- als auch Überforderung: Und doch gibt es Kinder, die sich unbewusst entscheiden, beides gelassen über sich ergehen zu lassen, mit frohem Mut zu wachsen und zu lernen. Es ist also Aufgabe von uns Erwachsenen, uns immer wieder in das Kind einzufühlen, zum Kind zu werden. Dann merken wir am eigenen Leib, wie es dem Kind gerade geht.

Ich fliege im Leben

„Ihr habt mir Flügel gegeben – das war das Beste, was ihr tun konntet. Das Zweitbeste war, dass ihr mir Raum zum Fliegen geöffnet habt!

Meine ersten Flugversuche waren nur über eine bescheidene Strecke – ihr habt danebengestanden und über das ganze Gesicht gelacht. Das Strahlen eures Herzens hat mein Herz geweitet – immer wieder habe ich meine Flügel flattern lassen – ja, es ging!

Ich habe selbst die Erfahrung gemacht: Sie tragen! Meine Flügel sind stark.

Ich habe die Erfahrung machen dürfen: Wenn die Flügel erschöpfen, finde ich allein einen Landeplatz!

Euer Zutrauen hat mir Kraft gegeben, das Richtige zu tun. Ich durfte! Ich durfte selbst entscheiden, wo und wie ich Kraft schöpfe – bevor ich die nächste Flugrunde drehe!

Meist hatte ich das Gefühl, ihr seht gar nicht, wie jung ich bin – ich fühlte mich stark, weil ihr mich GROSS saht.

So habe ich mein Flugziel selbst gewählt. Manchmal habt ihr mir zwei oder drei zur Auswahl gegeben – so habe ich mich in der Fülle der Möglichkeiten nicht verlaufen.

Meine Flügel wurden stark, weil ihr mir Starkheit er-laubtet. Mein Flug wurde weit, weil ihr in mir die Weite saht.

Die Worte Überforderung, Angst, Misstrauen und Verwöhnung hattet ihr aus eurer Sprache gestrichen. Das war eine der größten Leistungen von euch! Mein Herz jubelte, als ich diese Weitung in Euch erspürte; als ich wahrnahm, dass ihr dies nicht nur verstanden hattet, sondern fühlend begriffen und erfühlt und mit Leben erfüllt hattet!

So sind meine Flügel nun WEIT und mein Flug um-spannt die Welt in ihrer vollkommenen Größe..."

2 Jahre älter bitte!

So schön es ist, wenn die eigenen Kinder älter werden, so unstet ist es gleichzeitig: Nie kann man sich darauf verlassen, dass das, was man gestern gemeinsam mit den Erwachsenen, die bei der Kinderbegleitung beteiligt sind (Mama, Papa, Kita-Erwachsene, Tagesmutter, Großeltern...) für das Kind besprochen hat, heute noch gilt. Eine ganze Nacht lag dazwischen!! Zeit genug für das Kind, einen Riesen-Entwicklungsschritt zu machen.

Vermutlich tappen mehr Kinderbegleiter*innen in die Falle, das Kind zu jung zu halten, es also zu unterfordern, als andersherum. Gut, dass die Kinder uns darauf aufmerksam machen und sich wehren!

Ich erinnere mich an viele Kinder in unserer Kita, die wir ganz bewusst „zwei Jahre älter" machten, als uns auffiel, dass sie irgendwie nerven, anstrengend sind und auf ihrer Meinung beharren. Wir sprechen bewusst nicht von „Trotz" oder gar von „Trotzphasen". Denn es ist unserer Erfahrung nach keine „Phase", die negativ konnotiert ist, sondern eine Zeit, in der das Kind sich selbst und der Umwelt zeigt: „Hier bin ich! Ich will und ich kann!" Das ist doch wundervoll! Das ist das Ziel von uns Kinderbegleiter*innen, dass ein Kind selbständig wird und seine Selbständigkeit lebt. Wie schön also, wenn ein Kind darauf aufmerksam macht, dass es schon so weit ist und um Aufgaben bittet, die seinem Entwicklungsstand entsprechen. Wie schön, dass das Kind auf diese Weise mithilft bei der Schulung auf seinem Weg ins Erwachsenendasein. Ich erinnere mich an eine Mutter, die seufzend zu mir ins Büro kam. „Frau Seiler! Es ist mal wieder so weit. Unser Kind ist wieder so anstrengend geworden. Es nervt einfach. Was können wir tun?" Ich lachte: „Ist es vielleicht mal wieder an der Zeit, dass Sie ihr Kind zwei Jahre älter machen?" – „Was? Schon wieder?!" stöhnte sie gespielt erschrocken. „Was machen wir denn dann, wenn sie zehn ist?!" Jetzt war das Kind fünf Jahre alt. Wir lachten beide. Und überlegten kurz, auf welchem Gebiet die Tochter nochmal zwei Jahre älter sein könnte, auf welchem Gebiet sie also Verantwortung für sich (und eventuell auch die Familie) übernehmen könnte, was noch nicht Aufgabe eines fünf-jährigen, aber eines 7-jährigen Kindes ist. Drei Tage später liefen die Mutter und ich uns beim Abholen wieder über den Weg: „Passt alles!" rief sie mir zu. „Vielen Dank! Sie haben uns wieder einmal die Augen geöffnet, dass unser Kind einfach nicht stehenbleibt, sondern sich immer weiterentwickelt und dazu lernt."

Kinderlernlust

Was ist es, auf das dein Kind zurzeit Lust hat, es zu lernen? Freue dich an der Neugierde des Kindes! Gib ihm Raum dafür – *und* achte die Grenzen der anderen, achte auch auf deine Nerven und dein Ruhebedürfnis, die Zerbrechlichkeit von Gegenständen...

Traue dir und dem Kind zu, dass es Grenzen aushält. Verwende hier bei Bedarf die Wahlmöglichkeiten (siehe unten).

Immer wieder sitze ich mit Eltern in meinem Büro, wo wir gemeinsam überlegen, welche Aufgaben das Kind (noch) übernehmen kann. Immer wieder mache ich die Erfahrung, dass es hier niemals Pauschal-Vorschläge gibt: Was für das eine Kind eine viel zu große Herausforderung (und damit Überforderung) wäre, ist für das andere viel zu langweilig und kindisch. Und immer müssen wir Erwachsenen beachten, ob das Kind einer Aufgabe tatsächlich auch in Bezug auf seine Gehirn- und körperliche Entwicklung gewachsen ist! Es hat keinen Sinn, einem jungen Kind zu erlauben, dass es am Sonntag allein zum Bäcker geht, um die Sonntags-Semmeln zu kaufen, wenn der Weg über eine befahrene Straße geht! Auch, wenn dies noch so sehr bittet und bettelt, dass es dies machen darf. Es heißt, dass Kinder bis 10 Jahre in Bezug auf ihre Gehirnentwicklung nicht abschätzen können, wie schnell ein Fahrzeug auf sie zukommt! Allein zum Bäcker gehen geht also nur bei entsprechenden Straßenverhältnissen – *und*: Wenn dies gemeinsam mehrfach geübt wurde! Erst gemeinsam, dann ein paar Mal, indem Mama oder Papa mit Wissen des Kindes in Rufweite hinterhergehen, sodass sie verbal noch einschreiten könnten. Um der Gefahr von Übergriffigkeiten Fremder zu entgehen, gibt es eine gute Möglichkeit: Kinder machen sich gemeinsam auf den Weg. Achtung: Sie müssen lernen, dass sie sich auf den Weg konzentrieren und nicht miteinander spielen!

Andere Möglichkeiten, dass ein Kind zwei Jahre älter werden kann, als es ist, bietet die gesamte Palette am Familien- oder Kita-Leben:

Alles, was Kinder irgendwann einmal können (sollten), könnten sie auch ein, zwei Jahre früher lernen:

Die eigene Kleidung *so* aussuchen, dass sie zum Wetter *passt* (dafür müssen sie nach und nach selbständig herausfinden, wie das Wetter wird: Den Wetterbericht im Radio hören; die Oma fragen, ob sie den Wetterbericht gehört hat; die Mama fragen, was die Wetter-App anzeigt; aufs Thermometer oder Hygrometer schauen; Wetterphänomene wie Wolken, Wind und das dazugehörige Körpergefühl für Wetterveränderungen nach und nach richtig interpretieren… es gibt zig Wege, das kommende

Wetter vorauszusehen. Das Kind darf durchaus mehrere lernen und nach und nach seine Lieblingsmethode anwenden.) Oder: Lernen, wenn man die unpassende Kleidung ausgewählt hat oder das Wetter sich anders entwickelt hat, als erwartet, seine Kleidung im Laufe des Tages anzupassen: Mehr anziehen oder zu viel Kleidung ausziehen. Woran merken wir Erwachsenen das denn? Wir fühlen es an unserem Körperempfinden, wenn wir schwitzen oder frieren. Dies dürfen Kinder lernen. In der Kita arbeiten wir mit dem „Finger-Nasen-Test", den wir uns im Laufe der Jahre ausgedacht haben.

Das ist der Finger-Nasen-Test, um Kindern dabei zu helfen, die passende Kleidung anzuziehen: Das Kind (ab dem Zeitpunkt, in dem wir Erwachsenen es schaffen, diese Verantwortung nach und nach loszulassen) entscheidet sich für eine Kleidung. Auch, wenn wir Erwachsenen wissen, dass diese wirklich unpassend ist für das jetzige Wetter, fragen wir höchstens nach: „Bist du dir sicher, dass du heute eine Leggings brauchst?", lassen das Kind jedoch gewähren. Je nach „falscher" Kleidung, also je nachdem, wie lange es dauert, bis das Kind einen körperlichen Schaden nehmen könnte, gehen wir früher (nach wenigen Minuten) oder später (nach vielen Minuten) zum Kind, um den Zeitpunkt zu erwischen, *bevor* es wegen Kälte oder Hitze krank werden könnte. Bei Hitze fragen wir: „Darf ich mal an deinem Rücken fühlen?" Wenn wir fühlen dürfen und Schweiß oder Hitze spüren, sagen wir: „Ui, du schwitzt." Oder wir machen es auf die Schweißtropfen auf seiner Stirne aufmerksam, die es fühlen kann. „Magst du wissen, warum du schwitzt?" Kinder sind neugierig. Kinder, die diesen Satz noch nicht gehört haben, wollen wissen, warum. Die anderen wissen die Antwort schon und müssen und wollen sie nicht nochmal hören – wäre ja langweilig. „Du schwitzt, weil dein Körper dir hilft, dich vor Überhitzung zu schützen. Mit dem Schweiß kühlt er dich ab. Das ist anstrengend für den Körper, wenn du zu wenig trinkst. Du kannst deinem Körper auch helfen. Magst du das?" Meist wollen das die Kinder. „Dann zieh etwas aus (oder trinke etwas – oder beides)." Kinder, die die Erfahrung gemacht haben, dass unsere Aussagen ehrlich sind und der Wahrheit entsprechen, also dass wir verlässlich sind, kümmern sich nun um sich. Ich weiß, dass es wohl ein bestimmtes Alter gibt, *ab* dem die Kinder rein biologisch zum Wahrnehmen der Temperatur in der Lage sind. Ehrlich gesagt: Ich kenne dieses Alter nicht und es ist mir auch egal. Denn meine Verantwortung ist es, die Kinder auf dem Weg zu begleiten, sich selbst um die passende Kleidung zu kümmern, sodass sie gesund bleiben. Indem ich mich in sie hineinversetze, merke ich, ob sie meine Aussage überfordert oder ob sie etwas damit anfangen können. Falls ich ahne, dass ich sie überfordern könnte, dann entscheide ich mit ihnen gemeinsam, indem wir zusammen die jetzt passende Kleidung herausfinden – das ist dann ein wundervolles „Experiment" des Lebens.

Wenn es kalt ist und das Kind sich zu wenig angezogen hat, dann fragen wir: „Darf ich mal deine Nase und deine Fingerspitzen fühlen?" Auch hier gilt: Kinder, die das schon kennen, fühlen dann meist selbst an ihrer Nase oder rennen schon von sich aus ins Haus, um eine Jacke oder Mütze zu holen. Nur wenige Kinder seufzen genervt auf. Dann merken wir, dass das Kind zurzeit allgemein unbewusst *meint*, es sich also die unbewusste Meinung gebildet hat, dass es momentan grundsätzlich für sich zu wenig entscheiden darf. Dieses Kind braucht dann an anderer Stelle die Möglichkeit, genau diese Erfahrung machen zu können. Die Kinder, die noch nie vom Finger-Nasen-Test gehört haben, wollen neugierig wissen (weil ich genau davon ausgehe, dass sie es neugierig wissen wollen), was es damit auf sich hat. „Dein Körper ist klasse! Er hilft dir, das Wichtigste in deinem Körper zu schützen! Das ist nämlich dein Herz. Wenn das Herz schlägt, geht es dir gut. Damit es schlagen kann, muss es schön warm sein. Dazu braucht es Blut um sich herum. Schau," – ich zeige es am Körper des Kindes oder meinem Körper – „das ganze Blut geht hierhin, zum Herzen, und aus den Fingern und der Nase weg." Die Kinder staunen. „Magst du deinem Körper helfen?" Ja klar wollen sie das. „Dann zieh dir was Warmes an." Manche schlauen Kinder ziehen dann nur Handschuhe an, weil dann ja vermeintlich die Finger wieder warm werden. Dann erkläre ich vom Wärme-Punkt am Scheitel des Kopfes. Wenn da eine Mütze drauf sitzt, bleibt die ganze Wärme im Körper. Wenn gar der gesamte Oberkörper durch eine Jacke geschützt wird, wird umso mehr Wärme hergestellt. Seit wir mit dem Finger-Nasen-Test (und dem „Rücken-Schweiß-Test") arbeiten, lernen die Kinder sehr schnell, auf ihre eigene Temperatur Rücksicht zu nehmen.

Leider fehlt manchen Eltern wohl das Vertrauen in das Vermögen des Kindes, gut auf sich aufzupassen. Dann versuchen wir, mit den Eltern vertrauensvoll ins Gespräch zu kommen. Und manchmal gibt es Kinder, die mogeln sich um den Finger-Nasen-Test herum: Wir haben dann den Eindruck, dass sie gerne mal „krank" sein möchten, um wieder einmal einen Tag zu Hause allein bei Mama oder Papa sein zu können. Dieses oft berechtigte Bedürfnis sprechen wir auch bei den Eltern an. Sobald dies wieder befriedigt wurde, sind die Kinder auch wieder bereit dafür, die Eigenverantwortung für ihre Gesundheit in Bezug auf die richtige Kleidung im Garten *richtig* zu übernehmen.

Der Finger-Nasen-Test

Das Kind entscheidet, was es anzieht – einige Zeit später fühlst du sachlich-neutral die Finger und die Nase des Kindes. Bei Kälte erkläre ihm kurz und bildhaft die Funktion des Herzens und wie sich sein Körper vor Kälte schützt. Lasse das Kind auf eine wärmende Lösung kommen! Bei jungen Kindern hilf behutsam mit, sodass es (fast) allein auf seine Lösung kommt!

Entsprechend bei Hitze.

Wer die Wahl hat, darf entscheiden

Kinder wollen die Erfahrung machen, dass sie „schon groß" sind. Ich erinnere mich an viele Kinder in unserer Kita, die immer und bei allen Tätigkeiten mithelfen und mitmachen wollen. Wenn sie dies dürfen, wenn die Kinder auch richtig merken, dass ihre Hilfe willkommen ist und vor allen Dingen tatsächlich gebraucht wird, dann werden sie „groß". „Magst du mir helfen?" ist ein wundervoller Satz, wenn er in dieser Absicht ausgesprochen wird.

Die meisten Kinder merken allerdings, wenn wir diesen Satz unehrlich aussprechen und meinen; wenn wir nur tricksen, damit sie endlich mal mithelfen; oder wenn wir sie nur mithelfen lassen, damit sie sich „ermutigt" fühlen und ihr Selbstwert aufgebaut wird. Dann verweigern sie sich – zu Recht. Denn dann ist es keine gemeinsame Handlung in gleichwertiger Haltung und Liebe zu diesem Tun, sondern dann ist es „Er-Ziehung" oder „Ermutigung durch unehrliches Handeln", ich will was und ziehe oder schiebe am Kind, das dies aus irgendeinem Grund nicht tun will. Dann gleicht die Bitte um Hilfe beinahe einem verlogenen Trick.

Es gibt Dinge, die müssen Kinder tun und lernen. Auf alle Fälle müssen sie alles vermeiden lernen, was ihr Leib und Leben in Gefahr bringen könnte (zum Beispiel besteht die Anschnall-Pflicht im Auto), aber davon spreche ich jetzt nicht. Ich spreche von den Dingen, bei denen es nicht ganz so wichtig ist, wann und auf welche Weise das Kind dies lernt. Hier gehört zum Beispiel dazu, seine Anziehsachen aufzuräumen, schmutzige Wäsche in den Wäschekorb zu legen, beim Tisch decken mitzuhelfen, Lebensmittel, die das Kind verbraucht, wieder auf den Einkaufszettel zu schreiben – dies sind also Situationen, die die gesamte Gemeinschaft (der Familie oder der Kita) betreffen. Nicht gemeint sind hier Dinge, die nur das Kind betreffen – dazu gehört meiner Erfahrung nach, wann und wie das Kind seine Hausaufgaben macht, denn diese sind ja Aufgaben des Kindes in Zusammenarbeit mit der Schule oder in welcher Weise das Kind sein eigenes Zimmer (oder seinen eigenen Bereich im Kinderzimmer) ordentlich hält. In dem Moment allerdings, in dem die Sauberkeit des Kinderbereiches den Wohnbereich der Familie oder der anderen Geschwister beeinflusst, geht es wieder die Gemeinschaft an.

Kinder, die etwas für die Gemeinschaft lernen sollen, fühlen sich gut, wenn sie dies zu einer Zeit lernen dürfen, in der sie Lust dazu haben.

Es gab eine Zeit, in der unser ältester Sohn als sehr junges Kind Lust hatte, beim Tisch decken mitzuhelfen. Diese Lust hatte er, weil es mir recht war, dass er die Dinge, die auf den Esstisch gehörten, kunstvoll im Gleichgewicht auf ein Tablett lud, das auf seinem Spielauto stand. Damit fuhr er von der Küche zum Esstisch, stellte alles auf den Tisch, auf den er damals als Kleinkind kaum hinaufschauen konnte, steuerte sein Auto zurück und holte die nächste Ladung. Ich nehme an, er hat dadurch zwei Dinge gelernt: Seine Mithilfe ist willkommen – auf die Weise, die er gut findet (und die weder den Dingen, die auf den Tisch mussten, noch mir schadeten). Und sein Erfindergeist wurde angeregt. Noch heute, als Erwachsener, erfindet er gerne praktische Dinge und hilft gerne mit.

Diese beiden Punkte werden ebenso bei dem pädagogischen Handwerkszeug „Wahlmöglichkeiten" beachtet: Der Erfindergeist des Kindes wird angeregt – und die Mithilfe ist willkommen. Und dazu kommt noch: ...die Mithilfe des Kindes ist willkommen auf *diese besondere, einzigartige Weise* des Kindes. Und auch …. nicht nur Willkommen, sondern unabdingbar. Insofern könnte dieser Punkt „Wahlmöglichkeiten" auch im späteren Kapitel stehen, wo es um Regeln und Grenzen geht. Es gibt, wie gesagt, bestimmte Dinge, die ein Mensch machen muss, ob er dies will oder nicht. Menschen, egal welchen Alters, tun dies meist dann gerne, wenn sie diese Notwendigkeit aus sich heraus erkannt haben. Viele Menschen tun etwas gerne für die Gemeinschaft (dazu gehört es zum Beispiel, die Garderobe ordentlich zu halten), weil sie nicht nur selbst Ordnung lieben, sondern tatsächlich wirklich gerne wollen, dass es auch anderen gut geht. Wenn dazu noch anerkannt wird, dass sie anderen mit dieser Handlung „gefallen" können (einen Gefallen tun können, indem sie ihre Individualität zum Ausdruck bringen können), dann ist es gelungen, die Einzigartigkeit dieses Menschen in der Gemeinschaft zu leben. Auch Kinder lieben es, wenn ihre Einzigartigkeit innerhalb der Gemeinschaft erkannt wird!

Wahlmöglichkeiten haben ein bestimmtes Ziel vor Augen, zum Beispiel den aufgeräumten Rucksack in der Kita. Aufgeräumt ist er dann, wenn er am Taschenwagen hängt. Es dauerte tatsächlich eine Zeitlang, bis wir in unserer Kita erkannt haben, dass die Kinder nur dann ihre Rucksäcke aufhängen können, wenn es dafür genügend Haken am Taschenwagen gibt – manchmal ist man einfach betriebsblind. Da dies auch mit zwei Taschenwagen nicht gegeben war, kam uns letztendlich die Idee, dass die

Vorschulkinder ihre Rucksäcke auch unten an ihren Gardero-benhaken hängen können. Das sind die Fakten, die Regeln in unserer Kita. Es ist somit nun für alle Kinder möglich, ihre Rucksäcke ordentlich aufzuräumen – und das ist auch das Ziel. Eine Wahlmöglichkeit muss also ein Ziel haben, das gelebt werden *kann*. Dieses Ziel zerlegt die begleitende Erwachsene nun in zwei Teilschritte – aber nur dann, wenn das Kind zunächst nicht bereit ist zur Mithilfe (weil sonst die *Methode Wahlmöglichkeiten* überstrapaziert wird). Und immer geht die Erwachsene davon aus, dass das Kind mithelfen wird (auch, wenn es momentan nicht so aussieht). Wenn die Erwachsene aus irgendeinem Grund diese Annahme nicht teilen kann, wenn sie innerlich davon ausgeht, dass das Kind nicht zur Mithilfe bereit ist, dann ist diese Situation auch nicht geeignet für die Methode Wahlmöglichkeiten. „Trägst du deinen Rucksack am Rücken zum Taschenwagen oder in der Hand?" fragt die begleitende Erwachsene ganz ruhig, sachlich und selbstverständlich neugierig – und hat damit das Ziel (Rucksack aufräumen) in zwei Möglichkeiten zerlegt. Allein an der Art, wie ich diese erste Frage bei einer Wahlmöglichkeit stelle, merke ich bei mir selbst immer, ob ich der Situation durch die Methode Wahlmöglichkeit gerecht werden kann. Denn wenn ich innerlich schon koche vor Wut, weil das Kind schon wieder einmal nicht...!!!, dann kann ich die Wahlmöglichkeiten vergessen. Wenn ich aber sachlich bin und bleiben kann, wenn ich also gerade mal kein Trigger-Thema habe, dann geht es so weiter: Möglicherweise wird das Kind weder das eine noch das andere tun wollen. Vielleicht wird es bockig schweigen. „Dann entscheide ich das" antwortet die Erwachsene ruhig. „Du trägst ihn heute in der Hand." Schweigend wartet die Erwachsene auf die Reaktion. (Wenn jetzt natürlich das Handy bimmelt oder ein Geschwister auf der Toilette-sitzend den Popo abgeputzt bekommen möchte, brauche ich gar nicht weiterzumachen mit den Wahlmöglichkeiten.) Der nächste

Schritt kommt in aller Ruhe, wenn das Kind immer noch nicht zur Mithilfe bereit ist. Dann wird *der* Teilschritt, den *die Erwachsene entschieden hat*, wieder in zwei Teile zerlegt, der uns dem Ziel näherbringt – auch, wenn das Kind bisher überhaupt nichts in diesem Sinne getan hat, also noch genauso dasteht, wie am Anfang. „Du trägst ja den Rucksack in der Hand – da frage ich mich, ob du ihn in der rechten oder in der linken Hand trägst?" Vielleicht kontert das Kind, das nun spürt, dass es der Erwachsenen diesmal wirklich ernst ist, vehement: „Ich trage ihn gar nirgends wohin!!!" Auch jetzt kann das Mittel Wahlmöglichkeiten nur weitergehen, wenn die Erwachsene immer noch ganz sicher ist, dass das Kind letztendlich mitmachen wird – *und* wenn sie immer noch innerlich wirklich ruhig ist. Und das ist sie nur dann, wenn sie kein eigenes Thema damit hat, wenn das Kind ihr nichts spiegelt. Dann kann sie weitermachen. „Nun ja, dann entscheide ich wieder. Du trägst den Rucksack in der *rechten* Hand." Und wieder wartet die Erwachsene in der Annahme ruhig ab, dass das Kind den Rucksack nun an den Taschenwagen hängen wird. Ich habe es oft erlebt, dass Kinder dann meine Ernsthaftigkeit annehmen und leise maulend den Rucksack aufräumen. Wenn sie dies tun, muss ich ganz ruhig *Danke* sagen. Ich darf auf keinen Fall das Kind irgendwie bewerten, weder im Positiven „Du bist super! Du räumst auf!!", noch im Negativen „Hab ich's doch gleich gesagt, dass du es tun wirst." Ich muss bis zuletzt einfach ganz ruhig und *sachlich am Thema* Rucksack-Aufräumen *bleiben*. Falls das Kind immer noch nicht mitmacht, zerlege ich den von mir entschiedenen Teilbereich wieder in zwei Abschnitte und so fort. Es mag der Zeitpunkt kommen, in dem der Erwachsenen nichts mehr einfällt. Ich habe das Gefühl, manche Kinder warten genau darauf. Nur, wenn und weil die Erwachsene locker und sachlich am Thema ist (also keine eigene belastende Emotion damit hat, die ihr den Blick vernebelt) kann sie jetzt herumschauen und in der Umgebung entspannt nach

Anregungen suchen, die ihr ins Auge fallen und ihr damit einen neuen Einfall schenken. Und jetzt kann es durchaus lustig werden. Mir fallen oft Tiere ein, die nun ins Spiel kommen. Elefanten-Nasen können den Rucksack am Arm, der nun ein Rüssel wird, aufhängen. Ameisen können mit vereinten Kräften den Rucksack hochhieven. Schnecken können den Rucksack wie ein Schneckenhaus gaaanz langsam zum Haken bringen. Leoparden können in irrwitziger Geschwindigkeit zum Taschenwagen rennen. Auch Raketen, Autos, Fahrräder können hilfreich sein, ebenso Eierkocher, Pinsel, Tesafilm, Wischlappen oder sonstige Haushaltsutensilien, und auch Farben (sagt bloß, ihr habt noch keine blaue Farbe einen Rucksack aufräumen sehen?). Ab einem gewissen Punkt ist es absolut unwichtig, ob das geht oder nicht. Denn hier ist – siehe oben – der Erfindergeist des Kindes angesprochen und zwar auf seine, und meine, einzigartige Weise! Es geht an diesem Punkt beinahe nicht mehr um den Rucksack (das Thema), sondern darum, welch kindlich lustige Einfälle der Erwachsenen noch in den Sinn kommen. Wenn der Rucksack dann aufgeräumt ist, lachen Erwachsene und Kind sich freundlich an und gehen wieder ihrer Wege. Es wird *keine* Belehrung gegeben. Die Situation bleibt einfach so stehen und darf noch wirken. Denn es passiert hier so unglaublich viel, was wir einfach kaputt machen würden, wenn wir darüber reden. Es ist die Würde des Kindes erhalten worden; ebenso die Würde der begleitenden Erwachsenen; ebenso die Würde des Themas (hier der Ordnung und der Wertschätzung des Rucksacks); ebenso die Würde der Gemeinschaft (die die Ordnung im Haus liebt). Die Würde und die Wertschätzung von so vielen darf einfach wirken.

Ein Ausstieg aus den Wahlmöglichkeiten ohne Erfolg gehabt zu haben, ist kein Zeichen von pädagogischer Schwäche oder Niederlage, sondern das ehrliche und wahrhaftige Gespür, dass die Wahlmöglichkeiten heute und hier nicht passen. Manchmal ist es einfach nicht die Zeit, dem Kind etwas zu vermitteln. Dann hänge ich den Rucksack selbst auf, ohne dass mir „ein Zacken aus der Krone fällt". Wenn mir doch ein Zacken aus der Krone fällt, dann sollte ich mir wohl überlegen, warum das so ist... was mir (oder wem anderen) die Situation spiegeln möchte.

Wahlmöglichkeiten

Wende die Wahlmöglichkeiten an, wenn du durch das kindliche Verhalten *nicht* getriggert, wenn du also einigermaßen entspannt bist.

Was ist das Ziel, was soll das Kind tun oder nicht tun? Zerlege dieses Ziel in zwei Möglichkeiten. Das Kind darf eine wählen – wenn es nicht wählt, entscheidest du dich für eine dieser beiden Möglichkeiten. Zerlege jeweils *diese* und wieder die *nächste* gewählte Möglichkeit weiterhin je zwei Möglichkeiten. Sei neugierig und offen auf die Reaktion des Kindes – und auf deine Fantasie! Mache ein Spiel daraus. Sobald du selbst im Spielmodus angekommen bist, fällt es dem Kind leicht, mitzuspielen!

Wichtig ist bei der Methode Wahlmöglichkeiten nicht, dass sie korrekt bis zu Ende angewendet wird. Wichtig ist die Haltung mir, dem Kind und dem Thema gegenüber: Wertschätzung!

Wie ich in den Wald hineinrufe, schallt es mir entgegen – lebendige Kommunikation

Ich lernte schon Klavier spielen, als ich noch nicht in der Schule war. Von meiner damaligen Klavierlehrerin habe ich einen guten Satz gelernt: Ich soll im Jetzt Klavier spielen, mir gleichzeitig zuhören, was ich soeben (in der Vergangenheit) gespielt habe, um das vorzubereiten, was ich gleich (in der Zukunft) spielen werde. Genauso ist es doch in der Begleitung von Kindern! Es ist hilfreich, wenn ich mir zuhöre, was ich soeben zu den Kindern sage und mich gleichzeitig in die Kinder einfühle, um zu merken, wie meine Worte ankommen. An ihrer Reaktion merke ich dann ebenfalls das Ergebnis meiner Worte.

Wie schon weiter oben beschrieben, haben wir uns in unserer Kita eine Zeitlang sehr intensiv damit beschäftigt, wie unsere Worte wirken. Seither bin ich, was Worte und Stimmmelodie anbelangt, sehr hellhörig. Manchmal sitze ich bei offener Bürotür am PC bei der Arbeit und höre zufällig, wie Eltern dabei sind, ihre Kinder – vergebens – zum Heimgehen oder zur aktiven Mithilfe beim Suchen ihrer Utensilien zu überreden. „Kommst du jetzt bitte?" fragen sie freundlich – und das Kind kommt nicht. Eigentlich ist das doch ein sehr schöner Satz, den die Eltern sprechen. Ja, eigentlich schon. Der Satz ist freundlich, das hört man auch an der Stimmlage der Eltern. Innerlich spüre ich jedoch auch Erschöpfung oder Ärger. Die Stimmmelodie und die Worte können das nicht übertünchen. Das Kind nimmt diese Gefühle der Eltern auch wahr. Und: Der Satz ist eine Frage. Auf Fragen kann man Antworten geben. In diesem Fall „ja" oder „nein". Der Satz ist gleichzeitig auch eine Bitte, was das Wort „bitte" am Ende signalisiert. Auch Bitten kann man mit „nein danke" beantworten. Das ist vielleicht nicht ganz die höfliche Art, jedoch häufig eine sehr ehrliche. Ich habe oft das Gefühl, dass Kinder auf die natürlichste Art eine ganz ehrliche Antwort geben, indem sie dieser Wischi-Waschi-Anweisung ihrer Eltern nicht Folge leisten. Denn: Was sie wahrnehmen, vermittelt ihnen? Genau: Wischi-Waschi, also etwas Unklares. „Sind die Eltern jetzt müde und erschöpft?" denkt das Kind vielleicht. „Oder ärgerlich, auf mich, das Kind? Oder brauchen sie meine Hilfe, weil sie ja eine Bitte aussprechen?"

Das Kind macht das, was ein Kind ganz oft braucht: Es verschafft sich und der Situation Klarheit. Es übernimmt das Ruder der Situation. Es entscheidet für sich, dass es diese Wischi-Waschi-Situation nicht weiter aufrechterhalten möchte. Es gibt den Ton an. Es kommt also nicht mit. „Hier, wo ich gerade bin, ist es sicher. Hier weiß ich, wo ich bin und was los ist."

Ein Satz, der dem Kind Sicherheit vermittelt, an den es sich anlehnen kann, auf den es vertrauen kann, muss also klar sein und zwar innerlich gefühlt klar. Er muss mit wenigen einfachen Worten ausdrücken, um was es geht. Er kann durchaus liebevoll und freundlich klingen, auch wenn er nur wenige Worte verwendet. „Komm jetzt. Wir gehen heim." Wenn dabei die Stimme freundlich zugewandt, ohne Druck und dafür Sicherheit-gebend klingt, dann ist auf der Ebene der Sprache alles getan, um dem Kind das Gefühl zu geben, dass der Erwachsene wirklich weiß, was jetzt zu tun ist. Ein klarer Rahmen wurde benannt. Die Haltung des Erwachsenen gibt dem Kind Halt.

Ebenso ist es mit Verneinungen. Diese Beispiele sind ja mittlerweile hinlänglich bekannt: Das Gehirn hört keine Verneinungen. „Stell dir den Eifelturm jetzt nicht vor" – und schon sehen wir den Eifelturm vor uns. „Renne nicht!" – das Kind hört „renne" und läuft los. „Fall nicht runter!", „schneide dich nicht in den Finger!" – das Kind hört „fall runter" und „schneide dich in den Finger!" Es ist schon sehr interessant, was wir

Kinderbegleiter*innen Kindern für Ansagen machen, wenn wir leichtsinnig sind. In diese Kategorie gehören auch alle Konjunktive. Zum Beispiel: „Du könntest jetzt aufräumen." – „Ja", denkt das Kind, „das könnte ich wohl, wenn ich wollte…".

Das Wort „muss" ist von besonderer Bedeutung. Die Individualpsychologie möchte das Wort „müssen" gerne vermieden haben. Denn es kann Druck und die Botschaft übermitteln, dass das Kind minder- und nicht gleichwertig behandelt wird. Ich habe mich dafür entschieden, das Wort „müssen" nur dann zu verwenden, wenn es sich um eine ganz klare Aufforderung für die Zukunft handelt. Das Wort „müssen" ist fehl am Platz, wenn ich mich mit dem Kind bereits in einer gefährlichen Situation befinde. Wenn das Kind oben am Baum, für mein Sicherheitsgefühl viel zu weit oben, hockt und ich sage „Du musst weiter herunterkommen!" klingt dies viel weniger klar als der Satz „Komme jetzt runter!". Beim ersten Satz wird der „Befehl" an einen „Untergebenen" spürbar – das Kind, das ein Thema mit *Anordnungen widerspruchslos annehmen* hat, wird hier eine gute Möglichkeit wittern, zu widersprechen, also oben zu bleiben. Beim zweiten Satz ist einzig die Aufforderung zu hören. Wenn ich aber vorab mit dem Kind vereinbare, wie weit es auf den Baum klettern darf, dann ist das Wort „müssen" richtig: „Du kannst bis zu dieser Astgabel mit dem dicken Knubbel klettern. Auf dieser Höhe musst du bleiben."

Gerne höre ich mir auch selbst zu, wie meine Stimme, meine Sprachmelodie klingt. Am Ende eines Kita-Tages ist meine Stimme manchmal etwas rau, wie eingestaubt. Wenn ich dann meine Stimme melodiös klingen lassen will, geht in den Höhen gar nichts mehr. Dann merke ich, dass ich an diesem Tag angespannt war und frage mich, an welcher Stelle des Tages ich die Abzweigung zur Entspannung verpasst habe. Bei mir sind das oft

Situationen, in denen ich meinte, ich müsse das meiste selbst machen – obwohl doch ein ganzes Kita-Team hinter mir steht und nur darauf wartet, endlich selbst aktiv werden zu dürfen. Wenn mir dies bewusst ist, *muss* ich weniger reden, weil wir, das Team, uns ja abwechseln und weil die Kinder meine Entspannung nun fühlen und deshalb gerne zur Mitarbeit bereit sind. Mit einem entspannten Menschen arbeitet jeder Mensch gerne zusammen, auch Kinder. Im entspannten Zustand kann ich meine Stimme variabel und flexibel einsetzen – vielmehr: Meine Stimme macht das dann ganz von allein. Sie spielt dann mit mir und den Worten. Sie jongliert meine Worte wie Bälle kunstvoll in der Luft herum. Sie tanzt. Kinder tanzen auch gerne. Tanzende Worte und tanzende Kinder sind ein Genuss! Meine Stimme ist für mich ein guter Gradmesser für meine eigene Stimmung. An Tagen, an denen es mir gelingt, mir gut zuzuhören und die richtigen Schlüsse aus meiner Stimm-Melodie zu ziehen, ist sie mir ein guter Ratgeber! Sobald meine Stimme anfängt, sperrig zu klingen, halte ich inne und frage mich, was mit mir los ist. „Du musst doch nicht alles alleine machen" sagt dann meist freundlich meine *innere* Stimme. Dann lasse ich los und gebe ab. Wenn keine meiner Kolleg*innen da ist, sind es die Kinder, die gerne bereit sind, Verantwortung zu übernehmen (in dem Maße, das ihnen zusteht und das sie tragen können, ohne sie zu überlasten).

Höre dir zu

Wie hast du soeben gesprochen? Welche Worte hast du verwendet? Wie war deine Stimme? – Soll das so sein, entspricht es dir? Wenn nein: Nimm erstmal nur eines dieser Themen, das du ändern möchtest. Gib dir Zeit.

Verantwortung loslassen

Lange Zeit dachte ich, ich müsste viel selbst machen in der Kita. Natürlich wollte ich, dass meine Mitarbeiter*innen die Kinder so begleiten, wie ich es mir vorstelle. Nur, anstatt es sie machen zu lassen und hinterher mit ihnen zu reflektieren, ließ ich sie gar nichts machen. Was zur Folge hatte, dass bei vielen Telos-Blumen (Versammlungen), vielen Festen und Veranstaltungen ich diejenige war, die durch das Programm führte. Irgendwann habe ich es verstanden: Wenn ich möchte, dass auch andere die Telos-Entfaltung lernen, dann *muss* ich loslassen, dann *muss* ich sagen, wie ich es gerne haben möchte, dann muss ich mir anhören, wie es die anderen machen möchten und offen darüber sprechen, wenn ich das nicht passend finde. Und dann *muss* ich letztendlich die anderen machen lassen. In der anschließenden Reflexion besprechen meine Kolleg*innen und ich gerne, wie ihnen etwas gelungen ist, was noch wie verbessert werden kann und ermuntere sie dadurch, weitere Aktivitäten in Zukunft selbst zu managen – entsprechend einer leichtgängigen Entfaltung.

Wie soll die Kinderbegleitung sein?

Besprich dich vorab mit den dafür wichtigen Personen (beide Eltern; Kita-Teams...).

Unterschiede dürfen sein und müssen benannt sein.

Wo unterscheidet ihr euch?

Ich will auf meine eigene Nase fallen!

Es muss sehr anstrengend sein für Kinder, sich dafür einzusetzen, dass sie die Folgen ihres Handelns auch wirklich hautnah erleben dürfen. So oft werden sie von uns Erwachsenen davon abgehalten! Dabei wäre es doch gerade so schön, in dieser Pfütze herumzutapsen, die Mathe-Hausaufgabe mit falschem Ergebnis abzugeben, ein bisschen zu frieren, weil nur die dünne Jacke drübergezogen wurde oder Widerspruch von „klügeren" Kindern zu erhalten.

Ein bisschen Verständnis sollten unsere Kinder aber auch uns Erwachsenen entgegenbringen: Es ist doch auch für uns Kinderbegleiter*innen wirklich sehr anstrengend, mit anzusehen, wie unsere Kinder auf ihre Nasen fallen (symbolisch). Außerdem sind dann wir Erwachsenen diejenigen, die ihnen das Blut abwischen… (auch das symbolisch). Oder ist es für uns nur deshalb unangenehm, weil wir unser eigenes Blut aus der Nase tropfen fühlen? Selbst die nassen Füße spüren, ein bisschen frieren oder uns sogenannten Besserwissern unterlegen fühlen?

Lebendiger Raum

„Es war mein Raum, den ihr mir überlassen habt. In ihm schaltete und waltete ich als freies, schöpfendes Kind. Grenzen gab es, natürlich. Ich sah sie in der Ferne, sie waren mir klar. Sie gaben mir Sicherheit in der gefühlt ewigen Weite der Entfaltung.

Es war nicht so, dass ihr meinen Raum von jeglicher Gefahr befreit habt – nein, es gab Ecken und Kanten, an denen ich mich gestoßen habe.

Gereinigt war der Raum von euren Themen, befreit von eurer Last. Umhüllt war mein Raum mit eurer Liebe, mit eurer Entfaltung.

So lebte ich meine Freiheit – wie ich sie heute lebe. Weil ihr im rechten Moment meinen Raum in seine Freiheit entlassen habt…"

Perfekt sein müssen muss nicht sein

Nur wer selbst schon mehr als einer Handvoll Kinder unter drei Jahren dabei geholfen hat, die Winter-Draußen-Anziehsachen anzuziehen, weiß, wovon ich rede: Man hat das Gefühl, dass es jetzt ganz schnell gehen sollte, damit die Kinder, die schon angezogen sind, keinen Hitzeschlag bekommen und die anderen, die noch auf Hilfe warten, in ihrer Unruhe keinen Blödsinn anstellen. Was liegt da näher, als alle Kinder ruck-zuck selbst schnell anzuziehen! Dann kann nichts passieren, weder ein Hitzestau noch eine Rangelei oder eine Unordnung in der Garderobe von Kindern, die wartend beginnen, die herumliegenden Sachen umzusortieren.

Ungünstig nur, dass der sogenannte Lebensstil, den jeder Mensch im Alter von null bis circa 10 Jahren bildet, sich auch in diesen Momenten bildet! „Ha, was ist die Welt doch gemütlich!" ahnt das Kind unbewusst. „Ich werde angezogen! Und muss nichts machen. Wie schön!" Unpraktisch auch, dass das Kind möglicherweise lernt „nur, wer perfekt angezogen ist, darf in den Garten". (Erwachsene, die Teile ihres eigenen Lebensstils erforschen, sind manchmal überrascht, was für komische Details sie sich als junges Kind kreiert haben über die Welt, das Leben und sich selbst in der Welt, ihren Lebensstil.) Ich persönlich finde Lebensstilsätze günstig, die das Kind motivieren, selbst aktiv sein Leben zu gestalten. Und auch solche, die jegliches Dasein (egal ob „richtig" oder „falsch", „schön" oder „hässlich") akzeptieren und wertschätzen. Sie sind geeigneter für das Zusammenleben in der großen Welten-Gemeinschaft als abwertende und bewertende. Deshalb ziehen sich bei uns in der Kita auch die ganz jungen Kinder nach Möglichkeit soweit selbständig an, wie es ihnen möglich ist. Mir ist es egal, wie das dann aussieht; ob der Reißverschluss oder die Knöpfe die Jacke schief schließen;

ob die Schuhe verkehrt herum angezogen sind (für die kurze Gartenzeit ist es okay); ob die Mütze auf links auf dem Kopf sitzt; ob die Regenhosenvorderseite hinten am Popo sitzt... Ich habe manche Kolleg*in, der dies allerdings nicht so leichtfällt. Etliche meiner Kolleg*innen haben die „Priorität Kontrolle" (nach den vier Prioritäten der Individualpsychologin Nira Kfir): Sie fühlen sich dann wohl, wenn alles schön ordentlich und nach System abläuft. Das ist schon manchmal eine Herausforderung für sie, wenn ich dann verlange, dass sich die Kinder trotzdem nach Möglichkeit selbständig anziehen sollen. Wenn wir dann immer mal wieder diskutieren, stellt sich heraus, dass es gar nicht so sehr das ordentlich angezogene Kind ist, was ihnen wichtig ist; sie wollen eher vermeiden, von den Eltern eins auf den Deckel zu bekommen. Sie werden sonst ja als vermeintlich „unordentliche" Pädagog*innen bezeichnet! Wo sie doch das tiefe Bestreben haben, alles immer sehr ordentlich und kontrolliert ablaufen zu lassen! Das kann ich sehr gut verstehen.

Perfektionismus erkennen

Vielleicht gehörst du zu den Menschen, die ein sehr großes Bedürfnis für Ordnung haben. Erkenne zunächst, ob diese Ordnung absolut notwendig ist – also für alle Menschen und Situationen – oder ob es dein Wunsch ist, weil du dich dann vielleicht wohler fühlst. Wenn es „nur" dein Wunsch ist – dann frage dich, ob du vom Kind etwas verlangst, was es deiner Meinung nach perfekt können und machen sollte. Steht hierbei vielleicht dein eigener Wunsch nach „Perfekt" dahinter?

Wenn ja – überlege dir eine Möglichkeit, wie und wo du deinen Wunsch nach Ordnung auf andere Art und Weise zufriedenstellen kannst, sodass das Kind seine eigenen Erfahrungen machen kann (egal ob perfekt oder unperfekt).

Wir sind fast alle in einer Welt groß geworden, in der Fehler angemahnt und kritisiert werden. Wir wurden auf „Perfektion" erzogen. Für Fehlverhalten oder Falsches gab es ein „ungenügend" oder „mangelhaft", wir mussten es nochmal machen, diesmal besser natürlich, es gab ein paar rote Striche oder sogar noch „ein paar hinter die Löffel". Logisch, dass wir solche gefühlt gleichen unschönen Situationen jetzt, als Erwachsene, vermeiden wollen. Was uns also hilft, ist alles perfekt zu machen – auch das Kinderbegleiten. Was wir damit anrichten, ist auch klar: Es wird weiterhin viele Menschen geben, die nur „perfekt" (oder etwas anders gesagt: „normiert") leben wollen. Einzigartigkeiten im Verhalten, in der Kleidung, in der Schrift, in den Worten, in der Stifthaltung, im Lernverhalten... sind immer noch schwierig „unterzubringen" in unserer Welt. Das Bewusstsein hierfür scheint sich bei vielen Kinderbegleiter*innen zu ändern – die Strukturen hinken jedoch noch an vielen Stellen hinterher. Nur, wenn wir Kinderbegleiter*innen über unseren Schatten springen und es aushalten lernen, wenn wir ein Kind ins Leben begleiten, das nicht „perfekt" ist, das anders ist, dann wird sich an den Gegebenheiten leichter etwas ändern. Dann wird es Schulen für Hochbegabte und hypersensible Kinder in jedem Landkreis geben, weil es in kleinen Klassen möglich ist, dass das Kind sich seinem Temperament und Interesse nach entfalten kann. Dieser Gedankensprung ist nur scheinbar ein großer: In unserer Kita waren über Jahre immer wieder Kinder, die leider keinen geeigneten Schulplatz gefunden haben... Manche Eltern konnten es nicht aushalten, dass wir das Kind in seiner Einzigartigkeit wertschätzten: Für sie war es letztendlich besser, die Kita zu wechseln, wo das Kind lernen musste, sich an die Regeln anzupassen, damit es in der Schule „funktioniert". Andere wurden mit Medikamenten ruhiggestellt und ihre Einzigartigkeit schlummert im Dornröschenschlaf, bis sie wieder wach geküsst wird. Wir haben uns in vielen Diskussionen und Fortbildungen dafür entschieden, die Kinder in ihrer jeweiligen Einzigartigkeit wertzuschätzen und nicht regel-konform zu „erziehen".

Diese und alle Kinder dürfen ihre Erfahrungen machen. Sie dürfen bei uns auf ihre eigenen Nasen fallen. Sie müssen nicht „perfekt" sein. Sie dürfen ärgerlich sein und vor Wut mit dem Fuß aufstampfen, wenn ihnen danach ist, weil sie nicht mit ihrem Lieblingskind beim Ausflug in der Reihe gehen können (weil dieses sich heute einen anderen Freund ausgesucht hat). Sie dürfen traurig sein und ein paar Tränen weinen, weil zum wiederholten Mal kein Kind bei seinem selbst ausgedachten Angebot mitgehen mag. Sie dürfen eine eigene Vorlage aus Pappendeckel erstellen und diese ihrem Können entsprechend krumm und schief ausschneiden (dann gibt es lauter verschiedene Formen und keine Einheitsform). Sie dürfen sich dann wundern, dass eine Form exakter ist als die andere. Sie dürfen ihre Emotionen zeigen und ausleben – ohne anderen dadurch zu schaden. Wir lassen sie – und sind da. Wir sind da und ärgern uns mit ihnen, sind mit ihnen traurig, sind mit ihnen verwundert – und lieben sie so, wie sie sind. Und dadurch geben wir ihnen den Halt, den sie brauchen, um ihre eigenen Emotionen ausleben und fertig leben zu können.

Mir fällt ein Vorschulkind ein. Sehr gerne bietet es „Angebote" für Kinder an: Eine bestimmte Art Rollenspiel, entsprechend einer Kinderserie. Fast jeden Tag, fast immer das gleiche Angebot.

Jedoch: Es gibt viele Tage, an denen kein anderes Kind mitgehen mag. Das Kind stellt sein Angebot vor und bei der Auswahl meldet sich kein einziges Kind. Das Kind ist sehr schlau und sagt dann: „Ich warte noch, vielleicht geht nachher eines mit!" Doch auch gegen Ende des Wahlverfahrens will keines mit. Und genau jetzt ist der entscheidende Moment, in dem wir begleitenden Erwachsenen sachlich beim Thema bleiben. Wir bedauern nicht, wir trösten nicht, wir geben keine lieb gemeinten schlauen Ratschläge, wir sind einfach da und akzeptieren mit dem Kind, dass (auch) heute niemand mit will. Anfangs konnten wir dem Kind seine Enttäuschung ansehen. Dann sagte manchmal eine von uns Erwachsenen „ja, das kenne ich gut. Geht mir auch manchmal so, dass kein Kind zu meinem Angebot mitgeht." Fast nie machten wir dem Kind Vorschläge, was es jetzt zu tun hat. Einzig das war klar: Es muss nun selbst bei irgendeinem Angebot mitgehen, nicht um mitzumachen, sondern damit es unter der Aufsicht von einer Erwachsenen oder einem anderen Kind ist. Das Kind macht heute noch Angebote! Voller Lust und Leidenschaft! Andere Kinder gehen mit und lieben diese Angebote. Und das Kind akzeptiert ganz ruhig und sachlich, wenn an anderen Tagen kein Kind mitgeht: „Okay, heute geht keiner mit. Ich biete es morgen wieder an!"

Grenzen aushalten

Säuglinge leben und wachsen. Ihnen gibt man keine (kaum) Grenzen vor – die Eltern freuen sich, wenn das kleine „Würmlein" größer wird. Sie gedeihen am besten, wenn wir ihnen alle ihre Bedürfnisse erfüllen, denn die Bedürfnisbefriedigung macht, dass sie wachsen, Vertrauen finden, Bindungen aufbauen und sich entfalten. Auf diese Zeit im Leben eines Kindes gehe ich hier jetzt nicht näher ein.

Meiner Meinung nach besteht die Kunst des Elternseins darin, den Moment abzupassen, in dem das Kind, das vom Säugling zum Kleinkind herangewachsen ist, das bisher alles bekommen hat, was es zum Wachsen braucht, nun ein „Stoppschild" vorgehalten bekommen muss, um sich weiter zu entfalten. Dies mag nach einem Widerspruch klingen. Wie soll man sich entfalten, wenn man „Stopp" hört? Grenzen sind notwendig, um das Zusammenleben zu regeln, das ist bekannt. Manche Eltern halten jedoch kaum aus, wenn das Kind, das eine Grenze vorgehalten bekommt, das eine Regel lernen soll, an dieser „Anstoß" findet, sich an dieser stößt und weh tut. Sie halten kaum aus, dass ihr Kind nun weint und tobt. Die Fachwelt spricht hier von der Trotzphase und es gibt viel diesbezügliche Literatur. Worauf ich hinaus möchte, ist der Punkt, dass man sich als Eltern bewusst machen muss, dass die Begleitung des Kindes sich ein klein wenig ändert. Die Liebe zum Kind bleibt die gleiche! Nur, dass das Kind nun hin und wieder auch ein „Nein" hören muss. Und es hat die Wahl, ob es dieses „Nein" gut finden will oder nicht. Es muss ihm nicht gefallen! Es darf dagegen protestieren. Und, mal ehrlich, es wäre doch sehr seltsam, wenn es das nicht tun würde... bisher hat man ihm alles gewähren lassen, nun gibt es Dinge, die es nicht mehr darf: Nach einiger Zeit „Spielzeug hinunter werfen" hat niemand mehr von den Erwachsenen Lust, es aufzuheben; auch, wenn der Sitz unbequem sein mag (was man als Eltern natürlich versuchen sollte zu ändern!), muss es sich doch im Autositz anschnallen lassen; auch, wenn der Buntstift noch so schön auf dem Tisch schabt, muss das Kind akzeptieren, dass man auf das Papier und nicht auf den Küchentisch malt und so fort. Natürlich gibt es Tipps und Tricks, um fast alle diese Situationen zu entspannen oder zu umgehen. Doch dahinter steht die Entscheidung der Eltern, die sie selbst treffen müssen: Traue ich mir zu, meinem Kind die nötige Grenze aufzuzeigen und seinen Protest auszuhalten? Was könnte dahinterstehen, wenn Eltern dies nicht auszuhalten meinen? Vielleicht eine Sorge, dass das Kind eine seelische Verletzung durch das elterliche „Nein" erfahren könnte? Oder die eigene Unlust vor dem vehementen widerspenstigen Verhalten des Kindes?

Jedes Kind hat ein Recht darauf, zu erleben, wie sich eine nötige feste, unverrückbare Grenze anfühlt. Jedes Kind hat ein Recht darauf, die Erfahrung zu machen, dass die nötige Grenze letztendlich hilft, das Leben sicher zu machen und zu erleichtern – auch, wenn sie sich möglicherweise zunächst ungemütlich anfühlt.

Wenn die Eltern in sich gehen und zu ergründen suchen, welche Ursache ihr eigenes Verhalten hat, die nötige Grenze nicht durchzusetzen, sind sie einen guten Schritt weiter. Wenn sie nun auch noch erforschen, welches Ziel sie mit diesem Verhalten verfolgen, haben sie sich selbst erkannt. Das Kind muss nun nicht mehr bei diesem Thema die Eltern mit der Nase darauf stoßen.

Ich zum Beispiel beobachte mich, dass ich, wenn es in der Kita ans Aufräumen geht, oft das intensive Bedürfnis habe, zu fliehen, mich also unter einem „wichtigen" Vorwand ins Büro zu verstecken. Ich habe bei mir selbst erkannt, dass ich dies tue, weil ich keine große Lust habe, die Kinder zum Aufräumen zu motivieren. Aufräumen fühlt sich (für mich!) nämlich oft anstrengend an. Dass sich meine Unlust auf die Kinder überträgt, ist mir bekannt. Ich bin dran... Worauf ich jedoch auch keine große Lust habe ist, den Kindern die Grenze vorzuhalten, dass Aufräumen nötig ist. Ich mag das nicht so gern, weil ich Sorge habe, dass die Stimmung unschön und unfriedlich werden könnte. Die Erkenntnis meiner eigenen Gefühlslage hilft mir schon mal, den nötigen Abstand zu gewinnen, nämlich zu meiner Sorge! Diese ist da und darf da sein. Mit ihr befasse ich mich immer wieder und merke, dass sie nicht „schlimm" ist. Sie bereichert mein Leben, sie schenkt mir besondere Momente, sie macht, dass ich immer weiter lerne. „Hallo Sorge, schön, dass du auch mal wieder da bist." Deshalb gelingt es mir nun sehr viel besser, den Kindern zuzutrauen, diese Grenze (Aufräumen müssen, statt alles liegenlassen) auszuhalten. „Auch, wenn Aufräumen möglicherweise nicht so spaßig ist wie Ausräumen, so ist es doch nötig. Jetzt ist also Aufräumzeit!" Und auch hier gibt es natürlich mannigfaltige Tricks, wie die rechtzeitige Ankündigung, das lustvolle Aufräumen, die Reduzierung des Spielzeugs, um vor Überforderung zu schützen und vieles mehr.

Darum geht es eigentlich: Ich selbst darf aushalten, dass die Kinder möglicherweise „not amused" sind, wenn es ans Aufräumen geht, ich darf ihnen zugestehen „auf ihre eigene Nase zu fallen und den Schmerz auszuhalten". Ich selbst muss und darf diese Gegenreaktion der Kinder aushalten lernen. Ich selbst muss auch die Grenze („Aufräumen jetzt!") leben und einhalten – und gleichzeitig das Geschenk erhalten, in meinem eigenen Seelenleben wieder ein Puzzlestück erkannt zu haben und nun sozusagen der „Heilung" zuführen zu können.

Seelische Verletzungen und Enttäuschungen des Kindes

Wie weit geht dein Schutzbedürfnis für das Kind? Was ist dir möglich, das Kind an Enttäuschung und Verletzung aushalten zu lassen?

Was hältst du aus?

Solltest du dem Kind hierbei mehr zutrauen (damit es Stärke/ Resilienz entwickeln kann)?

Gibt es andererseits Dinge, die das Kind auf keinen Fall aushalten muss – und du bist es, die/der aktiv werden muss, um eine seelische oder körperliche Verletzung des Kindes zu vermeiden? **Dann handle jetzt!!**

Manche Familien haben es nicht leicht – oder: Wie viel Wahrheit braucht ein Kind?

Wenn wir Elterngespräche führen, nehmen wir uns viel Zeit. Die sogenannten Entwicklungsgespräche führen wir, im Sinne von Alfred Adler, gerne auch mit den Eltern und dem Kind gemeinsam. Das erfordert etwas Fingerspitzengefühl – am meisten für und von den Eltern. Sobald nämlich Eltern das Gefühl haben, dass es etwas gibt, was sie vor dem Kind verschweigen wollten, wird ein Gespräch gemeinsam mit dem Kind eine Herausforderung. Insofern klären wir zuvor, wie das Setting sein soll.

Information und Wahrheit

Gibt es etwas, was das Kind wissen sollte, was du weißt – um ihm Sicherheit von dem zu vermitteln, was es sowieso fühlt?!

Welche Symbole helfen dem Kind jenseits der sprachlichen Kommunikation, das zu verstehen? Kalender-, Uhrmethode, Fotos, Gegenstände aus dieser vergangenen Zeit, Erinnerungstücke...

Weil es ein sehr wichtiges Thema ist, komme ich nochmal auf die Sache mit der Wahrheit zurück: Es ist nicht so, dass Kinder alles wissen müssen. Es ist jedoch so, dass Kinder alles spüren! Wir Erwachsenen tun das auch, viele von uns sind jedoch im Laufe ihres Lebens so routiniert geworden, das, was sie fühlen, sofort wieder zu verstecken, dass sie es dann eben doch nicht fühlen, weil das Fühlen nur einen winzigen Moment stattgefunden hat. Kinder sind da anders. Da Fühlen die Methode ist, die sie von vor ihrer Geburt gewohnt und geübt sind, sind sie da richtig gut drin! Alles, was mit Sprache zu tun hat, mit Worten, kam etwas später dazu. Hier sind viele der jungen Kinder noch am Üben. Insofern können wir Erwachsenen Kindern nichts vormachen; anders gesagt: Wir können das, was wir fühlen – und mag es noch so kurz sein – nicht vor unseren Kindern verstecken. Was also sagen wir unseren Kindern dann, wenn sie so schnell alles fühlen (wir selbst aber vielleicht gar nicht mehr merken, was wir fühlen)?

Kinder fühlen alles – aber etliches können sie nicht benennen, weil sie dafür weder Worte haben noch haben sie die dazugehörigen Erlebnisse schon einmal erlebt.

Sie verbinden noch nichts damit. Wir Erwachsenen sprechen von „Umzug in ein anderes Land für ein Jahr" und wissen, was damit gemeint ist. Wir sprechen von „Trennungsjahr" und wissen, was das ist. Wir reden von „du bekommst ein Geschwisterchen" – das Kind hat keine Ahnung, was das letzten Endes bedeutet. Kinder benötigen also unsere Hilfe beim Dolmetschen dessen, was sie fühlen.

Wenn eine Familie umzieht, sich die Mama darüber freut, der Papa dem relativ neutral gegenübersteht, die Oma (als wichtige Bezugsperson) darüber traurig ist – dann fühlt das Kind Freude, Neutralität und Trauer. „Ja was denn nun?" denkt das Kind verunsichert – und sorgt möglicherweise nun selbst für seine eigene Gefühls-Sicherheit: Je nach Charakter wird es sich mehr oder weniger aktiv den Dingen in seinem Alltag zuwenden, die ihm bekannt sind und die ihm bisher Gefühls-Sicherheit gegeben haben. Je nachdem, wie groß sein Selbstwertgefühl ist, wird es dabei Dinge tun, die in der Familie und der Kita gern gesehen und willkommen sind, oder Dinge, die es ihm unbewusst ermöglichen, auf sich und seinen inneren Gefühls-Wirrwarr aufmerksam zu machen, also auf diese Weise um Hilfe rufen (Stichwort: Nahziele).

Da Kinder in diesem jungen Alter weniger auf Worte spezialisiert sind, jedoch auf Gefühle, sind sie dankbar um nichtsprachliche Symbole jeglicher Art.

Alles, was dem Kind auf bildhafte Weise zeigt, was los ist, hilft ihm, die für es spürbaren Gefühle der Erwachsenen richtig zu bewerten und letztendlich zu verstehen.

Deshalb empfehlen wir seit Jahrzehnten Eltern die Kalender- oder Uhr-Methode, Fotos an den Wänden, die die Situation verbildlichen, nach Mama riechende Halstücher und live-Besuche in den elterlichen Arbeitsstellen oder neuen Wohnorten.

Kalender-Methode

Auf einen Familienkalender trägt das Kind mit deiner Hilfe seine Termine ein (Kita-Tage, Turnstunde, Besuch bei Oma...) – das Kind lässt die Tagesklammer mit deiner Hilfe weiterwandern. Es lernt: Termine fallen nicht ungeplant vom Himmel, ich kann mich darauf einstellen und mein Spiel und Leben darauf einstellen.

„Auch, wenn wir umziehen, Kind, wir haben dich auch am neuen Wohnort lieb." „Auch, wenn wir uns trennen – unsere Liebe zu dir ist immer da." „Du wirst großer Bruder – und dich haben wir lieb." Wir trauen dem Kind die Wahrheit zu und helfen ihm, die spürbaren Gefühle zu sortieren und zu benennen. Wir entlasten es, indem wir ihm die Sicherheit geben, den schützenden Rahmen erhalten oder neu definieren, sodass es dies nicht selbst für sich tun muss. Denn dann (!), dann darf es seine eigenen Erfahrungen in Bezug auf diese Themen machen. Dann muss es nicht unsere (weil unbenannte) Trauer über den Umzug leben. Dann darf es selbst traurig sein, dass Mama und Kind (oder Papa – oder Papa und Kind) im Trennungsfall aus der bekannten Wohnung ausziehen – dass es Mama und Papa nun nicht mehr gleichzeitig gibt und muss nicht die (nicht gezeigte) Trauer oder die (versteckte) Wut von Mama oder Papa zum Ausdruck bringen, die es ja fühlt. Weil es benannt ist, kann dieses Gefühl bei dem Erwachsenen sein und auf menschenfreundliche Art von dem gelebt werden, dem es gehört. Dann darf es seine eigene Erfahrung machen als jetzt älteres Geschwister und sich auch mal eifersüchtig ärgern und traurig sein, weil da nun ein kleiner neuer Erdenbürger ihm scheinbar den eigenen Platz streitig macht. Weil die Erwachsenen ihm offen gezeigt haben, wie viel Arbeit ein Säugling macht, wie viel Pflege und Zeit dieser braucht – und dass das große Kind aller Voraussicht nach nicht mehr so viel Aufmerksamkeit von den Eltern bekommen wird können. Und weil sie ihm zutrauen, dass es dieses Zurückstecken in der ersten Zeit mit neuem Geschwisterchen erlebt, darf das große Geschwister auch seinen diesbezüglichen Frust zeigen – nämlich den Eltern und nicht, indem es den Säugling drangsaliert.

Uhr-Methode

Zeige dem Kind auf einer analogen Uhr, wo welcher Zeiger steht, wenn eine geplante Situation eintreten wird / soll. Auch, wenn das Kind noch gar keinen Bezug zur Uhrzeit haben sollte, so merkt es doch, dass es kein unwillkürliches Geschehen ist.

Lass dich auch ein auf das Geschenk des Kindes, Zeit zu dehnen – nutze diese wundervolle Fähigkeit gelassen und lasse dich beschenken.

Telos-Entfaltung im Naturhaus entsteht

Eines Tages bat mich unser Bürgermeister um ein Gespräch. „In unserer Gemeinde sind mal wieder zu wenig Kita-Plätze vorhanden – wollt ihr noch eine Gruppe dazu haben – und wenn ja, wo?" Wir wollten und brainstormten gemeinsam, es entstand die Idee eines Waldkindergartens.

Zunächst lief alles super: Die Gemeinde kümmerte sich um Grundstück und Wald-Bauwagen – wir uns um das Personal. Die Gemeinde erledigte ihren Auftrag trotz mancher Schwierigkeiten hervorragend: Es fand sich ein wunderschönes Grundstück und der Waldwagen ist eins a, es ist eher ein Tiny Haus! Auch das Personal fand sich zunächst ganz leicht – aber nicht auf Dauer. Der Großteil des geplanten Teams sprang schon vor der Eröffnung im September 2021 ab. Es fand sich rasch ein neues Team, aber immer wieder knirschte es und Mitarbeiter*innen kündigten. Wir passten nicht so gut zusammen.

Zwei Gründe wurden uns nach und nach klar: Zum einen war es kein reiner Waldkindergarten, wie wir zuerst dachten. Es ist ein Kindergarten in einem Naturhaus, das im Wald steht, in dem die Telos-Entfaltung gelebt wird. Zum anderen behütete ich als Trägerin diese neue Kita zu sehr. Auch, wenn er aus der gleichen Wurzel, der Telos-Entfaltung, gewachsen ist, darf er doch in seiner eigenen Art im Wind tanzen und im Sturm wehen. Er darf auch auf seine eigene Nase fallen, das darf ich ihm zutrauen. Auch der Telos-Kindergarten im Naturhaus soll sagen können: „Es war mein Raum, den ihr mir überlassen habt. In ihm schaltete und waltete ich als freies, schöpfendes Kind. Grenzen gab es, natürlich. Ich sah sie in der Ferne, sie waren mir klar. Sie gaben mir Sicherheit in der gefühlt ewigen Weite der Entfaltung. Es war nicht so, dass ihr meinen Raum von jeglicher Gefahr befreit habt – nein, es gab Ecken und Kanten, an denen ich mich gestoßen habe. Gereinigt war der Raum von euren Themen, befreit von eurer Last. Umhüllt war mein Raum mit eurer Liebe, mit eurer Entfaltung. So lebte ich meine Freiheit – wie ich sie heute lebe. Weil ihr im rechten Moment meinen Raum in seine Freiheit entlassen habt...“

Ich entfalte mich! Du auch?

Eine der wichtigsten Aufgaben von Menschen, die Kinder bei ihrer Entfaltung begleiten, ist die, sich selbst für die eigene Entfaltung zu entscheiden. Wer sich einmal bewusst die Erlaubnis gegeben hat, sich jederzeit, in allen Bereichen seines Lebens, in alle möglichen Richtungen und Zeiten zu entfalten, der ist unausgesprochen Vorbild für die ihm anvertrauten Kinder, dies ebenso zu tun; der lädt durch die sich selbst ausgesprochene Einladung zur Entfaltung die ihm anvertrauten Kinder ein, sich zu entfalten.

Ich bin Schöpfer

„In mir bin ich ganz groß und weit! Mein innerer Raum ist hell, klar und so frei, dass sich meine Ideen als Staubkörner sichtbar komprimieren. Ich entdecke sie, ich sehe ihnen staunend und fasziniert nach. Ich beobachte ihren spiralförmigen oder wellenartigen Flug. Ich folge ihrer Bewegung in die Zukunft weiter und sehe, wie sich die Staubkörner verfestigen und in die Realität formen.

Ich sehe meine Aufgabe – ich weiß, was meine Hände, meine Füße, mein Körper und mein Herz zu tun haben! Ich tue es! Ich bin Geburtshelferin der Idee, die aus einem kleinen Staubkorn entstanden ist.

Es ist mir nicht wichtig, wie groß meine Idee in der Realität sein wird, wie viel Aufmerksamkeit mein Projekt einmal haben wird – jetzt nicht. Jetzt ist mir wichtig, alles zusammenzusetzen oder auseinanderzunehmen, was es braucht, damit meine Idee lebendig wird. Erst später, wenn sie geboren ist, stellt mein Projekt mir die Frage, ob es groß oder sehr bekannt werden will.

Dafür habe ich Zeit und Raum – durch euch.“

Lebendige Ideen, die sich entfalten

Kinder sprudeln nur so vor Ideen; Ideen in Worten, Ideen aus Materialien, Ideen in ihrer Fantasie, Ideen im sozialen Zusammensein mit anderen Kindern oder Erwachsenen und viele mehr.

Eines unserer Kita-Kinder hat einmal auf der Wiese in unserem Kindergarten alle vorhandenen großen Äste, Astabschnitte und Holzlatten mit viel Mühe in einem Quadrat aufgelegt. Als ich mich erkundigte, was es da macht, sagte es mit voller Stolz: „Das ist ein Heizkraftwerk!" Manchmal höre ich im Vorbeigehen Kinder miteinander sprechen und ihr Rollenspiel weiter planen: „Du wärest jetzt der Hund und ich wäre dein Herrchen und führte dich an der Leine zum Tierarzt!" Manchmal buddeln Kinder gemeinsam ein riesiges Loch im Sandkasten, „bis zum Boden" wollen sie kommen – und das ist sehr tief! Manchmal sitzen Kinder in unserem Bastelzimmer, schneiden und malen mit schräg aus dem Mund ragender Zunge, ganz intensiv auf ihr Werk konzentriert – und gestalten Bücher, Kalender, Geschenke für ihre Liebsten. Manchmal schicken Kinder uns Erwachsene aus selbigem Bastelzimmer hinaus, weil sie „eine Überraschung" machen wollen, was bedeutet, dass sie das gesamte Bastelzimmer alleine komplett aufräumen. Allen diesen Ideen ist gemeinsam, dass sie beispielhaft dafür stehen, dass das jeweilige Kind einen inneren Plan von einer Sache hat, den es umgesetzt haben will. Es wird so lange daran arbeiten, bis die Idee entweder umgesetzt ist – und zwar auf die Weise, die sich das Kind dabei vorgestellt hat – oder gescheitert ist. Das Scheitern lässt das Kind auf seine Weise wachsen. Das kindliche Scheitern lässt auch die begleitende Erwachsene auf ihre Weise wachsen: Wenn sie nämlich aushält, dass das Kind gescheitert ist. Und: Wenn sie aushält, dass das Kind seine Idee auf seine Weise gestaltet hat (die vielleicht nicht genauso funktioniert hat, wie sie selbst sich das vorgestellt hat). Ich persönlich erinnere mich noch gut, wenn ich als junges Kind meiner Mutter beim Tisch decken geholfen habe und das Besteck auf meine Weise ordentlich neben die Teller gelegt hatte – und meine Mutter vermeintlich unbemerkt das Besteck dann ordentlich auf ihre Weise nachjustiert hat. Heute können wir beide uns darüber sachlich austauschen. Heute nehmen wir es als Anregung und Geschenk, wie feinsinnig die Wahrnehmung von jungen Kindern ist – und wie unbedacht manch gut gemeinte Handlung von den begleitenden Erwachsenen ist, weil sie vom Kind als Besserwisserei, als Kritik, ja auch als Abwertung seiner selbst empfunden werden *kann*.

 **Schöpfendes Kind**

Das, was das Kind gerade tut – welchen Teil seiner Handlung verstehst du nicht?

Könnte es sein, dass das Kind gerade dabei ist, zu erfinden, zu kreieren, zu schöpfen?

Auch wenn dich dieses Verhalten vielleicht nervt: Magst du ihm (wenigstens) den Respekt zollen und davon ausgehen, dass es dabei ist, etwas zu erfinden?

Traue du dir und ihm zu, seinen Schaffensprozess in eine Bahn zu lenken, die einerseits den Schöpfungsprozess nicht blockiert, andererseits die Bedürfnisse der anderen berücksichtigt.

Unterscheide den wertvollen Schöpferprozess des Kindes von der störenden Auswirkung! Mache dir diesen Unterschied klar!

Lebendige Ideen, die das Kind entfalten darf – auf seine Weise! – ermöglichen es Kindern, dass sie die Erfahrung machen, aus dem Vollen schöpfen zu können; scheitern zu dürfen und von vorne zu beginnen; erneut scheitern und es etwas anders auszuprobieren... bis es gelingt. Oder bis es immer noch nicht gelingt: Und dies dann nicht als generelle Abwertung seiner selbst zu empfinden, sondern als Einladung „eine *ausdauernde* Erfinderin" zu sein, die dies bei nächster Gelegenheit wieder und wieder tun wird. Genau diese Kinder sind es, die in Zukunft mit dem Vertrauen in sich und ihre Ideen – mit dem Wissen und der Erfahrung, dass sie ihre eigenen Ideen tatsächlich irgendwann in die Tat umsetzen, weil sie es bereits als Kind hundertfach, ja tausendfach erlebt haben – die Welt zu einem guten Ort des Zusammenlebens aller Wesen gestalten werden!

Wenn das Kind etwas tut und du sein Scheitern schon ahnst

Wende dich einer eigenen Beschäftigung zu. Lass es seine eigene Erfahrung machen – das fällt dir leichter, wenn du gar nicht so sehr mitbekommst, auf welche Weise das Kind scheitert... vielleicht erfindet es gerade eine neue Lösung?

Kinder machen Angebote

Angebote machen war eine sehr lange Zeit die verbreitete Methode, in der Kinder vermeintlich in einer Kita das meiste lernten. Mittlerweile weiß man, dass die Freispielzeit die Zeit in einer Kita ist, in der die Kinder wesentlich mehr lernen – weil sie in ihrem freien Spiel genau den Interessen nachgehen, die sie momentan interessieren, an denen sie Freude haben. Das Gehirn lernt gerne und leicht, wenn es mit einem guten emotionalen Gefühl dabei ist. Diesen Aspekt erfüllen wir in unseren Kitas auf zweierlei Weise: Zum einen gibt es seit einiger Zeit die sogenannten „Impulse": Anregungen innerhalb der Freispielzeit, bei denen das Kind mal vorbeischauen kann und dann wieder einer anderen Tätigkeit nachgehen kann. Zum anderen kann jedes Kind, das möchte, ein eigenes Angebot anbieten. Angebote waren schon seit Bestehen und sind auch weiterhin in der Telos-Entfaltung freiwillig. Nur selten musste früher ein Kind mitgehen – vor allen Dingen Kinder im Vorschulalter, weil wir damals noch meinten, dass den Kindern sonst wesentliche Fähigkeiten für die Schule fehlen könnten.

Die Angebote laufen so ab: Alle Erwachsenen – und alle Kinder! – die ein Angebot anbieten wollen, stellen dieses zu einer bestimmten Tageszeit allen Kindern vor. Dazu muss jeder der Anbieter sein Angebot bis zu einem bestimmten Zeitpunkt angemeldet, mit einem anderen Erwachsenen besprochen, vorbereitet und auf die Angebots-Tafel geschrieben haben. Die Kinder „schreiben" dabei das und so viel auf, wie sie in der Lage sind, den Rest ergänzen die Erwachsenen. Mittlerweile ergänzen wir nach und nach die geschriebenen Worte mit Bildtafeln (wir verwenden Meta.com). Nach der Vorstellungs-Runde können alle anwesenden Kinder wählen, bei welchem Angebot sie mitgehen möchten. Manchmal wollen viel zu viele Kinder mit, dann wird vereinbart, dass dieses Angebot nochmal wiederholt wird. Manchmal will niemand mit – dann ist das eine herbe Enttäuschung, aus der es gilt, zu lernen, was es zu lernen gibt (vielleicht, das nächste Mal ein interessanteres Angebot anzubieten – oder für mich selbst: Nicht so lange im Büro zu sein, weil die Kinder sonst gar keinen Bezug zu mir haben herstellen können).

Die Angebote finden am vorher festgelegten Ort statt. Nachdem es eine Zeitlang bei den Kindern Unklarheiten über die Strukturen der Angebote gab, entwickelte ein Team aus ein paar Kindern mit einer Kollegin die Idee der Angebots-Urkunden und Angebots-Lehrer. Die Kinder definierten die künftigen Regeln: Am Ort des Angebotes und bei dieser Tätigkeit bleiben, gemeinsam aufräumen, sich Hilfe bei einem Erwachsenen holen, wenn die Angebots-Kinder sich nicht an die Abmachungen halten sollten.... Diese lehren sie all den Kindern, die ein Angebot anbieten wollen, dazu gibt es auch eine selbst gestaltete Urkunde. Somit ist für alle wieder klar, wie ein Angebot zu sein hat, der nötige Rahmen ist gegeben.

Die Kinder-Angebote erstrecken sich über alle Tätigkeiten, Spiele und Ideen, auf die ein Kind kommen kann: Lego-bauen; aus allen erreichbaren Stühlen, die verkehrt herum aufgereiht werden, einen Flugplatz für Drachen bauen (das war ein sehr beliebtes Angebot, das der Junge bestimmt weit über zehnmal angeboten hatte); mit den mitgebrachten Schleich-Tieren / dem neuen Arztkoffer von zu Hause / dem neuen Matchbox-Auto spielen; Mandalas ausmalen; im Garten Fangen spielen; einen Tanz einüben; Geschichten von Kinder-Fernseh-Serien nachspielen und ganz viel mehr.

Ich erinnere mich an einen Jungen, der im Angebot mit Ton basteln wollte. In der Kita war kein Ton vorhanden. So brachte er selbständig (ohne, dass es dies mit jemand von uns Kita-Erwachsenen vorbesprochen hätte) am nächsten Tag Mehl, Salz und Öl in der entsprechenden Menge mit, lud andere Kinder zum Angebot „Salzteig machen" ein, stellte mit drei anderen Kindern Salzteig her und formte anschließend Elefanten. Auch unser Koch wusste bereits, vom Kind eigenständig informiert,

Bescheid, dass heute der Ofen zum Salzteig-härten gebraucht wird!

Entfaltung unter dem Wäscheständer

Ob es die Küche ist, das Wohnzimmer, der Esstisch, das Gartenbeet - es gibt Millionen Möglichkeiten für Kinder, sich zu Hause frei entfalten zu können! Das Einzige, was begrenzen *könnte*, sind die elterlichen Vorstellungen, wie etwas zu geschehen hat. Das Einzige was wirklich begrenzt, ist das Wohl jedes einzelnen Wesens in der kleinen Familiengemeinschaft bis hin zur großen Welten- und Universen-Gemeinschaft: Es muss allen gut gehen! Davon gleich im nächsten Kapitel mehr. Eltern sollten also erkennen, in welchem Bereich sie ihr Kind begrenzen. Das hat sich leider schnell mal. Nur: Viele Eltern haben auch berechtigte Sorgen, dass sie selbst irgendwann unter die Räder kommen, wenn sie keine Grenze setzen. Oder es geschieht das Gegenteil und sie selbst kommen unter die Räder, vor Erschöpfung, weil sie glauben, alles wieder reparieren zu müssen, was ihr Kind in seinem unbegrenzten Schöpfungs-Wahn in Unordnung gebracht hat.

Meine Tochter kochte als Kind mit ungefähr 10 Jahren sehr gerne für die gesamte Familie! Mein Mann und ich ließen sie werkeln… Sie schnibbelte Karotten und Zwiebeln, briet sie in der Pfanne an, experimentierte mit Gewürzen und mischte das, was ihr gefiel, zusammen. Wir, die gesamte Familie, aß alles! Es war meistens nicht ganz durch gekocht – da sie nur Gemüse kochte, war das kein Problem – und war meistens für unsere Erwachsenen-Geschmäcker viel zu mild gewürzt. Auch das kein Problem! Wir freuten uns, dass sie uns bei dieser Hausarbeit gerne unterstützte! Vor ein paar Jahren meinte sie, mittlerweile längst erwachsen, dass sie uns sehr dankbar ist, dass wir sie einfach so, wie sie wollte, kochen ließen! Sie konnte sich entfalten, konnte selbst feststellen, was ihr schmeckt, was bei den anderen gut ankommt und wie lange man etwas kochen muss, bis es gar ist. Mittlerweile kocht sie exzellent und außerordentlich vielfältig und kreativ!

Es konnte nichts passieren. Es war also ein Einfaches für uns, dass sich unsere Tochter entfalten konnte. Ähnlich verhielt es sich für meinen Mann und mich bei den Hausaufgaben, jedenfalls bei unseren jüngeren Kindern... bei unserem Ältesten durften wir noch üben. Vor allen Dingen unser Jüngster liebte es, seine Hausaufgaben unter dem Wäscheständer zu machen. Dieser stand oft im Wohnzimmer, hier war auch ein gemütlicher kleiner Teppich. Bäuchlings lag er da – zu der Zeit, die ihm die passende schien, ja, auch kurz vor dem Ins-Bett-Gehen – und werkelte vor sich hin. Wenn ich dieses Beispiel meinen Kita-Eltern erzähle, sind die meisten sehr erstaunt, wie mein Mann und ich das aushalten konnten. Wir hielten es so aus: Wir machten uns klar, was als schlimmstes passieren könnte... nichts, außer Kritik an der eventuell verrutschten Handschrift unseres Sohnes durch die Lehrerin (dem aber gar nicht so war). Wir hatten keine Sorge, dass unser Sohn zu wenig schläft, denn wir vertrauten, dass er und sein Körper selbst mit der Erfahrung von eventuell zu wenig Schlaf umgehen lernen würde. Allerdings standen wir ab einer bestimmten Zeit für Fragen und Unterstützung zu den Hausaufgaben nicht mehr zur Verfügung – das war unseren Kindern bekannt.

Warum sollten Kinder nicht in der Lage sein, ihre Arbeit (die Schule) selbständig zu erledigen? Wenn wir Kinderbegleiter*innen ihnen lernen, welche Arbeitsmethoden es gibt, sind Kinder in der Lage, sich aus dieser Fülle die für sie geeignetste zu kreieren!

Gleiches gilt für Instrumental- und Sport-Unterricht und alle kreativen nachmittäglichen Zusatzangebote.

Unsere Tochter hatte Geigenunterricht in der Nachbargemeinde. Nachdem ich sie die erste Zeit jede Woche mit dem Auto dorthin gefahren hatte, stieg sie später auf den Zug um. Selbstverständlich überbrückte sie die Wartezeit am Bahnhof geduldig.

Es ist nicht wichtig, wie alt das Kind zu dem Zeitpunkt ist, an dem es (für einen Teilbereich) in die Selbständigkeit entlassen wird – wichtig ist, dass wir Eltern irgendwann endlich mal loslassen, dem Kind die wichtigen Dinge beibringen (Infos geben), gemeinsam üben, dann nur noch zuschauen und schließlich das Kind allein und auf seine Weise machen lassen.

Unsere Kinder entfalten sich in dem Moment leicht, in dem wir Eltern begriffen haben, dass Kinderbegleiten aus fast nichts anderem besteht, als loszulassen. Dies ist die Meisterschaft von Elternsein: Sich selbst zu entfalten und lernen, das Kind loszulassen... In dem Moment, wenn die Mutter das Kind gebärend in die Welt entlässt, fängt sie bereits an loszulassen. Im gleichen Maße, wie das Kind sich die Welt zu eigen macht, können die Eltern beginnen, ihre Welt als Eltern zu erforschen: Wie viel Nähe braucht mein Kind – und wie viel Nähe brauche ich selbst? Wie viel Zeit braucht mein Kind für sich – und viel Zeit brauche ich für mich? Wie viel Freiraum gesteht sich mein Kind zu, wie viel Freiraum gestehe ich meinem Kind zu – und wieviel Freiraum gestehe ich mir und meinen Hobbys, meiner eigenen Entfaltung zu? Hand in Hand greifen die Zahnrädchen Kinder- und Eltern-Entfaltung ineinander. Und wenn wir Eltern sagen können: *„In mir bin ich ganz groß und weit! Mein innerer Raum ist* *hell, klar und so frei, dass sich meine Ideen als Staubkörner sichtbar komprimieren…"* dann sind wir reich beschenkt mit unseren eigenen Möglichkeiten!

Gib dem Kind Raum zur Entfaltung

Auf welchem Gebiet kann und darf sich das Kind einbringen und verwirklichen? Kochen, Anziehen, Aufräumen, Einkaufen, Ziel des Spazierweges festlegen, Wochenend-Ausflug planen, sein Zimmer gestalten, den Tisch decken…

Gib *dir* Raum zur Entfaltung: Was ist dein Wunsch und Bedürfnis?! Kochen, Anziehen, Aufräumen, Einkaufen… und so fort: Nimm dich nicht zurück, nur um dem Kind Entfaltung zu ermöglichen! Tausch dich aus mit dem Kind über eure (vielleicht gegensätzlichen) Wünsche und Bedürfnisse! Fühlt euch gegenseitig ein in euch!

Einzigartige Kinder entfalten sich

Als Kind war ich fasziniert von der Vorstellung, dass es niemals, zu keiner Zeit, weder in der Vergangenheit, der Gegenwart noch der Zukunft jemals eine identische Schneeflocke gab, gibt oder geben wird. Ich studierte manchmal unter der Lupe die Zacken und Sternchen von Schneeflocken und überlegte, wie die unterschiedlichen Variationen aussehen könnten… Ich vermute, rein rechnerisch gab es bisher mehr Schneeflocken als Menschen. Und doch ist es ein ebenso großes und unvorstellbares Wunder, dass auch kein Mensch dem anderen gleicht. Selbst eineiige

Zwillinge sind unterschiedliche Wesen – mögen sie sich auf körperlicher Ebene auch noch so sehr gleichen. Es ist ein schöner Gedanke, dass jeder Mensch vollkommen gedacht ist. So sagt es die Individualpsychologie. Wenn er vollkommen gedacht ist und jeder Mensch vollkommen werden könnte – dann muss doch alles in ihm vorhanden sein, in ihm drin sein, dass er diese Vollkommenheit zum Ausdruck bringen kann. Dann muss seine Seele vollkommen sein. Wenn das für jeden Mensch gilt – dann gilt das auch für die Menschenkinder, die auf den ersten Blick gar nicht vollkommen wirken… Also auch die Menschenkinder (egal welchen Alters) mit den krummen Füssen, die sich schwer tun mit dem Laufen. Und auch für die, die sich schwer tun mit dem Lernen, und auch für die, die sich lieber bewegen, anstatt lange Zeit still zu sitzen, oder diejenigen, die mit ihren Gedanken weit, weit weg sind und mir nur selten direkt in die Augen schauen und auch die, die gerade in einer Phase sind, in der sie alles allein bestimmen wollen. Der Übergang ist fließend: Die einen sind eben wie sie sind, mit ihren krummen und ungenormten Gliedmaßen, die anderen haben eine Diagnose, die sich ADHS oder Autismus nennt und wieder andere werden eingeordnet in einer kindlichen Entwicklungsstufe, der man den Namen „Trotz" gegeben hat. Manche dieser Menschenkinder leben selbständig, allein oder in ihren Familien, manche sind auf ein bisschen oder auch sehr viel Unterstützung angewiesen. Manche dieser Kinder belegen in unserer Kita einen sogenannten Inklusions-Platz. Wir haben uns angewöhnt von „einzigartigen Kindern, die einen Inklusionsplatz belegen" zu sprechen, und nicht von „Integrativ-Kindern".

Male eine Ermutigungs-Sonne oder Entfaltungs-Blume für dein Kind

Sonne malen, Name in die Mitte, auf jeden Sonnenstrahl eine liebenswerte Eigenschaft schreiben / malen (für und mit dem Kind).

Bastle ein Ermutigungs-Mobile: Ast aufhängen, kleine gebastelte Zettelchen / gefaltete Papiere dranhängen – zuvor liebenswerte Eigenschaften aufschreiben... der Wind wird bei jedem Luftzug die Schönheit des Kindes weitertragen...

Falls euch die Blume lieber ist: Name des Kindes in die Mitte, Blütenblätter mit wundervollen, liebenswerten Eigenschaften versehen...

Es geht nicht um die „Fähigkeiten" des Kindes, sondern um das Wesen des Kindes, das auf diese Weise sichtbare Wertschätzung erfahren will.

Es sind oft gerade die Kinder, die nicht der „Norm" entsprechen, die jede einzelne Mitarbeiter*in, und damit das ganze Team und die ganze Kita, anspornen zur Weiterentwicklung. Es ist egal, ob sie einen Inklusionsplatz belegen oder nicht, jedenfalls sind es die Kinder, die durch ihr Verhalten eine etwaige Routine oder festgefahrene, verstaubte Rituale aufbrechen. Wenn sie nicht machen, „was dran ist" – und wir nicht einfach auf „unserem Recht und der Regel beharren" – dann sind wir aufgefordert, uns und die Regel zu hinterfragen. Und dann entsteht etwas Neues... Von der „Versammlung" habe ich schon viel erzählt: Erst saßen wir „brav" auf Bänken, später am Boden, dann wieder auf Bänken, zurzeit wieder auf Teppichfließen. Im letzten Jahr achteten wir extrem darauf, den Kreis mit den Teppichfließen sehr ordentlich zu gestalten. Bis wir, das Team, ein Experiment machten. Ich malte auf vier große Papiere unterschiedliche Formen: Ein Quadrat, ein Dreieck, einen ordentlichen Kreis und ein schiefes Oval mit zufällig gebrochenen Linien. Außer mir wusste niemand, was aufgemalt ist – und auch ich vertauschte beim verdeckten Auflegen die Papiere so, dass ich es am Ende nicht mehr wusste. Nacheinander stellten wir uns einzeln fühlend auf diese „Bodenanker": Was fühle ich? Wackle ich, stehe ich sicher? Zieht es mich auf eine Seite? Will ich sofort wieder weg? Fühle ich mich sehr wohl? Wir waren alle sehr überrascht, wo wir uns wohlfühlen – es gab keine Form, die überwiegend bevorzugt wurde. Anschließend machten wir das Experiment noch einmal, einzig mit der Veränderung, dass wir uns nun vorstellten, diese Form sei unsere „Telos-Blumen- / Versammlungs-Form". Und auch hier stellte sich heraus, dass jede*r von uns sich wo anders wohl fühlt. Wir merkten, dass wir unterschiedliche Wesen sind – na sowas. Und wir merkten, dass auch die uns anvertrauten Kinder unterschiedliche Wesen sind. Wir entschieden, dass jede*r von uns nun die Form für die Telos-Blume nimmt, bei der man sich wohl fühlt. Und wir entschieden, dass wir den Kindern nun vorab, in dem Moment, wo sie sich entscheiden, ob sie mitmachen wollen oder nicht, mitteilen, wer die Telos-Blume leitet. Nun können die Kinder sich darauf einstellen, welche „Form" (im realen und im übertragenen Sinne) die Telos-Blume haben wird; ob sie ihnen entspricht. Da wir Erwachsenen meist wechseln, kommt für jedes Kind auch immer mal wieder die „passende" Form dran. Entstanden war diese Erkenntnis, weil wir merkten, dass einige Kinder irgendwie immer auffallen, stören oder gar nicht dabei sind bei der Telos-Blume, dass sie eben anders sind und in ihrer Andersartigkeit auf irgendetwas aufmerksam machen wollen.

Lerne deine Bedürfnisse kennen – mit Bodenanker

Wenn du nicht weißt, was für dich besser ist, schreibe oder male diese verschiedenen Möglichkeiten auf undurchsichtige Papiere, drehe sie um, mische und steige nacheinander mit beiden Füssen auf jeweils eines der verdeckten Papiere. Fühle! Was sagt dir deine Körperreaktion? Erst, wenn du auf allen (evtl. mehrfach) gestanden warst, drehe die Papiere um...

Manchmal ist es nicht ganz leicht auszuhalten, wenn Kinder auf ihrer Einzigartigkeit beharren; wenn sie sich partout nicht zeigen lassen wollen, wie man die Schere hält, damit das Papier leichtgängig geschnitten wird; wenn sie partout die Schuhe verkehrt herum anbehalten wollen. Es ist auch nicht ganz leicht auszuhalten, wenn das schüchterne Kind mit einer Sehbeeinträchtigung immer wieder das gleiche Angebot für die anderen Kinder anbietet, bei dem niemals jemand mitgehen mag... oder wenn das Kind mit Spracheinschränkung lange Wochen an uns Erwachsenen förmlich „klebte", weil es sich möglicherweise von den anderen Kindern nicht verstanden fühlte. Es wird jedoch in dem Moment leicht, wenn jemand in unserem Team erkennt, wo die Einzigartigkeit dieses Kindes liegt – *und* gleichzeitig erkennt, dass es weniger um die Einzigartigkeit dieses Kindes geht, sondern um die *eigene* Einzigartigkeit geht, nämlich die der Mitarbeiter*in oder der des ganzen Teams oder der der gesamten Kita. Die erwähnten Kinder, die zum Beispiel etwas nicht tun, wie wir es gemeinhin machen (die bestimmte Art, mit der Schere zu schneiden oder Schuhe richtig herum anzuziehen) mögen uns vielleicht aufzeigen, dass wir selbst unseren eigenen Willen erkennen sollten mit dem Bedürfnis, unsere eigene

Freiheit zu leben. Wo bin ich, wo ist jede*r einzelne meiner Kolleg*innen in ihrer persönlichen Freiheit eingeschränkt? Es sind spannende persönliche Prozesse, die sich nach und nach bei jedem von uns auftun... Oder es blitzt plötzlich die Erkenntnis auf, dass das andere Kind, das sich tagelang vergeblich bemühte, Kinder in sein Angebot einzuladen, etwas mit dem Team oder der Kita zu tun haben könnte. Vielleicht dieses: Ich muss nicht „gefallen", ich muss mich nicht besonders verhalten, um geliebt zu werden... Sobald die oder der Erwachsene, dem dies gilt, erkannt hat, dass das Kind ein Verhalten genau diesem Erwachsenen spiegelt, hat diese den unbewussten „Auftrag" erfüllt, sein „einzigartiges Geschenk" übergeben – die / der Erwachsene darf lernen, sich selbst mehr wertzuschätzen... Und das Kind mit der Spracheinschränkung, das sehr ausdauernd unsere besondere Nähe und Zuwendung braucht, brachte uns die Erkenntnis, dass manch begleitende Erwachsenen sich nicht verstanden fühlten... da kommt das Kind mit der Spracheinschränkung gerade recht, diese Erwachsenen darauf aufmerksam zu machen.

Es ist uns nicht wichtig, welche Begabung ein Kind (nicht) hat, welche körperliche oder geistige Fähigkeit ein Kind (nicht) hat, welche Ausprägung seiner einzigartigen Seele es sichtbar (oder nicht sichtbar) macht. Wichtig ist uns, dass jedes Kind letztendlich sagt: *„In mir bin ich ganz groß und weit! Mein innerer Raum ist hell, klar und so frei, dass sich meine Ideen als Staubkörner sichtbar komprimieren. Ich entdecke sie, ich sehe ihnen staunend und fasziniert nach. Ich beobachte ihren spiralförmigen oder wellenartigen Flug. Ich folge ihrer Bewegung in die Zukunft weiter und sehe, wie sich die Staubkörner verfestigen und in die Realität formen. Ich sehe meine Aufgabe – ich weiß, was meine Hände, meine Füße, mein Körper und mein Herz zu tun haben! Ich tue es!*

Ich bin Geburtshelferin der Idee, die aus einem kleinen Staubkorn entstanden ist." Und genau das ist unsere Aufgabe: Für das Kind diesen Raum hell, klar und groß sehen! Und das beginnt bei uns selbst.

Denn wenn wir den Raum der Entfaltung des Kindes frei machen von unseren eigenen Themen, nur dann kann sich das Kind unbeschwert entfalten!

Das ist der Ort, an dem ich mich verwirkliche

Macht es einen Unterschied, welche pädagogische Ausbildung man gemacht hat? Ja! Jedoch ist dieser Unterschied viel weniger wichtig und augenscheinlich als die Tatsache, ob jemand seinen Beruf liebt oder nicht. In unseren Kitas arbeiten die meisten Menschen, weil sie ihren Beruf lieben. Sie sind Kinderpfleger*innen, Erzieher*innen, Heilerziehungspflegehelfer*innen, Sozialpädagog*innen mit und ohne Zusatzausbildungen. Sie haben eigene Kinder oder nicht. Sie haben viel Lebenserfahrung oder wenig Lebenserfahrung: Die Altersspanne in unserem Team ist von sehr jung bis nahe ans Rentenalter heran. Was sie alle erkannt haben: Es ist mein Leben, das ich auch hier in der Kita lebe. Es bin ich, die sich hier einbringt, so wie ich bin. Es sind meine Bedürfnisse, die ich hier nach Möglichkeit verwirklichen darf. Es sind meine Wünsche, die niemand weiß, wenn ich sie nicht laut ausspreche. Es sind meine gesundheitlichen Grenzen, die ich überschreite, wenn ich es nicht bin, die auf mich aufpasst. Es ist meine seelische Verfassung, die leidet, wenn ich mich nicht darum kümmere, dass ich weder unter- noch überfordert werde. Ich bin es, die sich mit ihren Hobbys und besonderen Fähigkeiten und Qualitäten hier in dieser Kita einbringt – und nur, weil ich sie mitteile und lebe, werden sie hier lebendig werden.

Die letzten Sätze gelten absolut genauso für Eltern in der Familie: Es ist mein Leben, das ich auch hier in der Familie lebe. Es bin ich, die sich hier einbringt, so wie ich bin. Es sind meine Bedürfnisse, die ich hier nach Möglichkeit verwirklichen darf. Es sind meine Wünsche, die niemand weiß, wenn ich sie nicht laut ausspreche. Es sind meine gesundheitlichen Grenzen, die ich überschreite, wenn ich es nicht bin, die auf mich aufpasst. Es ist meine seelische Verfassung, die leidet, wenn ich mich nicht darum kümmere, dass ich weder unter- noch überfordert werde. Ich bin es, die sich mit ihren Hobbys und besonderen Fähigkeiten und Qualitäten hier in dieser Familie einbringt – und nur, weil ich sie mitteile und lebe, werden sie hier lebendig werden.

Ich bin einzigartig

Schreibe dir auf, was deine Einzigartigkeit ist. Theo Schoenaker empfiehlt im Encouraging-Training, sich mindestens 20 Eigenschaften aufzuschreiben, die man an sich mag. Du wirst merken, dass du nach und nach ganz „normale" Dinge aufschreiben wirst, die genau dich zu einem einzigartigen Menschen machen.

Wichtig ist durchaus die Sprache, in der wir uns gegenseitig mitteilen, was uns bewegt. Wenn es mir gelingt, im Zuhörenden vorauseilend mitzuschwingen, dann ahne ich, wie das, was ich gleich sagen werde, bei der Kollegin / dem Kollegen oder bei der Familie, meinem Partner, meiner Partnerin, meinen Kindern ankommen wird. Es soll ja nicht als Vorwurf ankommen, wenn ich mitteilen möchte, dass es wichtig ist, die Türen unserer „Schatzkammern" (die beiden Räume, in denen wir unsere Spiel- und

Bastelutensilien aufbewahren) immer geschlossen sein müssen... auch wenn ich dies schon allzu oft habe sagen müssen. Manchmal finden wir den Schalk in einer Angelegenheit und müssen lachen. Manchmal frage ich ernsthaft: „Darf ich dir etwas sagen?" oder: „Möchtest du etwas lernen?" Dann kann die Kollegin nachdenken, ob sie das möchte, ob dafür jetzt der richtige Ort, die richtige Zeit und die passende Atmosphäre ist.

Eltern, die offen und ehrlich mit sich selbst und den Kindern kommunizieren, können auch leichter gemeinsam lachen, wenn sie die herumliegenden Klamotten der Kinder zum tausendsten Male aufräumen – bis sie endlich verstanden haben, dass eine Garderobe auf Kinderhöhe durchaus sinnvoll ist, damit Kinder ihre eigenen Sachen hochhängen können. Ich entsinne mich sehr gut an den Gesichtsausdruck der Eltern, die dies im offenen Gespräch ganz plötzlich erkannt hatten. Irgendwann verstehen Kinder, warum eine gewisse Ordnung ihren Eltern lieb und wichtig ist, wenn Eltern es ihnen mitteilen. Oder, wenn sie es nicht verstehen, akzeptieren sie die (Ordnungs-) Regel, weil sie sich von den Eltern geliebt wissen und fühlen und ihre Eltern lieben – wenigstens ihnen zuliebe halten sie mehr und mehr die Regeln ein. Und auch deshalb, weil sie mehr und mehr auf Augenhöhe und mit gleichwertigem Mitspracherecht in den gemeinsamen Überlegungs- und Planungs-Prozess der Familienangelegenheiten miteinbezogen werden!

Sowohl in der Kita als auch in der Familie: Jeder von uns und wir gemeinsam kennen gegenseitig mehr und mehr das an uns, was wir lieben – genauso wie das, was wir nicht lieben. So können wir, alle vom Team und alle Familienmitglieder, gegenseitig auf uns aufpassen – und uns stärken. Darauf bauen wir auf. Wenn wir wissen, dass eine Kollegin es nicht leiden kann, wenn bestimmte Kinder immer wieder streiten – dann können wir ihr diese Situationen abnehmen. Und die Kollegin kann in Ruhe klären, warum das so ist und was es mit ihr zu tun hat. Wenn wir wissen, dass Papa beinahe aus der Haut fährt, wenn wir mit klebrigen Fingern ans Klavier gehen oder wenn wir wissen, dass Mama die Krise bekommt, wenn die Geschwister streiten – dann können wir die jeweilige Situation dem Partner und der Partnerin abnehmen! Wenn wir wissen, dass eine Kollegin gerne eine bestimmte Tätigkeit lernen möchte (zum Beispiel die Telos-Blume zu leiten oder ein Elterngespräch zu führen), sich dies aber noch nicht ganz zutraut – dann können wir gemeinsam eine Situation schaffen, die es ihr erlaubt, dies Neue auf angenehme und motivierende Art und Weise zu lernen. Und damit sind wir Vorbild für die uns anvertrauten Kinder: Entfalte dich gerne! Denn ich (und wir als Team) entfalte mich gerne! Wenn die Eltern sich gegenseitig zeitweilig den Rücken freihalten, damit die Partnerin oder der Partner ihren beziehungsweise seinen eigenen Interessen nachgehen kann, dann sind sie den Kindern ebenso ein unausgesprochenes Vorbild in eigener Entfaltung! Wie viel schöner noch, wenn die Kinder die Wertschätzung für die eigene elterliche Entfaltung aus dem Mund von Mama und Papa hören.

Du bist Schöpferin

Auf was hast du gerade Lust? Mit was willst du dich beschäftigen?

Schaffe dir (wenigstens ein bisschen) Raum und Zeit dafür!

Das Kind wird allmählich lernen, sich seiner eigenen Beschäftigung zuzuwenden und dich bei deiner zu lassen, wenn es deine begeisterte Ernsthaftigkeit deiner Beschäftigung gegenüber spürt.

Bei Haushaltsdingen, die erledigt werden müssen: Auch hier wird es deine Begeisterung spüren und gerne mitmachen. Finde also zumindest eine Kleinigkeit an ungeliebten Tätigkeiten, die gemacht werden müssen und mache sie so, dass sie *Spaß* machen: Sei kindlich mit dir selbst – erfinde lustige (Lust-volle) Varianten von Routine-Tätigkeiten.

Lass mich doch in Ruhe mit den engen Grenzen!

Jetzt sind wir endlich da, wo es ans Eingemachte geht. Wo es im Alltag mit Kindern auch mal ungemütlich werden kann. Wo es um die Akzeptanz von Regeln und Grenzen geht. Und darum, wie wir diese den Kindern vermitteln können, ohne dass es weh tut. Regeln und Grenzen vermitteln in Leichtigkeit und Freude – das ist unser Ziel!

Ich will schöpfen!

„Ich will schöpfen!

Das war meine vordringlichste Aufgabe als Schöpfer-Kind, das ich war. Dafür habe ich alles getan. Dafür habe ich mich im Guten eingesetzt. Wenn ich merkte, dass ihr an eure Grenzen stoßt, weil ihr euch durch mein Schöpfertum überfordert fühltet, wenn ich mich dann gebremst fühlte, begann ich zu kämpfen.

Es waren nur scheinbar anstrengende Zeiten. Rückblickend waren es genau die Momente, die mich lehrten, wie es genau geht, für die eigene Schöpfung absolute Verantwortung zu übernehmen. Rückwirkend bin ich euch dankbar. Dankbar bin ich, weil ihr euch auf den Weg machtet, genau hinzufühlen, wo und wann es darum geht, durch die Erfahrung von Begrenztheit zu lernen und wo und wann es darum geht, mich unbehindert frei schöpfen zu lassen.

Ich will schöpfen! Das ist meine vordringlichste Aufgabe als Schöpfer, der ich bin. Dafür tue ich alles. Dank euch habe ich gelernt, meiner Schöpfung Ehre zu erweisen."

234

Was gilt, gilt – die eine Regel

Wenn alle Kinder und Erwachsenen in unserer Kita anwesend sind, dann sind das ungefähr 70 Personen. Die einen sind älter… das sind wir Erwachsenen. Die anderen sind jünger… das sind die Krippen- und Kindergartenkinder zwischen einem Jahr und so ungefähr sechs, manchmal sieben Jahren. Manche von den Anwesenden sind sehr schlau (man nennt sie manchmal „hochbegabt"), manche *wirken* nicht so schlau im *herkömmlichen* Sinne, sind es jedoch auf ihre eigene Art, manchmal sogar außergewöhnlich (man nennt sie zuweilen Menschen mit Verdacht auf Autismus oder Menschen, die einen Gen-Defekt haben) und manche haben körperliche Einschränkungen in Bezug auf die Sinne (Sehen zum Beispiel) oder ihre Ausdrucksfähigkeit (zum Beispiel das Sprechen). *Jeder* von diesen ungefähr 70 Menschen will gesehen werden. *Jeder* von diesen 70 Menschen will in seiner einzigartigen Weise gesehen werden. Es gibt viele Menschen, denen reicht es nicht aus, „normal" gesehen und gewürdigt zu werden. Denn „normal" entspricht ja der „Norm" – so sind ja alle… enttäuschend, dass ich auch so bin, wie die anderen, denken oder fühlen unbewusst viele.

Viele Kinder wissen sich sehr gut zu helfen! Das fällt mir so oft auf, wenn wir im Kreis von vielen Kindern auf dem Boden sitzen. Auch, wenn der Kreis so anfängt, dass alle Menschen außen am Kreis-Rand sitzen, gibt es fast immer ein, zwei Kinder, die nach und nach mehr Richtung die Mitte rutschen. Bei den jüngeren kann ich dies gut nachvollziehen – sprechen wir doch unbedacht von „setz dich *in* den Kreis"; ja, das tun sie. Auch die älteren kann ich gut verstehen: Sie sitzen jedoch wohl eher „im Kreis", also in der Mitte, damit sie bemerkt werden; damit sie aus der Masse der anderen Menschen herausstechen und auffallen. Gut gelöst!

Wir haben beobachtet, dass viele Menschen eine normal gültige Regel nutzen, um sie zu übertreten... wohl, weil sie dann gesehen werden. Ein weiteres Beispiel ist, wenn wir alle im Kreis zusammensitzen, die Stille hören (so beginnen wir unsere Versammlungen) – und die Zunge eines Kindes genau in diese schöne Stille hinein schnalzt und zischt; oder es sich gar bäuchlings in die Mitte hineinwirft. Die ungünstig formulierte Regel „jetzt hören *wir* die Stille" bietet sich also hervorragend dafür an, es anders zu machen und dadurch besonders gesehen zu werden – dazu gleich mehr. Ein anderes Beispiel: Wenn wir Kita-Erwachsenen im wöchentlichen Team zusammensitzen und ein Thema besprechen – und der gleiche Satz, die bereits mitgeteilte Meinung unzählige Male (in leichten Variationen) nochmal und nochmal von unterschiedlichen Kolleg*innen kundgetan wird. Die Regel „wir haben zwei Stunden Zeit für unser Team und wollen all die vielen Themen bearbeiten" ist dann eine gute Gelegenheit, besonders gesehen zu werden: Auch ich habe etwas beigetragen. Oder: Mein Beitrag war besonders lang und ausführlich. Zwischenzeitlich mussten wir darüber lachen. Mittlerweile haben wir gemeinsam daran gearbeitet: Wir gestalten nun den Anfang unserer wöchentlichen Teamsitzung auf eine Weise, die es jedem von uns ermöglicht, auf ihre einzigartige Weise gesehen zu werden mit unterschiedlichen Übungen, Gedankenspielen oder ähnlichem – so sind nun die Redebeiträge zu den Sachthemen kurz, prägnant und fokussiert.

Natürlich sind auch andere „normale Regeln" dazu geeignet, sie ganz einfach zu übertreten, sich also nicht daran zu halten – hier ein paar kurze und durchaus bekannte Beispiele: Garderobensachen an die Haken hängen; im Flur langsam gehen; Bauwerke und Bastelsachen anderer würdigen und so lassen, wie sie sind; einen Konflikt gemeinsam durch Reden, Einfühlen und Lösungen-finden klären; die Außengrenzen der Kita nicht ungefragt überschreiten (Zaun und die Haustüre) und viele mehr. Jede dieser Regeln hat ihren Sinn und ihre Berechtigung. Und gleichzeitig gibt es bei jeder der genannten normalen Regeln so viele Gründe, warum diese gerade nicht eingehalten werden können...

Ein paar offene Fragen:

Wenn ein Kind heute im Kita-Alltag noch zu wenig Aufmerksamkeit bekommen hat – warum kann ich ihm dann nicht heute die Möglichkeit geben, dass es diese Aufmerksamkeit in unserem gemeinsamen Kreis bekommt? Wo doch das Kind so eine gute Möglichkeit für sich gefunden hat, die nötige Zuwendung zu erhalten, indem es etwas tut, was außerhalb der Norm ist!

Wenn ein*e Erwachsene*r in unserem Team durch die Anfangs-Einstimmung des Teams (bei der jede*r die Gelegenheit hat, sich auf seine einzigartige Weise mitzuteilen sowie gesehen und gewürdigt zu werden) noch nicht genug Aufmerksamkeit und Zuwendung bekommen hat – warum dann nicht heute im Team seine / ihre vielen Worte wertschätzend anhören?

Wenn ein Kind die Garderobensachen liegen lässt – und eine Extra-Einladung möchte, diese ordentlich aufzuhängen – warum dann nicht diese Extra-Einladung ihm geben?

Wenn ein Kind im Flur rennt – warum dann ihm nicht zutrauen, dass es von allein rechtzeitig bremst, bevor es an ein anderes Kind oder an ein Möbeleck rennt?

Wenn ein Kind das Bauwerk eines anderen kaputt macht – warum ihm dann nicht selbstverständlich und ohne große Worte zutrauen, dass es eine Lösung findet, die das Kaputtgemachte wieder repariert und die Trauer des anderen tröstet?

Wenn Kinder sich streiten – warum dann mich einmischen – wenn ich doch weiß, dass sie ihre Konflikte selbst lösen, auf die ihnen einzigartige Art und Weise?

Wenn Kinder unerlaubt über den Zaun klettern – warum dann gleich schimpfen, statt zu fragen, zuzuhören und zu erfahren, dass sie das hinübergeflogene Spielflugzeug retten wollen – und ihnen dann von den starren und beweglichen Regeln zu erzählen (davon gleich mehr).

… einfach: Aus Liebe zu diesen Menschen.

In unserer Kita erinnern wir ein Kind deshalb beispielsweise weder mit den negativ formulierten Worten „*Wir* rennen nicht" noch mit dem positiv formulierten Satz „*Wir* laufen im Flur langsam" an die bekannte Regel. Hier nun die versprochene Erklärung zu dieser, meiner Meinung nach, ungünstigen Formulierung. Denn genau dieses „wir" verhindert bei allen Beteiligten (Kind wie erwachsenem Begleiter), dass das Kind in seiner Einzigartigkeit gesehen und gewürdigt wird. Bei nächster Gelegenheit wird es die allgemein gültige und bekannte Regel wieder auf seine einzigartige Weise abwandeln, weil es ja in seiner Einzigartigkeit *auffallen*, gesehen und beachtet werden will.

 **Wer hat gerade das Bedürfnis, in seiner Einzigartigkeit besonders und liebevoll gesehen zu werden?**

Das Kind? Wer kann diese besondere Zuwendung geben?

Oder willst du in deiner Einzigartigkeit besonders liebevoll gesehen werden? Kann es sein, dass du es bist, die / der dir

> selbst diese besondere Zuwendung geben sollte? Dann bist
> du anschließend gestärkt, um dem Kind besondere Zuwen-
> dung geben zu können.

Wenn ein Kind, weil es dies verbal vielleicht noch nicht versteht, durch die blaue Außentüre (die äußerste Türe in unserer Kita) huschen will – ja dann! Dann muss ich klar Einhalt gebieten! Die eine Regel lautet nämlich (entsprechend einer Erweiterung der goldenen Regel vieler Religionen und Kulturen):

Gesundheit für Leib und Leben – und auf allen Ebenen – für alle Wesen.

Wenn die Gesundheit oder gar das Leben bedroht sind – dann heißt ein „Nein" „Nein" und ein „Stopp" „Stopp". Wenn die Nerven eines pädagogischen Mitarbeiters drohen, zu reißen; wenn das Gehör von Kindern und Erwachsenen droht, überlastet zu werden; wenn der Selbstwert eines Kindes oder Erwachsenen droht, wegen übler Nachrede oder fieser Beschimpfungen, zu schrumpfen – dann drohen Verletzungen auf anderen Ebenen als dem Leben und der körperlichen Gesundheit, die nicht minder zerstörerisch sind und nicht weniger weh tun. Hier ist es absolut Not-wendig, dass die jeweilig geltende Regel eingehalten wird.

Wir gehen auch davon aus, dass nicht nur sichtbar lebendige Wesen wie Menschen und Tiere, sondern auch Pflanzen und alle anderen Dinge „Wesen" sind, die an Leib, Leben und auf allen Ebenen geschützt werden wollen. Solche Wesen sind Tische, Steine, Flaschen und Treppengeländer ebenso wie Zusammenkünfte (Spielsituationen, Gespräche, Telefonate...) und Bedürfnisse einzelner (Schlafen, Ausruhen, ungestört arbeiten /

basteln / spielen...). Weil in unserer Kita viele Menschen zusammenleben, hat es sich außerordentlich gut bewährt, dass es nurmehr die eine Regel gibt: Gesundheit an Leib und Leben und allen Ebenen für alle Wesen! Diese eine Regel ist einfach. Man kann sie sich sehr gut merken und muss nicht sehr viel erklären. Auch dafür ist sie also gut: Das viele Reden von begleitenden Erwachsenen zu vermindern.

Und diese Regel macht es möglich, dass das jeweilige einzelne besondere Bedürfnis aller 70 Menschen in unserer Kita berücksichtigt werden kann.

Bewegliche Regeln

Als die Kinder unerlaubt über den Gartenzaun geklettert waren, um ihr Flugzeug zu retten, hatte ich ihnen mittels eines starren Reifens und eines beweglichen Seils von den starren und beweglichen Regeln erklärt.

Von außen kann man manchmal den Eindruck haben, dass es in unserer Kita gar keine Regeln gibt. Doch das ist ein Irrtum. Gerade weil so viele Menschen im gesamten Haus (Dank des offenen Konzeptes) zusammenleben, sind wir auf viele Absprachen angewiesen! Kinder müssen sich ab- und anmelden, wenn sie ein Zimmer verlassen; wir müssen uns auf sie verlassen können, wenn sie eine Zeitlang allein in einem Zimmer spielen (sie müssen wissen, was sie dürfen und was nicht, um gesund an Leib, Leben und allen anderen Ebenen zu bleiben); sie müssen in der Lage sein, einen Streit selbst zu lösen und sich gegenseitig zu trösten und zur Hilfe zu kommen. Dazu müssen wir ihnen auch zutrauen, dass sie mit Materialien so umgehen, dass diese ganz bleiben. Es wäre zum Beispiel unsinnig, wenn wir die Regel aufstellen würden, was alles in einem Kinder-Schubkarren befördert werden darf, damit dieser ganz und das Kind gesund bleibt.

Dieser Tage habe ich beobachtet, wie ein 3-jähriges Kind einen Holzblock in einen Schubkarren lud. Als es damit losging, verlor dieser das Gleichgewicht und fiel um, der Holzblock rollte heraus. Ein älteres Kind eilte mal kurz herbei, lud den Holzblock erneut auf – und schon wieder fiel der Schubkarren dem 3-jährigen Kind beim Anheben um. Das junge Kind schmollte. Ich ging hin. „Ganz schön schwer, so ein Holzblock" Das Kind schmollte weiter. „Ich habe gesehen, wie du das machst. Du bist ganz schön stark! Und der Holzblock ist wirklich schwer. Du findest eine gute Lösung. Du bist ein guter Nachdenker." Ich ging wieder weg. Ich tröstete nicht. Ich überlegte nicht gemeinsam mit dem Kind. Ich ließ ihm die Chance, selbst nachzudenken. Es hatte meine Botschaft erhalten: „Ich bin ein guter Nachdenker." Aus der Ferne beobachtete ich, wie das Kind fertig schmollte. Anschließend begutachtete es den Holzblock, drehte ihn mühsam um, fasste ihn an, hob ihn auf – und wuchtete ihn ungefähr 15 Meter weiter weg an sein Ziel. Mit den Augen suchte es meinen Blick – ich strahlte und zeigte den Daumen, das Kind strahlte ächzend zurück. Noch weitere drei Holzblöcke schleppte es auf diese Weise an die richtige Stelle, wo es eine Mauer baute. Es gab keine Regel, was im Schubkarren befördert werden darf – es gab keine feste Regel, wie in unserer Kita Holzblöcke befördert werden. Die eine Regel der Gesundheit wurde eingehalten – und ich vertraute darauf, dass das Kind stark genug ist, dass es den Holzblock nicht auf seinen Fuß fallen lässt. (Den Grad der möglichen Verletzung stufte ich relativ gering ein. Es war mir wichtiger, dass das Kind die Erfahrung macht, selbständig ein Problem lösen zu können, als es vor einem blauen Fleck am Rist zu schützen.)

Über die Jahre haben wir verschiedene Sitzmodelle in unserer Telos-Blume, unserem „Stuhlkreis", ausprobiert. Anfangs saßen wir auf Bänken. Als wir immer mehr Kinder und Erwachsene wurden, war uns irgendwann die Arbeit zu viel, den Bankkreis jedes Mal auf- und wieder abzubauen. Da gingen wir auf Teppichpolster über (wie es die jungen Kinder im Krippenalter schon seit Beginn unserer Krippe machen). Zurzeit sitzen wir in der Versammlung und bei den Telos-Blumen nur noch auf dem Boden. Das vereinfacht alles sehr! Nur: Eine feste Regel galt und gilt über die vielen Jahre hinweg – dass man sitzt und nicht liegt. Darauf bestehen wir. Die andere Regel ist beweglich: *Eigentlich* sitzt man auf dem Platz, den man sich anfangs gewählt hat, ein Wechsel ist nur in Ausnahmefällen möglich. *Aber* es gibt hier immer wieder Ausnahmen: Junge Kinder im Krippenalter – und davon haben wir immer wieder welche in der Versammlung und der Telos-Blume im Kindergarten dabei – haben einfach noch kein sooo langes Sitzfleisch. Diese Kinder dürfen herumwandern, wenn sie es gar nicht mehr aushalten. Und jetzt ist genau dieser Punkt, wo es sehr beweglich wird: Das Sitzen hat nämlich nichts mit dem Alter zu tun, sondern mit der Befindlichkeit des einzelnen Kindes und der Gesamtgruppe. Normalerweise halten es die anderen Kinder sehr gut aus, wenn nur *ein* anderes junges Kind sich die Beine vertritt. Es gibt aber auch Tage, an denen die gesamte Gruppe unruhig wird, wenn ein Wanderkind dabei ist. Dann soll auch dieses Kind sitzen – oder seinem Bedürfnis entsprechend sich in einem anderen Zimmer, dem Flur oder dem Garten, bewegen. Es wird nicht ausgeschlossen, sondern es kann sich bewegen, dort, wo es passt. Ich erinnere mich auch noch gut an ein damals junges Geschwisterkind, das mit seinem älteren Geschwister in der Versammlung dabei war. Es sah wirklich sehr niedlich aus, wie es immer wieder von der Bank kletterte, im Kreis herumlief und dann wieder auf die Bank hinaufkrabbelte. Die älteren Kinder spornten es leise an, luden es herzlich zu sich ein... sehr nett alles und sehr störend für das eigentliche Geschehen in der Versammlung. Ich fühlte mich damals in das junge Kind ein – und merkte, dass es durch sein Wandern ein anderes Bedürfnis stillt, als dem, seine Beine zu vertreten: Es genoss sichtlich die Aufmerksamkeit, also in seiner Einzigartigkeit gesehen zu werden! Dies steht ihm durchaus zu, jedoch nicht unbedingt in der Zeit, in der die Aufmerksamkeit der Gruppe gebührt, beschloss ich damals. Und ich merkte noch etwas: Das clevere junge Kind ist durchaus in der Lage, die allgemeine Regel zu hören, zu verstehen und durchzuführen. So beschloss ich, dass genau heute der Tag ist, an dem dieses junge Kind lernt, dass die Regel lautet, während der Versammlung auf seinem Platz zu sitzen. Das vermittelte ich dem Kind liebevoll, klar und mit wenigen Worten. Ich sehe noch heute den Blick der großen, erstaunten Augen, die mich wortlos fixierten, als es dann auf seinem Bankplatz saß! Und es akzeptierte stolz, dass es nun in den Kreis der älteren Kinder aufgenommen ist, denen man auch unausgesprochen zutraut, dass sie eine Weile ruhig sitzen.

Die bewegliche Regel, die bei uns am häufigsten zum Tragen kommt, ist die Kleiderregel für draußen. Wir hatten auch hier unterschiedliche Modelle – seit langem schon entscheiden nun die Kinder allein, was sie für draußen anziehen. Erstmal! So, wie sie sich zunächst anziehen, belassen wir es. Die Regel lautet also, dass jeder sich so anzieht, dass es ihm gut geht... auch nach dem Aufenthalt im Freien! Wir trauen den Kindern zu, dass sie mit Erwachsenen-Hilfe nach und nach lernen, ihr eigenes Körperempfinden wahr-zu-nehmen. Mit Hilfe des Finger- und Nasentests überprüfen wir dann, ob die Entscheidung des Kindes die passende war – dieses Ergebnis ist für jedes Kind sichtbar und akzeptabel. In diesem Zusammenhang gibt es noch eine Regel, die sich im Laufe der Geschichte unserer Kita von einer beweglichen in eine starre verändert hat: Haben wir früher noch einzelnen Familien zugestanden, dass ihr Kind, wie auch immer, in Bezug auf die Kleidung eine Ausnahme machen kann, vertreten wir nun alle im Team geschlossen den Eltern gegenüber, dass jedes Kind seine Kleidung selbst bestimmt. Nach und nach vertrauen die Eltern uns, dass wir damit ihrem Kind keinen Schaden zuführen (denn sie haben meist Sorge vor Krankheit des Kindes, deren Folgen die berufstätigen Eltern ausbaden müssen) sondern dass wir den Kindern einen Nutzen zuführen, indem wir sie in ihrer Selbstwahrnehmung, ihrem Selbstvertrauen und im Finden und Durchführen ihrer eigenen Entscheidung stärken.

Welche Regel mag abgeschafft werden?

Du merkst es wahrscheinlich am Verhalten des Kindes... es stößt an die Grenze wie an zu einen engen Käfig.

Dann scheint diese Grenze zu eng geworden zu sein – überdenke sie!

Bewegliche Regeln zuhause

Kinder sind sehr findig! Sie wissen genau, bei welchem Thema sie sich lieber an Papa wenden, weil der die angenehmere Zusage ausspricht als Mama – und umgekehrt! Schokolade als Nachspeise gibt es beim Papa, auf das Mäuerchen klettern ohne Hand geht bei Mama.

Das Familienleben wird einfacher, wenn sich die gesamte Familie an die eine Regel hält! Gesundheit auf allen Ebenen für alle Wesen!

Wenn diese Regel einmal mit der gesamten Familie besprochen wurde, dann ist es anschließend für alle einfach, sich daran zu halten.

Nur: Ist Schokolade als Nachspeise gesund oder ungesund? Ist das Laufen auf dem Mäuerchen gefährlich oder ungefährlich? Das ist nun die große Frage! Manche Dinge stufen wir aufgrund unserer eigenen Erfahrungen und unseres Wissens unterschiedlich ein. Das macht nichts! Es macht dann etwas, wenn wir uns diese Unterschiede nicht bewusst machen, vor uns selbst und dem Partner und der Partnerin geheim halten. Dann stänkern diese Sorgen – denn meistens sind es genau diese – unter dem Teppich hervor und machen das Familienleben anstrengend. Dann kommt es zwischen Mama und Papa möglicherweise zu Unstimmigkeiten, die die Kinder spüren, hören und „ausnutzen". Was also ist zu tun?

Eine offene Kommunikation zwischen den Eltern ist immer hilfreich. „Warum glaubst du, dass ein Stück Schokolade ungesund ist?" Vielleicht, weil Mama als Kind beim Zahnarzt unschöne Erlebnisse hatte, die sie ihren eigenen Kindern ersparen möchte? „Aber das Mäuerchen ist doch gar nicht hoch! Warum kann unser Kind da nicht allein raufklettern? Ist doch gar nicht schlimm, wenn es herunterfällt." Doch – für Papa ist es vielleicht schlimm, weil … tja, das Leben ist bunt! Wer weiß, was Papa für Erinnerungen an eigene oder fremde Verletzungen hat… Nur im gemeinsamen Austausch *und* wenn wir gegenseitig die Befindlichkeiten der Partnerin und des Partners anerkennen und wertschätzen, kann Vertrauen wachsen. „Ich spüre, dass du mich liebst, auch wenn ich diese Situation mit unseren Kindern nicht so gut und frei gestalte, wie ich es gerne möchte." In diesem Vertrauen ist es leichter möglich, dem anderen diese Situation vertrauensvoll zu überlassen. „Begleite du unser Kind beim Klettern – ich schaue aus der Ferne zu und übe, Vertrauen aufzubauen." Und: „Kläre du die Süßigkeiten mit unseren Kindern – ich verlasse mich auf dich und weiß, dass du nur das Beste für unsere Kinder willst."

Es macht nichts, wenn Kinder genau wissen, bei welchem Thema sie sich an Papa und bei welchem sie sich an Mama wenden. Es zeigt, dass sie sich wundervoll in ihre Eltern einfühlen und genau das bisschen mehr an Freiheit herausholen, dass sie für ihre freie Entfaltung brauchen. Und dann ist die eine Regel wieder ganz einfach: Weil wir alle von Herzen wünschen, dass alle Wesen an Leib und Leben auf allen Ebenen gesund sind, deshalb entscheidet Mama dies und Papa jenes Thema im Sinne der freien Entfaltung – und nicht im Sinne der sinnlosen Begrenzung.

Klarheit in der Bewegung

Manchmal wirken bewegliche Grenzen wie Chaos: Kein Mensch weiß genau, was wann wie vereinbart ist. Anfangs, als das Team immer größer geworden war und wir immer mehr bewegliche Grenzen lebten, hatten wir selbst manchmal das Gefühl, dass wir uns nicht mehr auskennen. „Ich wusste gar nicht, dass man jetzt doch allein auf der Stange klettern darf!" rief zum Beispiel jemand vom Team entrüstet, weil verunsichert. „Doch, doch" erwiderte ich. „Ich hab das diesem Kind erlaubt, weil es im Turnen ist und das echt gut kann! Es wäre eine Entmutigung, dieses Kind nicht allein klettern zu lassen!" Ständig rannten wir im Haus und Garten herum, weil wir diese oder jene allein vorgenommene Absprache den anderen mitteilen meinten zu müssen.

Irgendwann merkten wir dann selbst, dass die gute Kommunikation zwischen uns zwar grundsätzlich sehr wichtig ist, dass es aber viel mehr darauf ankommt, dass wir, das Team, uns gegenseitig und den Kindern vertrauen! „Hast du das mit einem Erwachsenen abgesprochen?" lautet nun die Frage an ein Kind, das etwas anders macht, als es gemeinhin die Regel ist. „Ja!" Wir merken genau, wenn die Antwort stimmt oder ob wir angeflunkert werden. Wenn das Kind bejaht, obwohl es niemanden gefragt hat, dann sind wir gefordert, gemeinsam hineinzuspüren, warum das Kind flunkert. Hat es das Gefühl, in seiner Einzigartigkeit nicht genug wahrgenommen zu werden? Und dann sind wir gefordert, das Richtige zu tun: Das Kind ermutigen und auf die Einhaltung der Regel achten… oder auch nicht. Jede Situation ist anders.

Ich erinnere mich an eine Szene im Sommer, bei der vier Erwachsene beteiligt waren. Dies war nochmal ein wichtiges Lehrbeispiel für uns alle. Ich erlebte die Geschichte so: Als ich durch den Flur ging, sah ich zwei Jungs, die dabei waren, ihre T-Shirts auszuziehen. „Wir haben das besprochen!" – „Okay." sagte ich und ging zu meiner Arbeit ins Büro weiter. Nach wenigen Minuten hörte ich meine Kollegin empört: „Ja so geht das nicht! Ihr bekommt ja einen Sonnenbrand!" Ich erspürte die Sorge in der Stimme meiner Kollegin und eilte hinaus. Irgendwie hatte ich das Gefühl, die Geschichte gemeinsam klären zu müssen. So holten wir die drei Jungs und fragten, mit wem sie das denn besprochen hatten. Diese Kollegin kam – und eine weitere sagte, dass sie ja dann auch beteiligt gewesen war! Letztendlich wurde uns klar, dass die Jungs von drei Erwachsenen eine Zustimmung erhalten hatten (das T-Shirt auszuziehen, weil sie ja unter dem Sonnenschirm werkelten) – und die vierte Kollegin hatte das einfach nicht mitbekommen und in ihrer Sorge um die Gesundheit der Kinder kurzerhand „Stopp" gesagt. Es war interessant für uns zu beobachten, dass die drei Kinder, obwohl wir das Thema nun gemeinsam geklärt hatten, nun keine Lust mehr hatten, ihre T-Shirts auszuziehen. Uns Erwachsenen war Dank der Jungs wieder klar geworden, dass Zutrauen und Vertrauen eine der wichtigsten Grundpfeiler unseres Handelns im Umgang mit Kindern sein muss. Wenn wir selbst uns klar sind – und wenn es nur eine*r von uns Erwachsenen ist! – und wir anderen der- oder demjenigen vertrauen, dann schwappt die Klarheit zu den Kindern über. Ich vergleiche das gerne mit einem schönen See, in den eine Handvoll Kieselsteinchen geworfen werden: Obwohl die Seeoberfläche nun voller Ringe und sich überlappender Kreise ist, vielleicht auch einen Moment lang unordentlich und aufgewirbelt ist, so ist das Wasser für *alle* das gleiche und klar und gefüllt mit Zutrauen und Vertrauen.

Regeln gemeinsam erarbeiten

Letztendlich entscheiden die Eltern gemeinsam, welcher grundsätzliche Regel-Rahmen entsprechend der einen Regel gilt. Dieser muss, wie bereits erwähnt, rechtzeitig geweitet werden, sodass das Kind nicht unnötig daran stößt und infolgedessen auf seine zu engen Grenzen aufmerksam gemacht werden muss.

Die Ermutigungspädagogik ist Fan des Familienrats. Hintergrund ist das Wissen der Individualpsychologie, die Gleichwertigkeit aller beteiligten Familienmitglieder wertzuschätzen, dass Erfahrungen gesammelt werden dürfen und die Minderheit berücksichtigt werden soll. Mein Mann und ich probierten ein paar Mal den geplanten Familienrat aus - letztendlich war es für unsere Familie einfacher, ihn spontan zu machen. Wichtig waren uns die folgenden Grundwerte: Freiwilligkeit der Teilnahme – nur wer da ist, kann auch mitreden – gemütliche Atmosphäre (nicht aus dem Konflikt heraus nach Lösungen suchen) – Entscheidung

gemeinsam treffen – Kompromisse für eine gewisse Zeit ausprobieren und bei einem nächsten Mal schauen, ob die Lösung passend war – Ergebnisse in ein kleines Heft notieren.

Unsere jungen Kinder waren wirklich jung, als sie teilnahmen!
Jedes Kind wirkte auf seine Weise mit. Gut erinnern wir uns an
festgelegte Fernseh- und Computerspiel-Zeiten (damals war das
Thema noch relativ neu). Es kam irgendeine Lösung zustande,
die an das Alter der Kinder gebunden war: So viele Lebensjahre,
so viele Minuten pro Tag… summiert auf die Woche… Es war ein
bisschen kompliziert, *aber* die Kinder waren gemeinsam auf
diese Lösung gekommen. Mir als die anwesende Erwachsene in
der Familie (mein Mann war arbeiten) fiel allerdings oft die Aufgabe der Kontrolle zu, was mir nicht so behagte. Ich erinnere
mich gut, dass ich einige Male das kleine Heft hervorholte und
die Kinder selbst nachlesen ließ, zu welcher Entscheidung wir
gemeinsam (mit Unterschrift aller Beteiligter!) gekommen waren. Nach kurzer Zeit schafften wir dieses Kontrollsystem gemeinsam wieder ab. Mehr und mehr vertrauten wir darauf, dass
es unsere Kinder in Sachen Medien schon richtig machen… aber
ich weiß, dass das vielen Eltern heutzutage schwerfällt. Immer
wieder redeten wir mit unseren Kindern über die Computer-
spiele, interessierten uns dafür, fragten kritisch nach.

Ich kenne die Empfehlungen für den Medienkonsum für junge
Kinder (nur wenige Minuten Fernsehen pro Woche!) – für Eltern
mit mehreren Kindern in unterschiedlichem Alter ist dies kaum
einzuhalten. Es sei denn, das ältere Kind schaut allein in den
Fernseher (was nicht empfehlenswert ist!) oder sieht fern, während das junge Kind schläft – aber all das ist in einer Familie
meist nicht so einfach planbar, wie es sich schreibt. Unsere Familie hat sich „durchlaviert". Der Medienkonsum unserer vier
Kinder ist sehr unterschiedlich gewesen. Was uns jedoch

auffällt, dass alle unsere vier Kinder, spätestens als sie erwachsen wurden, ihren persönlichen Medienkonsum entweder gen Null reduzierten, auf ein geringes Maß herunterfuhren oder immer wieder bewusste Medienpausen einführten. Und auch hier gilt für mich wieder die Frage: Was ist das Schlimmste, was passieren kann? Vielleicht kann ich der Antwort dieser Frage mit Vertrauen begegnen und mit gemeinsamen Gesprächen.

Bewegliche Regeln

Welche Klarheit steht hinter der Bewegung einer beweglichen Regel? Mit wem muss diese vorab besprochen werden?

Was ist der Anteil an Vertrauen und Sicherheit bei der beweglichen Regel – sowohl für dich als auch für das Kind?

Wenn die Leitung keine Wahl lässt

… wird es eng und ungemütlich.

Entfaltung ist ein nie endender Prozess. Dank meines Teams stieß ich ein paar Mal mit meiner Nase an enge Grenzen – die ich selbst gesetzt hatte! Es waren anstrengende Zeiten, sowohl für mein Team als auch für mich! Ich war auf dem Weg, in meine volle Kraft als Kita-Leitung und „Chefin" zu kommen. Geplant hatte ich das anfangs ja so nicht, dass ich einmal die Leitung und Trägerin von an die 20 Mitarbeiter*innen sein würde. Es gab also einiges, was ich lernen musste, auch in Sachen Mitarbeiter*innenführung.

Lange Zeit war mir das, was man früher „Umweltschutz" nannte, extrem wichtig. Seit einigen Jahren ist dies sogar ein gewünschter Teilbereich, der in Kitas gelehrt werden soll und nennt sich BNE: Bildung zur nachhaltigen Entwicklung. Wir lebten dies mit unserem Motto „Mutter Erde ist schützenswert" in verschiedenen Dingen des Alltags. Eines Tages forderte ich das Team heraus, dieses Thema viel wichtiger und damit „ernster" zu nehmen: Wir erarbeiteten gemeinsam unsere Vision der positiven Zukunft der Erde – was ein sehr schöner Prozess war – und wir erarbeiteten, was jede*r von uns selbst tun muss, damit dieses Ziel eintreten kann. Anschließend forderte ich das Team auf, dass jede*r von uns diese To-Do-Liste unterschreiben muss. Das stieß auf Protest! Obwohl alle Mitarbeiter*innen unseres Teams absolut hinter der gemeinsamen positiven Ziel-Vision standen, protestierten sie in dem Moment, wo ich eine Grenze setzte: wo ich nämlich forderte, das eigene persönliche Verhalten etwa zu ändern. Anfangs dachte ich, dass der Protest deshalb käme, weil meine Kolleg*innen sich in manchem Verhalten eventuell nicht einschränken wollten. Doch nach und nach verstand ich, dass der Grund war, weil ich keine Wahl gelassen hatte und zu wenig Vertrauen in meine Kolleg*innen gesetzt hatte. Es war auch dies ein offener Prozess, in dem wir viel redeten und unsere Bedürfnisse gegenseitig verstanden: Jedem von uns ist es wichtig, den Kindern dieser Erde eine wunderschöne, heile und lebenswerte Umwelt zu hinterlassen. Doch jede*r von uns lebt dies auf eigene Weise, die eine mehr beim Thema Mobilität, der andere mehr beim Thema Ernährung, eine dritte mehr beim Thema Kleidung und so fort. Wir unterschrieben die geforderte To-Do-Liste nicht. Nach wie vor arbeiten wir gemeinsam daran, gute Lösungen für schier unlösbare Probleme zu finden: Zum Beispiel Papier mit Kleister oder anderem zu kleben (statt mit einem Klebestift aus der Plastik-Verpackung), obwohl unser selbst angemischter Kleister jedes Mal nach einem Tag schlecht wird. Doch – oh Wunder - hat mittlerweile nach Jahren eine Kollegin ein Rezept für Kleister gefunden, der klebt und hält – und das so lange, wie Inhalt im Gläschen ist.

Die von mir zunächst gegebene Grenze war zu eng gewesen und hatte keine Möglichkeit zur eigenen Entscheidung gelassen.

Welche Regel mag erweitert werden?

Geburtstage, besondere Tage im Jahr und ähnliches sind dafür eine gute Gelegenheit:

Warte nicht, bis das Kind an die mittlerweile zu enge Regel stößt – mache sie von dir aus weiter – und überrasche damit das Kind durch eine Riesenportion Ermutigung!

Wenn es Eltern zu eng wird

Es hat immer einen Grund, warum es Eltern zu eng wird! Dann poltern sie los, schimpfen minutenlang ohne Ende, lamentieren, hauen die Türen hinter sich zu und verlassen fluchtartig den Raum und vieles mehr. Es macht eigentlich nichts, dass Eltern manchmal so sind. So sind wir halt! Wir haben eben unsere Gründe – die uns meistens nicht bewusst sind. Spüren tun wir es (meist) erst zu spät, dass unser Gefühl aus dem Untergrund lange Zeit ignoriert wurde. Dieses Gefühl, das oft ein Bedürfnis ist, kann dann ja gar nicht anders, als sich lautstark Luft zu machen. Ja, wohl nicht…

Doch dies darf keine Entschuldigung für unangebrachtes elterliches Verhalten sein! Die Kinder sind auf uns angewiesen, sie vertrauen uns, sie verlassen sich auf uns. Wir sind für sie verantwortlich. Wir dürfen sie also in keinster Weise auf keiner Ebene, weder seelisch noch körperlich noch emotional, verletzen. Doch dies passiert. Ich selbst habe einige Tränen vergossen, nachts im Bett, als dann endlich alle schliefen, weil ich mich meinen Kindern gegenüber den Tag über nicht so gelassen verhalten hatte, wie ich das eigentlich gewollt hatte. Es war mir anscheinend nicht gelungen, die Bedürfnisse meiner Kinder so zufriedenzustellen, dass es nicht auf meine eigenen Kosten gegangen wäre. In meiner Not, dass mir alles zu viel wird, warf ich Türen zu, verließ das Haus, spazierte mit den Worten „Ich bin mal weg!!" auf der Straße vor dem Haus herum – bis mir unser jüngster Sohn sorgenvoll nachrannte, weil er dachte, ich würde weg gehen. Das ist nicht spaßig. Aber es ist menschlich.

Ich selbst lernte dabei wieder einmal, dass ich mir selbst mehr Raum geben muss; dass ich mich dafür selbst besser kennenlernen muss; dass ich meine eigenen, dann erkannten Bedürfnisse, achten und respektieren muss; dass ich selbst dafür Sorge tragen muss, dass meine Bedürfnisse erfüllt werden – kurz: Dass es mir selbst gut geht. Und zuletzt: Dass ich viel viel früher meinen Kindern mitteilen muss, wenn es mir zu viel wird! Also – *bevor* es mir zu viel wird! Warum? Weil es keinen Sinn hat, wenn die verantwortliche Erwachsene in der Familie vor lauter Überlastung zusammenbricht und ausfällt.

Kinder verstehen alles. Hier sind wir wieder bei der Wahrheit. Kinder jeden Alters – und das meine ich wirklich so – verstehen (vom Gefühl her), wie es uns geht. Wenn wir ihnen dann noch mit Worten die Sachlage erklären, müssen sie nicht raten (wobei sie möglicherweise falsch liegen könnten). Wenn ich also meinen Kindern vorher sachlich und ruhig gesagt hätte, dass es mir gleich zu viel ist, dass ich ihre Mithilfe brauche, dass sie jetzt ohne Diskussion einfach das tun sollen, was dran ist, dass sie nicht endlos miteinander streiten sollen, dass sie jetzt mal ein paar Minuten leise sein sollen, weil ich sonst genervt bin ... dann hätten sie gewusst, was los ist. Kinder machen gewöhnlich gerne mit – weil sie die Gemeinschaft der Familie lieben – wenn sie in ihrer Einzigartigkeit gewürdigt werden. Warum also nicht vorab die Einzigartigkeit jedes der Kinder würdigen und gemeinsam Aufgaben verteilen, für die jeweils ein Kind zuständig ist?

Neulich war ein Papa bei mir in der Kita zum Elterngespräch. Es ging um die Frühstückssituation am Morgen mit drei jungen Kindern, bei der an ein paar Wochentagen die Mama schon in der Arbeit ist. Wie das Chaos bewältigen, ohne immer zu poltern? Wir bastelten gemeinsam an einem möglichen Plan: Das eine Kind hat ein sehr klares inneres Konzept – dieses Kind könnte die Verantwortung übernehmen für das zeitliche Management und die Uhr im Blick haben, während es die Brotzeiten für alle richtet (was es sehr gerne tut). Das andere Kind hat ein sehr musisches Talent – es könnte die Verantwortung übernehmen für das Schöne am Frühstückstisch, ein bisschen Schmuck, eine geeignete Musik. Das dritte Kind geht manchmal unter in der Familie und rabaukt dann vor sich hin – um dieses Kind muss man sich möglicherweise am meisten kümmern. Wir fanden heraus, dass die Aufgabe für dieses Kind, den einzigen Jungen, sein könnte, sorgfältig und gewissenhaft mit Papa den Tisch zu decken. Ich will demnächst mal nachfragen, ob der Plan aufgegangen ist!

Erinnern wir uns noch einmal an das Erwachsen gewordene Kind, das am Anfang dieses Kapitels folgende Worte spricht: *„Ich will schöpfen! Das war meine vordringlichste Aufgabe als Schöpfer-Kind, das ich war. Dafür habe ich alles getan. Dafür habe ich mich im Guten eingesetzt. Wenn ich merkte, dass ihr an eure*

Grenzen stoßt, weil ihr euch durch mein Schöpfertum überfordert fühltet, wenn ich mich dann gebremst fühlte, begann ich zu kämpfen. Es waren nur scheinbar anstrengende Zeiten. Rückblickend waren es genau die Momente, die mich lehrten, wie es genau geht, für die eigene Schöpfung absolute Verantwortung zu übernehmen. Rückwirkend bin ich euch dankbar. Dankbar bin ich, weil ihr euch auf den Weg machtet, genau hinzufühlen, wo und wann es darum geht, durch die Erfahrung von Begrenztheit zu lernen und wo und wann es darum geht, mich unbehindert frei schöpfen zu lassen.

Ich will schöpfen! Das ist meine vordringlichste Aufgabe als Schöpfer, der ich bin. Dafür tue ich alles. Dank euch habe ich gelernt, meiner Schöpfung Ehre zu erweisen."

Es ist schön, wenn es uns Eltern selbst immer mal wieder im Familien-Alltagstrubel gelingt, unserer eigenen Schöpfung Ehre zu erweisen, also dem, was wir als Mutter, als Vater tagtäglich tun und leisten, ohne uns selbst aus den Augen zu verlieren. Wenn wir uns selbst dankbar sind für die kleinen, vor allen Dingen für diese kleinen Begebenheiten, die wir schön, „richtig" und harmonisch hinbekommen haben! Wenn wir uns einfach mal innerlich an die erste Stelle setzen; ganz leise, irgendwie unauffällig für die anderen. Gleichwohl umso wertvoller und wirkungsvoller für uns selbst! Damit wir selbst immer wieder erkennen: „Ich will schöpfen!" Ich will kreieren, ich will Entscheidungen treffen, die mir Mutter, mir Vater, die der gesamten Familie guttun. Es geht nicht darum, die großen Dinge zu erfinden, ja, vielleicht geht es auch um die... aber zunächst, um den Familienalltag friedlich zu bewältigen, geht es darum, die kleinen täglichen Etappen zu meistern – will heißen: Aktiv zu gestalten! Wenn wir Eltern aktiv gestalten, dann erschaffen *wir* das Familienleben. Dann rollt es nicht über uns hinweg, sondern dann haben wir es in der Hand. Nicht immer, klar. Aber immer mal wieder. Und dafür dürfen wir dankbar sein und uns auch mit Stolz auf die Schulter klopfen!

> **Dankbar sein**
>
> Was ist dir heute gelungen im Familienalltag?
>
> Nein, nicht auf die großen Dinge kommt es an. Auf die kleinen!
>
> Vielleicht hast du heute das Kind sich einmal allein die Hände waschen lassen, auf seine Weise. Vielleicht hast du heute rechtzeitig mitgeteilt, dass du nun 10 Minuten deine Beine am Sofa hochlegen wirst, ohne gestört zu werden. Vielleicht haben die Kinder heute drei Minuten friedlich miteinander gespielt...
>
> Die Dinge, für die wir dankbar sind, werden mehr und größer!

Mit der Nase an die Grenze stoßen – ohne Wehtun

Freie Entscheidungen lieben Menschen jeden Alters. Sobald Kinder und Erwachsene merken, dass sie eine Wahl haben, sind sie zur Mitarbeit bereit, wenn sie das Thema grundsätzlich akzeptiert haben.

Mit Hilfe dem Ermutigungs-Tool der „Wahlmöglichkeiten" gelingt es uns sehr oft, Kinder zur Mitarbeit, zum Mittun, zum Mitmachen da, wo (leider) keine Wahl ist, zu bewegen. Neulich erlebte ich es so: Eine Mutter wollte ihr älteres Kind nach oben in den Kindergartenbereich verabschieden, weil sie das jüngere Kind unten im Erdgeschoß im Krippenbereich eingewöhnen wollte. Nur: Das ältere Kind ließ sich nicht dazu bewegen nach oben zu gehen. In dem Moment kam ich zufällig dazu und ließ mir die Situation kurz erklären. Und dann war es ganz einfach: Ich versetzte mich in das ältere Kind und spürte sofort sein Bedürfnis, nämlich von der Mutter auch eine Extra-Zuwendung zu erhalten, so wie das jüngere jetzt in der Eingewöhnungszeit. Auch das Bedürfnis der Mutter spürte ich sofort: Sich beim Wunsch, beiden Kindern gerecht zu werden, nicht selbst zu verlieren. So baute ich in die Wahlmöglichkeit beide Bedürfnisse ein: Zuwendung für das ältere Kind und Klarheit für die Mutter.

Ich sagte zum Kind „Magst du kurz hier einen Kuschel-Drücker von der Mama und dann gehst du alleine hoch oder bringt dich die Mama hoch und ihr drückt euch oben und dann geht die Mama wieder runter?" In dem Moment, als das Kind und die Mutter hörten und spürten, dass ihrer beider Bedürfnisse gesehen werden und auf leichte Art erfüllt werden können, fiel bei der Mutter sozusagen der Groschen – ihr Stresslevel sank sichtbar – und das Kind, das die mütterliche Reaktion zur gleichen Zeit fühlte, entschied sich leichtgängig für Variante eins, erst kuscheln. Nach einem kurzen Drücker wanderte es frohgemut nach oben zu den Kindergartenkindern und die Mutter konnte sich ihrem jüngeren Kind ganz bei der Eingewöhnung widmen.

Die Wahlmöglichkeiten sind das Mittel der (freien) Wahl, wenn eine eng wirkende oder tatsächlich enge Grenze aufgrund der Tatsachen nicht weiter gemacht werden kann.

Blumengleich entfalten wir uns

Es dürfte zu der Zeit gewesen sein, als das Telos-Kinderhaus die staatliche und gemeindliche Anerkennung bekommen hatte (2008), als ein Vater des Elternbeirates mich dazu aufforderte, ein Symbol für die Kita zu entwickeln, das zum Ausdruck bringt, um was es uns geht. Die bunte Blume mit sechs Blütenblättern unter dem schützenden grünen Dach war 15 Jahre lang unser Erkennungszeichen. Dann kam wieder ein Entfaltungs-Schub…

Freie Entfaltung

„Jetzt ist die Zeit, in Lebendigkeit zu schöpfen. Jetzt bin ich der Kindheit er-wachsen und trage sie doch in mir. Das Geschenk, das ihr mir machtet, indem ihr mich frei fliegen lehrtet, trage ich in mir. Ich gebe es weiter in meine Schöpfungen, Tag für Tag, ich gebe es weiter in die Kinder dieser Zeit. Ich achte und liebe euer Geschenk: Mich und mein Leben in allen Facetten zu leben, ganz und gar und ungebrochen. Ich lebe freie Entfaltung auf allen Ebenen, in Respekt, anerkennendem Staunen und Zuneigung zu den Schöpfungen anderer Wesen. Durch euer Vorbild habe ich verstanden, was ich als fühlbares Geschenk mit in dieses Leben gebracht habe: Schöpfungen sind vielfältig, es gibt sie in der Außenwelt und in mir drinnen, es gibt sichtbare und unsichtbare Schöpfungen, es gibt Schöpfungen für den Moment und solche für die Ewigkeit. Es gibt Schöpfungen, die Glück bringen und solche, die Unglück bringen. Und allen Schöpfungen ist zu eigen, dass sie ein Geschenk bringen, wenn der Schöpfer ganz und gar für sie Verantwortung übernimmt... auch, wenn das Geschenk der Schöpfung nicht auf den ersten und auch nicht auf den zweiten Blick sichtbar ist.“

Beobachten statt Diagnosen stellen

Als ich gelernt hatte, wie man mit Hilfe einer Grafik Diagnosen stellen kann, machte ich mich daran, eine solche Grafik für unsere Kita zu gestalten. Zunächst entwickelte ich eine Art Baum mit spiralförmigen Tentakeln und stellte diese Grafik begeistert dem Team vor. Als Wochen später dieser Entwurf von niemandem verwendet wurde, war mir klar, dass da noch viel Luft nach oben ist. Ich bastelte und kreierte immer wieder, viele Nachmittage lang, immer wieder kamen mir neue Ideen, immer wieder verwarf ich etwas, fiel mir Neues in den Blick, ergänzte ich, skizzierte, probierte. Immer mal wieder nahm ich das Team mit ins Boot. Nach über einem Jahr war es soweit: Die Grafik „Blume der Entfaltung" zum Erstellen einer Diagnose für Kinder war fertig – und ich stellte sie der pädagogischen Kita-Fachaufsicht im Jugendamt vor. Die war angetan, diskutierte mit mir fachlich über die einzelnen Teile der Grafik – und wünschte mir Erfolg bei ihrer Verbreitung. Dann ergänzte sie: „Aber Frau Seiler, Sie sind ja Sozialpädagogin und haben eine Zusatzausbildung als Familientherapeutin. Sie dürfen Diagnosen stellen. Erzieher*innen dürfen keine Diagnosen stellen!" Ich war baff. „Warum eigentlich dürfen sie das nicht?" fragte ich mich. Sie sind einfühlsam, sie sind geschult im Beobachten, sie haben oder machen Erfahrungen im Umgang mit Kindern jeden Charakters – warum dürfen sie keine Diagnose stellen? Nach einem kurzen Atemzug fragte ich: „Okay. Was ist denn dann bei Perik und Seldak (zwei Beobachtungsysteme, die in bayerischen Kitas angewandt werden müssen) anders?" – „Das sind Beobachtungs-Instrumente, hier werden keine Diagnosen gestellt." Das leuchtete mir ein. „Okay" erwiderte ich frohgemut „dann ist das auch eine Beobachtungs-Grafik." Die Pädagogin lachte: „Wenn Sie das so schnell ändern können?" Ja, ich konnte das so schnell ändern, denn beobachten ist klasse!

Beobachten bedeutet, Obacht zu geben. Aufmerksam zu sein. Beobachten kann man mit den Augen *und auch* mit den Ohren und dem Herzen. Derartiges Beobachten macht etwas mit der Beobachter*in – das Beobachtete lässt die Beobachter*in nicht unberührt, es geht ihr zu Herzen. Etwas, das zu Herzen geht, bewirkt eine Veränderung in der Beobachter*in... eine Veränderung, die sich in ihrer Ausstrahlung, in ihrer Haltung, in ihren Worten und Gesten und Taten ausdrückt. Eine solche Beobachtung ist viel mehr als eine reine Diagnose – die etwas fest-stellt, also etwas für den Moment unveränderbar macht. Eine derartige *beobachtende Diagnose* setzt etwas in Bewegung, nämlich achtsames Handeln und kann dadurch, durch die Beobachtung alleine, eine positive Veränderung, also eine Heilung bewirken. Die Grafik heißt nun „Telos-Blume der freien Entfaltung. Freies Schöpfen". Das Ziel ist, mit ihrer Hilfe den Weg für freie Entfaltung aufzumachen. Die Grafik selbst wird mittlerweile in unserer Kita nicht mehr so viel verwendet. Wichtig sind die Karten, die aus dieser Grafik entstanden sind: Nun können wir eine Karte ziehen und uns von den zum einen sachlichen, zum anderen zu Herzen gehenden Worten inspirieren lassen[7].

Ein Blütenblatt mehr – der Sprung ins freie Schöpfen

Zunächst hatte die Beobachtungs-Grafik sechs Blütenblätter, jede hatte eine Bedeutung. Nach vielen Wochen meldete sich ein siebtes Blütenblatt zu Wort, das noch dazu wollte. Vier der Blütenblätter sind die ins Potential gewendeten Verhaltensweisen der ursprünglichen „vier Nahziele sozial unangebrachten Verhaltens von Kindern" von Rudolf Dreikurs, welche defizitäres Verhalten anzeigt (wie weiter vorne schon beschrieben). Drei weitere, dazu drei grüne Blätter, der Regenbogen mit seinen

---

[7] Die Karten sind alsbald im Handel zu erwerben.

Symbolen und das Herz in der Mitte bringen das freie Schöpfen zum Ausdruck. Also das, was ein Kind braucht, um sich frei zu entfalten. Je nachdem, welche Frage ich als Beobachter*in stelle – ich bekomme immer eine Antwort, die meinen Blick auf das Kind *positiv* verändert. Indem ich nun das Kind anders, positiv erwartungsvoll betrachte, ändert sich meine Ausstrahlung, meine Haltung … und öffnet sich dadurch der Raum der freien Entfaltung für das Kind (oder den Erwachsenen, oder die Situation, oder das Projekt…).

Die Karten, die aus der Grafik hervorgegangen sind, liegen nun in jedem unserer Zimmer zur freien Beobachtung. Wenn es mal wo eng ist, zieht eine Kolleg*in intuitiv eine der Karten, nachdem sie sich innerlich eine Frage gestellt hat – und in ihr öffnet sich der Raum der freien Entfaltung für diese Situation. Auch bei Elterngesprächen und im wöchentlichen Team verwenden wir zunehmend die Karten, weiten Eltern und uns den Blick auf das Kind oder die bisher anstrengende Situation.

Vor einiger Zeit habe ich eine Grafikerin gebeten, unser altes Logo neu zu gestalten. Ich bat sie, das siebte Blütenblatt nun auch auf das Logo zu übertragen. Erstaunlicherweise fiel es niemandem vom Team auf, dass unsere Blume nun sieben Blütenblätter hat. Das siebte Blütenblatt fügt sich harmonisch ein, als ob es schon immer da gewesen ist. Wahrscheinlich hat es schon lange darauf gewartet, endlich in die Freiheit entlassen zu werden.

Freie Entfaltung im Nachhinein

Die Zeit vor dem Mittagessen hatten wir im Garten verbracht. Da es sehr nass geschneit hatte, sollten die Kinder ihre Schuhe diesmal gleich hinter der Gartentüre im Flur ausziehen und nicht erst an ihrem Garderobenplatz. Als ich dazu kam, stand ein Kind still und stumm auf dem Fußabstreifer. „Kannst du mal bitte übernehmen?" seufzte eine Kollegin. „Ich muss schon zum Mittagessen ins Zimmer." Ich übernahm. Während ich meine schneenassen Sachen auszog, unterhielt ich mich mit dem Kind, das mittlerweile nurmehr das einzige in der Garderobe war – vielmehr: Ich redete, das Kind schaute und schwieg. Als ich endlich meine Hausschuhe anhatte, ging ich zu ihm hin: „Brauchst du was?" Sein Mund schwieg, seine Augen sagten „ja." „Kann es sein, dass ich dir helfen soll?" Das Kind nickte. Man muss wissen: Das Kind *kann* sprechen! Und tut dies meist auch sehr fantasievoll und wortgewandt. Es deutete auf seine Winterschuhe. Ich merkte schon jetzt eine innerliche Anspannung. Es war jedoch die des Kindes und nicht meine. So war ich dennoch gelassen und freundlich. Ich stieg hinten auf die Schuhe des Kindes, das diese nun leicht ausziehen konnte. „Ich geh schon mal vor und erwarte dich im Lindenbaumzimmer beim Essen!" sagte ich freundlich. Das Kind schaute mir klar in die Augen und nickte. Nach einer langen Weile erschien es endlich oben. Ich bemerkte sein Erstaunen, dass die anderen Kinder mittlerweile schon beim Essen waren. Es war nur noch ein Platz frei. Mein Tag war anstrengend gewesen, mein Einfühlungsvermögen etwas getrübt. So dirigierte ich das Kind zum einzigen freien Platz – auf den es sich nicht setzte. Es blieb in einiger Entfernung stehen. Ich ging meinen anderen Tätigkeiten nach (wir waren weniger Erwachsene als üblich, es konnte sich also keiner von uns dem Kind ausführlich widmen). Das Mittagessen war beendet – ich war diejenige, die die Tische fertig säuberte. Wen entdeckte ich da hinter einem Tisch sitzend? Das Kind. Mit versteinerter Miene beobachtete es mich. Aus irgendeinem Grund schnellte mein *Wut*-Pegel in die Höhe. „Hast du gar nichts gegessen?!!" fragte ich verwirrt und etwas ärgerlich. Das Kind schüttelte den Kopf. „Dann setz dich jetzt hier zum Vorlesen dazu" sagte ich bestimmt. Das Kind blieb, wo es war. Das brachte mein Fass zum Überlaufen. „Da gehst du jetzt hin!!" sagte ich bestimmt und ging auf das Kind zu, um es zu meinem Kollegen zu führen, der einigen Kindern ein Bilderbuch vorlas. Das Kind flüchtete unter den Tisch. Sofort verzog ich mich ein Stück – ich wollte es nicht bedrängen. Ich fühlte mich *hilflos* neben meinem Ärger. Das Kind fing lauthals zu schluchzen an. Ich kenne nun ja die unterschiedlichsten Arten von Weinen: Dieses Schluchzen war tief und kam aus dem Innersten seiner Seele. Also: Kehr-Besen hinlegen, Geschirrwagen stehenlassen, mich zum Kind setzen, einfach in die Nähe. Lange saß ich dort. War dabei. Hörte dem Weinen zu. Dann legte ich sehr behutsam meine Hand auf den Rücken des Kindes, was ich nun durfte, und ließ sie dort liegen. Ich stellte mir die Mutter des Kindes vor, als ob sie bei dem Kind sitzt. Das Kind weinte immer noch, leiser zwar, aber es war noch nicht fertig. Ich stellte mir den Vater vor, als ob er beim Kind sitzt. Da wurde das Weinen anders. Als ich zum Kind sagte: „Da ist heute eine große Traurigkeit in dir. Das ist okay." schluchzte es zitternd auf – und beendete allmählich das Weinen. Ich hatte immer noch nicht verstanden was los war, außer, dass ein ganz tiefer Grund Ursache des Weinens war, ein Grund, der möglicherweise bereits im Garten begonnen hatte. „Magst du was essen?" sagte ich, obwohl das nicht unsere Art ist: Ich machte also aus unserer geltenden Regel (Mittagessen zur Mittagessenszeit) eine fließende Regel. Das Kind nickte. Gemeinsam füllten wir vom Servierwagen einen Teller. „Guten Appetit!" wünschte ich dem Kind, das still nickte und sich dem Essen zuwandte. Ich überlegte, was mir das Kind durch sein Verhalten sagen wollte. Meine eigenen Emotionen Wut und Hilflosigkeit führten mir sofort die Gefühle des Kindes vor Augen: *Seine* Wut und *seine* Hilflosigkeit! Ich dachte über die Situation in der Kita nach und über die Situation zu Hause im Familiengefüge. Entsprechend der vier Nahziele von Rudolf Dreikurs sollten wir dem Kind also mehr Entscheidungsfreiraum geben, mehr Macht (Nahziel 2, Machtkampf – das passende Nahziel zur Emotion Wut) und ihm grundsätzliche Anerkennung seines Wesens (Nahziel 4, Rückzug – das passende Nahziel zur Emotion Hilflosigkeit).

Später nahm ich mir die Grafik „Telos-Blume der freien Entfaltung. Freies Schöpfen" vor.

Was will mir das Verhalten des Kindes sagen? Ich landete beim Blütenblatt „Meistern". Eine Situation wollte gemeistert, bewältigt werden. Indem ich mich einfühlte, fiel mir ein, dass das Kind gegenüber seinen Eltern öfter mal dieses Verhalten zeigt, wenn diese es eilig haben und in Stress sind: Regredieren zu einem Verhalten eines viel jüngeren Kindes. Auch seine heutige Sprachlosigkeit spiegelte das Verhalten eines wesentlich jüngeren Kindes wider. Wir beide, das Kind und ich, waren also in die gleiche Spur geraten, die dem Kind vertraut ist: Verstummen, sich zurückziehen und dann weinen. Und genau diese, dem Kind altvertraute Verhaltensweise, die sich schon wie eine tiefe Fahrrinne eingegraben hat, aus der es kaum mehr herausfindet, will gemeistert werden: Die Kraft will gefunden werden, es anders zu machen; eine der vielfältigen Varianten zu er-finden, mit der das Kind die Situation auch anders als bisher gewohnt, bewältigen kann: Da ist ein Frust (vielleicht schon viel vorher im Garten entstanden); das Kind darf erkennen, dass es unzählig viel mehr Verhaltensweisen gibt mit diesem Frust umzugehen, als sich zu verstecken und zu weinen.

Was hatte das Kind von mir gebraucht? Jetzt blitzte das Blütenblatt „Freiheit" auf. Das erschien mir logisch: Freiheit von festgefahrenen Verhaltensweisen. Freiheit, sein Bedürfnis zum Ausdruck bringen zu dürfen. Ich hatte die Enge des Kindes gespürt und diese in meinem Ärger, der das Gefühl des Kindes war, zum Ausdruck gebracht. Ich hatte ihm dann die Möglichkeit eröffnet, seinen Schmerz, seine Traurigkeit zum Ausdruck zu bringen. Ich hatte sein Weinen erlaubt und diesem freien Raum gegeben.

Noch eine Frage stelle ich mir und der Grafik: Was braucht das Kind in Zukunft von mir / von der Kita? Nun kam ich beim Blütenblatt „Fantasie" an. Wenn es uns zukünftig gelingt, sein künftiges Verhalten, egal wie dieses aussehen wird, als fantasievolles Verhalten zu sehen (nicht als Belastung oder gar trotziges Verhalten, auch nicht nur als „Machtkampf" und „Rückzug"); wenn es uns gelingt, unsere eigene Sichtweise dem Kind gegenüber in Richtung „das Kind ist fantasievoll" zu öffnen – dann sehen wir im kindlichen Verhalten keine „Störung" mehr, sondern eine seiner Millionen zur Verfügung stehenden, sehr einzigartigen, fantasievollen Varianten, sein Leben in Freiheit zu meistern. Die Grafik (und die Karten) eröffnet uns Erwachsenen einen neuen Blick auf das Kind und lädt es dadurch unausgesprochen (Raumgestaltend) zur Entfaltung einer neuen Art, eine Schwierigkeit zu meistern, ein. Das Kind hat mittlerweile einen Entfaltungs-Sprung gemacht! Situationen, die es ärgern oder belasten, spricht es offen aus, holt sich aktiv Hilfe und meistert diese Gegebenheiten souverän!

Auch in unseren wöchentlichen Teamzeiten nehmen wir oft die Karten zur Hilfe, wenn wir über eine anstrengende oder anders auffallende Situation eines Kita-Kindes sprechen. Immer öffnen sich uns neue Sichtweisen, heilsame Sichtweisen, die unser Herz öffnen und somit dem Kind und der Situation Raum zur freien Entfaltung ermöglichen. Immer ist mindestens ein Kollege oder eine Kollegin dabei, die sagt: „Das ist genau mein Thema! Voll getroffen! Danke, ich hab's nun verstanden… und noch was zu lernen."

Die Blume der freien Entfaltung – Freies Schöpfen

Die Blume besteht aus folgenden Elementen:

Das Blütenblatt Geschenk sein: Dieses ist aus dem ursprünglichen Nahziel „übertrieben positive oder negative Aufmerksamkeit" hervorgegangen. Oft bekommt man in Hotels oder vor Weihnachten in Geschäften „eine kleine Aufmerksamkeit" geschenkt, als Wertschätzung. Genauso sollten wir Kinder (oder Situationen) empfinden, die uns irgendwie nerven. Was ist ein Geschenk? Wie fühlt sich ein Geschenk an? Wenn es negativ ist – was braucht es, dass ich in eine positive Vorstellung von „Geschenk" komme? Wenn wir das Kind in seinem herausfordernden Tun als Geschenk wahr-nehmen können, entspannt sich die Situation sofort. Denn das Kind fühlt sich nun so angenommen, wie es ist und grundsätzlich willkommen. Sein nerviges Tun (wir kennen sie alle, die kleinen fiesen Nervereien…) wird es dann nicht mehr nötig haben – denn sein Ziel: „Hallo, seht ihr mich? Ich bin auch noch da!" hat es erreicht.

Das Blütenblatt Freiheit: Dieses Blütenblatt ist aus dem ehemaligen Nahziel „Machtkampf" hervorgegangen. Kinder wollen autonom sein, sie wollen ihre Eigenständigkeit leben, sie wollen selbstbestimmt handeln und selbständig sein. Sie wollen die Dinge ihres Alltags auf ihre eigene Weise gestalten. Wenn dieses Blütenblatt aufgedeckt wird, dann haben wir Kinderbegleiter*innen meistens wieder mal nicht mitbekommen, dass das Kind längst mehr kann, weiß, können und wissen möchte, als wir merken oder glauben, ihm zutrauen zu können. Wenn wir nun seinem Bedürfnis nach „selber!" und „in meiner Weise!!" entgegenkommen, dann entsteht Freiheit auf beiden Seiten. Und vielleicht entstehen auch neue Methoden, auf die wir selbst nie gekommen wären…

Das Blütenblatt Frieden: Diese ist aus dem Nahziel „Rache" hervorgegangen. Kinder wollen eigentlich nicht Rache üben und anderen weh tun oder Sachen kaputt machen – Kinder wollen in Harmonie und Frieden mit ihrer Familie und ihren Freunden zusammenleben. Sie wollen sich einbringen, wie sie sind, mit ihrem Vermögen oder Unvermögen, wissen und spüren, dass sie (und ihr Beitrag) in der Familie oder Gruppe herzlich willkommen sind! Wenn dieses Blütenblatt gezogen wird, geht es meist darum, den eigenen inneren Frieden, die Gelassenheit wieder zu finden.

Das Blütenblatt Schwingung: Dieses ist aus dem ehemaligen Nahziel „Rückzug" hervorgegangen. Wenn das Kind (oder die Situation) so lange vergeblich auf sich aufmerksam gemacht, um seine Selbstständigkeit gekämpft (Machtkampf) und Krieg geführt hat – dann gibt irgendwann das stärkste Kind auf. Es verliert den Glauben an sich selbst und manchmal auch an das Leben. Es ist dann wie versteinert oder vereist. Doch! Auch ein Stein schwingt, wenn man auf ihn klopft; aus Eis lassen sich wundervoll klingende Instrumente bauen! So weit sollen wir es jedoch nicht kommen lassen. Unser Ziel ist es, die Schwingung, den wundervollen inne liegenden Klang dieses Kindes zu erlauschen – auch wenn wir irgendwie froh sind, dass dieses Kind endlich endlich Ruhe gibt. Wir sollen uns hüten vor der trügerischen Ruhe, die eher einer Totenstarre gleicht. Wenn diese Karte aufblitzt, sind wir aufgerufen, still zu werden und mit unseren Herz-Ohren zu lauschen. Wie klingt dieses Kind tief in seiner Seele? Wenn wir auch nur einen kurzen Klang erhaschen, löst sich bereits unsere eigene Schwere. Unser Herz öffnet sich mehr und mehr für den vollkommenen Klang der Seele dieses Kindes.

Blütenblatt Fantasie: Wie fantasievoll Kinder sind! Manchmal haben sie keine Zeit dafür, keinen Mut oder es fehlt ihnen die Erlaubnis. Wenn wir diese Karte ziehen, sind wir selbst eingeladen, ganz ver-rückt zu träumen, Dinge und Gedanken zu verrücken, anders wieder zusammenzustellen und unserer Kreativität freien Lauf zu lassen. Das sind dann die Momente der Kinderbegleitung, in denen wir unsere eigene kindliche Seele (wieder) zu Wort kommen lassen dürfen – um damit festgefahrene Situationen zu lockern und zu entspannen.

Blütenblatt Meistern: Kinder wollen es schaffen, es bewerkstelligen, es fertigbekommen – auf ihre einzigartige Weise. Sie wollen merken dürfen, dass es so nicht klappt, sie wollen selbst ausprobieren und experimentieren… So lange, bis es klappt! Wenn wir dieses Blütenblatt ziehen, stellt sich uns selbst die Frage: „Was habe ich gemeistert? Worauf darf *ich* stolz sein in meinem Leben?" Denn wenn wir dies anerkennen, müssen wir unser bisher unerkanntes Gefühl und vielleicht unbefriedigtes Bedürfnis nicht mehr auf das Kind projizieren. Dieses darf dann selbst stolz sein auf sein eigenes Geschafft-haben!

Blütenblatt Träumend: Es gibt immer so viel mehr, was wir uns gar nicht vorstellen können. Was ist das Unbekannte, das, was noch schläft und noch nicht entdeckt ist? Wenn sich dieses Blütenblatt zeigt, geht es darum, den Wert und die Fülle der Stille des Kindes oder der Situation zu erkennen. Es geht auch darum, selbst aufzuwachen, also achtsam zu werden auf das, was im Kind da ist, auch wenn ich es bisher noch nicht entdeckt habe. Ich darf also aufwachen, damit sich das Kind weiterträumend entfalten kann.

Die Mitte der Blume, das „AllesNeu": Dies ist das gesamte Entfaltungs-Potential, das ursprüngliche Samenkorn. Wenn sich die Mitte der Blume zeigt, stellt sich die Frage, ob sich die Blume in einem gesunden Schlummer befindet oder in einer Art Totenstarre? Vielleicht wartet das Kind gerade auf den Kuss des Lebens, auf die Befruchtung seines Potentials in dieser Situation. Denn wenn die Blume befruchtet wurde und lebendig bleibt, dann strömt aus ihr das „**AllesNeu**" heraus. Den Begriff „AllesNeu" habe ich aus dem Lied entnommen „Alles neu, macht der Mai, macht die Seele frisch und frei..." des Dichters Hermann Adam. Wenn wir vertrauen und dem Kind seine Zeit geben, dann kann sich alles neu gestalten.

Die Frucht: Aus ihr wachsen die Blütenblätter hervor. Sie symbolisiert die momentane (Lebens-) Aufgabe, den Wunsch, das Ziel und den tieferen Sinn (= „Telos"), sein einzigartiges Wesen zu entfalten. Wenn wir diese Karte ziehen, dann ist jemand aufgerufen, sich bewusst zu machen, was er (oder das Kind) gerade „erschaffen" will. Es muss nicht das Große sein... Oft handelt es sich um augenblickliche Ziele. Was mag entstehen? Manchmal auch: Was ist meine Lebensaufgabe?

Das grüne Blatt Liebe: Liebe will jeder Mensch lebendig werden lassen, Liebe will jeder Mensch empfangen und austeilen. Dieses Blatt fordert uns auf, Liebe zu entdecken und lebendig sichtbar werden zu lassen.

Das grüne Blatt Zu- / Vertrauen: Zutrauen, Vertrauen und (sich) trauen – diese sind ein Grundbedürfnis aller Menschen.

Das grüne Blatt lustvolle Freude: Aus lustvoller Freude sind wir Menschen entstanden (jedenfalls sollte es im besten Falle so sein!) – mit lustvoller Freude erfüllt das Kind sein Spielen und Erforschen. Dieses grüne Blatt erinnert uns auch daran, nicht alles so todernst zu nehmen, mehr Leichtigkeit, Freude und Spaß in die Begegnung mit dem Kind einfließen zu lassen.

Der Stil, die Kraft des Lebens: Eine Blume, die im eigenen Saft steht, ist aufrecht, tanzt im Wind, beugt sich im Sturm und steht danach wieder aufrecht da. Wer braucht gerade Kraft?

Die Wurzel, der Lebensfunke: Geerdet sind wir Menschen in Mutter Erde; verbunden mit der großen Kraft des Lebens, mit dem „Urgrund". Die „Urkraft der Seele" fließt hier in die Blume ein. Fehlt jemanden gerade die Erdung?

Der umgebende Regenbogen, der Tanz des Lebens: Wie ein schützender Kokon umgibt er die Blume und alles, was ist. Sein Rhythmus durchdringt jeden Teil der Blume und des gesamten Universums.

Die kleinen Zeichen im Regenbogen: Der Mond = Nacht / Unbewusstes / Traum. Die Sonne = Tag / Helles / Bewusstes. Der Stern = Geistesblitz / die zündende Idee. Die Kugelperlenkette = lebendige Gemeinschaft / die Verbindung zu allen anderen Menschen, Tieren, Planeten / Universen... Die Spirale = die Unendlichkeit in Zeit und Raum, Zeitlosigkeit, die Verbindung zu der endlosen Weite der Universen.

Die weiteren Elemente der Blume: Etliche weitere Details werden in der Grafik sichtbar und in den Karten beschrieben. Ich arbeite an der Veröffentlichung der Karten. Momentan existieren Probekarten für unsere Telos-Kitas.

Freie Entfaltung durch die Blume

Wer unsere Grafik ansieht, dem leuchtet eine Blume, die von einem Regenbogen umrahmt wird, entgegen. Im Regenbogen befinden sich ein paar Symbole, die Blume selbst hat drei grüne Blätter, die sich Geborgenheit schenkend um den Stil wickeln. Jedes dieser Symbole hat eine Bedeutung – die sich dem eröffnet, der sein Herz den einzelnen Begriffen öffnet. Eines der Blütenblätter heißt „Frieden". Frieden ist ein schönes Wort, ein hehrer Begriff. Dieses Blütenblatt ist hervorgegangen aus dem dritten Nahziel von Rudolf Dreikurs, der „Rache". Frieden ist das Gegenteil von Rache. Das ist schon eine Menge Information und doch steckt noch viel mehr in diesem Blütenblatt und zwar entsprechend dem, was jede*r Betrachter*in selbst mit dem Begriff „Frieden" verbindet. Ein Mensch, der in einer grundsätzlich friedlichen Familie aufgewachsen ist, wird Frieden anders wahrnehmen als jemand, in dem es in der Familie häufig „krachte". Jemand, der in einem Land lebt, in dem Krieg herrscht oder herrschte, nimmt Frieden ganz bestimmt anders wahr als jemand, der in einem Land lebt, das zu seinen Lebzeiten nicht von kriegerischen Handlungen überzogen war. Und auch mag es einen Einfluss auf die Wahrnehmung von „Frieden" haben, ob das Land, in dem der Mensch aufgewachsen ist, zum Beispiel Deutschland ist, für das Krieg eine besondere Bedeutung hat, oder die Schweiz, die sich in den Weltkriegen wieder anders verhalten hat... Ohne hier näher darauf eingehen zu wollen, wird sicherlich der Unterschied der jeweiligen Annäherung an den Begriff „Frieden" deutlich. Die Grafik und die Karten laden ein, sich dem Begriff „Frieden" (und allen anderen symbolischen Worten) unvoreingenommen zu nähern und gleichzeitig die eigene Lebensgeschichte zu entfalten. Je mehr ich, die Betrachter*in, mich entfalte, desto mehr öffnet sich der Raum für das

Kind, das ich begleite: Desto mehr erhält dieses die herzliche Einladung, sich zu entfalten.

Sehe mich groß, damit ich stark bin – Einladung zur Entfaltung

Es ist nun mehr als mein halbes Leben her, dass ich die Idee ganz konkret ins Auge fasste, tatsächlich einen eigenen Kindergarten zu gründen. Mir war vollkommen klar, wie ich mit den Kindern dort leben wollte – ich machte mir jedoch damals keine Gedanken darüber, welche Organisationsform meine kleine Kindergruppe haben sollte. Es war eine dieser dunklen Sommernächte im August, rund um die Zeit des sogenannten „Laurentius-Regens", die Zeit, wo man so viele schöne Sternschnuppen sehen kann. Mein Mann und ich besuchten mit unserem damals sehr jungen ersten Kind meine Eltern in deren Sommerurlaub. Wir genossen die Aussicht in die dunkle Weite der Natur. Mit Blick in die Sterne fragte ich meinen Vater, ob er meine noch zu gründende Kindergruppe in seine Gesellschaft aufnehmen würde. Er hatte einige Jahre zuvor die gemeinnützige Telos-Gesellschaft gegründet, eine Ausbildungsstätte für Psychologen und andere soziale Berufe zu individualpsychologisch orientierten Psychotherapeuten[8]. Mein Vater fand das eine wundervolle Idee! Gemeinsam brainstormten wir alle sofort über einen geeigneten Namen. Schnell war klar, dass das Wort „Telos" darin vorkommen musste. Telos bedeutet, wie gesagt, das Ziel. Ein bewusstes Ziel vor Augen zu haben, anhand dessen man sein Leben ausrichten kann, ihm eine Orientierung geben kann – das gibt dem Leben eine große Kraft. Ich orientiere mich auch gerne an Bildern, weil diese Visionen für mich wie lebendige Wesen sind.

---

[8] Diese Ausbildungsstätte wurde mittlerweile geschlossen. Eine Telos-Ausbildungsstätte für Pädagog*innen und Eltern ist wieder im Entstehen.

Mir gefällt dieser zeitliche Bogen: Mit Blick in die Sterne, in die Weite der Unendlichkeit der Universen, fand sich der Name dieser damals noch kleinen Kindertagesstätte. Zur Entfaltung einer Blume braucht es nicht nur ein Ziel, sondern auch gute Wurzeln, die in Mutter Erde Halt und Geborgenheit finden. „Telos- Entfaltung": Gut verwurzelt das Ziel der freien Entfaltung leben!

Manchmal ist es uns nicht bewusst, dass wir tatsächlich immer die Kraft der freien Entscheidung haben. Diese freie Entscheidung bezieht sich nicht unbedingt immer darauf, wie mein Leben tatsächlich *ist*, wie es abläuft. Es bedeutet, dass wir entscheiden können, wie wir dieses *wie es abläuft*, bewerten können: Wir können uns entscheiden, im Chaos zu versinken - oder beherzt das Beste draus zu machen. Im Umgang mit Kindern entsteht hier eine enorme Kraft, die mich in die Lage versetzen kann, mein Leben mit dem Kind, mein Leben in der Familie, mein Leben in meiner Kita, positiv zu gestalten. Positiv, weil ich mich entschieden habe, aktiv zu handeln – und durch diese meine Haltung dem Kind, mir und der Situation Halt gebe. Positiv auch, weil ich *groß sehen* kann, auch wenn es zunächst klein wirkt, um *stark zu machen*. Das ist der erste Teil der Geschichte.

Der zweite Teil der Geschichte fängt mit einem Geschenk an: So chaotisch oder sonstwie negativ die Situation mit dem Kind auch sein mag – irgendwo in ihr ist ein schönes Mitbringsel enthalten! Irgendwo ist die Einladungskarte zur freien Entfaltung versteckt... zwischen den Blüten? Oder in den Dornen verborgen? Es wäre doch zu schade, wenn ich diese Einladungskarte zu *meiner* freien Entfaltung nicht finden würde... Wo doch die zweite Einladung gleich gratis dazugefügt ist: Die Entfaltung für das Kind.

Veronika Seiler:

Ich bin Kinderbegleiterin. Ich lebe meinen Traumberuf als Trägerin zweier Kitas, wovon ich eine leite. Manchmal ist mein Beruf anstrengend, immer erfüllend – er ist meine Berufung.

Mein Mann und ich haben vier erwachsene Kinder. 1997 habe ich meinen Kinderwunsch in die Tat umgesetzt und eine kleine Kita gegründet (das jetzige Telos-Kinderhaus in Utting), diese ist mittlerweile eine staatlich anerkannte Kita und hat ein jüngeres Geschwister – das Telos-Naturhaus.

Ich habe Sozialpädagogik studiert, bin Individualpsychologische Beraterin und Familientherapeutin (Telos), Encouraging-Master-Trainerin (Schoenaker-Concept) und Energetic System Coach (Alexandra Petko).

Kinderbegleiten kann so schön sein! Und so inspirierend! Sowohl für die Kinder als auch für die begleitenden Erwachsenen. Gerne unterstütze ich auch dich in deinem persönlichen Weg deiner Entfaltung als Kinderbegleiter*in.

Ich gebe Coachings, Seminare und Weiterbildungen (alle auch online) und Fortbildungen in Kitas. Ich freue mich, wenn ich dir Hilfestellungen geben kann – vielleicht bin ich die Richtige für dein Anliegen.

www.veronika-seiler.de